如果那些年沒上八卦版，
我們不會如此深愛台灣

YO，這位 BROTHER

#名為變態的神父 著

在臺灣，有一個叫做ＰＴＴ的神秘之地，

有一個魯蛇闖入了這裡，

他看到了許多高談闊論的鄉民們，自由、平等的對談，
深深受到感動。

慢慢的，他的腦袋也產生了變化。

其中一部分腦袋，幻化成枕葉子，
用來看清楚問題的本質。

另一部分，則化成額葉子，
用來思考解決問題的方法。

至於他自己呢？

ㄴ ㄴ ㄴ

不知不覺，就成為了「名為變態的神父」。

登場角色

名為變態的神父

臺灣最棒的論壇ＰＴＴ使用者，數百萬鄉民其中之一，經常會裝作煞有其事的樣子，回覆其他鄉民提出的問題，其實真正的目的是為了偷渡變態的小故事，經常因為文章寫太長而被Ｅｎｄ，但是他仍然不厭其煩的持續寫著。
口頭禪是「ｙｏ，這位ｂｒｏｔｈｅｒ」。

額葉子

神父腦袋中的一部分，主要功能為分析鄉民提出的問題，並想出解決辦法，個性有點像是老師，興趣是說教。

枕葉子

神父腦袋中的一部分，主要功能為觀看鄉民發言，篩選可以發揮的議題，並交給額葉子想辦法，個性很像小孩子，興趣是睡覺。

名為變態的神木

神父腦補的另一個化身，具有各種植物的屬性，以及不可思議的力量，有時會化身成１８３公分，充滿變態氣息的男子。非常喜歡小女孩，經常會出現在各種神父編織的變態小故事中。

插畫設定	神父的鬍子	額葉子的眼鏡	枕葉子的帽子
	神父的象徵。	具有分析的神力。	代表孩子氣的好奇。

TABLE

OF

CONTENTS

目錄

推薦序

閱讀神父的文章，大概也有三四年之久了。

在這之前，我只知道神父是位寫詩的人，同時也喜歡看籃球比賽，不過並沒有特別去注意他的存在。直到有一天，偶然看到八卦版上的人正在推爆一篇文章，一時好奇點進去看看，從此就被神父強大的變態氣息所擄獲了……（汗）

神父的文章究竟魅力何在呢？

是因為那獨特的小故事，以及讓人家琅琅上口的開場白：「ｙｏ，這位ｂｒｏｔｈｅｒ」嗎？

若只是這樣的話，我想神父或許和過往那些曾經稱霸版面話題的五霸鄉民一樣，早已被時間洪流所淘汰了；然而，神父不只至今仍然廣受愛戴，甚至信仰神父、進來高喊「神父，我有罪！」的人反而愈來愈多，就跟現任教宗方濟一樣，生意（？）愈做愈大，這是為什麼呢？

答案，或許就在神父的筆尖之中。

古人說，「易有三義：簡易、變易、不易」，神父的文章看似變化多端─或者也可以說是「變態多端」，但實際上，在這些文章的背後，有一個「不易」的原則，那就是熱誠和真摯。

作為一位熱心教育的人士，神父不像一般所謂「人本精神」學者那樣高談闊論，他只用一個又一個親身經歷的小故事，來告訴所有的鄉民，「我們該怎樣去體貼、去關懷我們的孩子？」

10

看似變態，實際上在大笑之後，卻給人深深的感動。

最近我在做一本有關教育的書籍，讀到神父的這段話，令我心動不已：

「一個人的痛苦，能讓大家快樂，是好的，前提是，這樣你還能笑出來的話。

但如果你也感到痛苦，你也覺得同情，你產生了憐憫，那就代表著，這當中一定出了什麼問題，殘酷和教化，只有一線之隔，意在於此。

或許你可以質疑一個自殺者，他說的是真話，還是假話，或許你可以質疑他是一個放羊的孩子，或許你可以質疑地上的他，依舊展露笑顏，看起來很開心。

Ｂｕｔ，當你收到了某些訊息了，而且那非比尋常，至少你可以知道一件事，那就是：

他並不好笑。

我們應該扶起他，擦去那臉上的妝，將他送醫急救，這都會比假裝自己覺得很有趣，還來的有趣的多。」

是的，神父的話語就是這麼動人。

他沒有多餘的修飾，只是直指人心，告訴我們「到底什麼才是我們真正該做的」，這不就是大家所想聽到的、所想感受到，卻在一般報章媒體上始終得不到的嗎？能讓高牆倒下的，不是說教，而是一顆真誠無偽的心；我想，這就是神父雖然變態，但能如此受人愛戴的原因吧。

我很喜歡他的文章，讀起來像是在爬一座未被人類開發的小山坡度不高，走起來不累，有餘暇可以觀賞風景 但又因為未被開發， 讀著讀著有需要你停下腳步思索一陣的迂迴婉轉。 他的言論中肯，循循善誘在這塵世是清流，一股略帶變態的清流參雜著神父特有的幽默，一種搞不懂他腦袋在想甚麼的幽默， 彷彿神來一指點醒亞當般豁然開朗。 雖名為變態，但他是神父。

——ＮＡＮＯ　ＨＥＲＯ

究竟
吃了什麼？

神父的誕生

Shinbu's Born

胖達人事件

Father，以前我都常吃胖達人的麵包，看到小S代言的招牌就覺得很安心，但是自從他們使用香精的事情被爆出後，我真的嚇到了，結果大家都說麵包都有加香精，根本沒什麼，我聽了很難過，想不到吃一個沒加香精的麵包這麼難，長久以來，一直被矇蔽著，我很害怕其他食物是否會這樣，是不是只有自己做的食物才安全呢？

怕怕的小妹　　敬上

額葉子，我看你那個罐頭還是別吃比較好喔。

可是...

現在的食物只有自己做最安全啦！

哈哈哈....是這樣嗎？

是名為變態的神父！

是否只有自己做的食物最安全？
就讓我來說明一下吧！

Re:[問卦] 現在社會是否只有自己做食物最安全？

Yo，brother，很遺憾的，這世界上並不存在著所謂安全的食物。

你好，我是神ｆｏｏｄ，關於ｆｏｏｄ問題，交給我就對了，ｆｏｏｏｏｏｄ。

今天我想你會問這個問題，應該和某個達人有關係，我想這個問題你早該問了，早在三鹿奶粉、塑化劑、美國牛、統二布丁這些可口的食品正夯的時候。但我想你是問過的，不過可能是另一個你，另一個和你同樣存有食品憂慮的你。

是這樣的，ｂｒｏｔｈｅｒ，這是一個循環，當人類求取一種嚮往，或者信仰的時候，即會有異端應運而生，我們崇拜著天使，魔鬼就悄悄的接近我們，然後，魔鬼變成天使，天使又變成魔鬼，到最後我們才發現，其實我們想要的，只是翅膀而已，只是一種想飛的ｆｅｅｌ。

食物也是如此，我們追求「純淨」，殊不知，在追求的同時，這個想法就被利用著，例如我們想吃天然的麵包，於是純天然又他媽的貴的麵包，就出現在你面前。其實我們很天，也吃不出個所以然，就想，噢，他說天然就天然的吧，

18

應該沒問題吧，小S都說讚了，當他跟我們說，他的香精也是超天然的時候，我們才發現不對勁。

在米國，曾經有一個品牌打著「超乾淨巧克力」的名號，是怎麼個乾淨法呢？他每包都會附帶個塑膠叉，請你用叉子把巧克力插起來吃，因為「用叉子吃絕對比用手更乾淨」。我幹你媽的，吃個巧克力還要在那邊一顆顆叉半天，是吃個洨，更何況那叉子是怎麼做的？化學的東西嘛，你怎知你到底在吃巧克力還是吃叉子，我打完槍在拿起來吃，說不定還比較乾淨咧，況且營養成分還加倍。

但是當時的米國人，看到叉子就高潮了，殊不知，手也是工具的一種，只要洗的乾淨，你抓什麼來吃都沒啥問題，你看看，印度人不就活的好好的嗎？偏偏人只要看到叉子，就不用管巧克力是怎樣的了。

「食品的工業化」正是因人的需求而生，正因為我們不喜歡看到菜上有蟲子，所以才會有農藥；我們不想用碗來裝蚵仔麵線，於是高熱的蚵仔就落入溶點低的塑膠袋裡，因為我們想吃脆脆的蝦子，所以有人就在裡面加了硼砂。我們想讓食物看起來更可口，於是五彩的色素就出現了；我們見了圍繞著蒼蠅的醃肉，感覺噁心，於是各種防腐的、保久的藥劑，就一點一滴被加入罐頭當中，當我們超市裡面排列整齊的罐頭，就覺得，「嗯，好像乾淨多了。」幹你媽的，你連裡面的肉長怎樣都沒看到啊！

一八四五年，有一位英國探險家叫做富蘭克林，他搭乘著「驚恐號」和「幽冥號」企圖打通冰冷的西北航道，但是船員們後來一去不回，有一個說法是，他們感染了肉毒桿菌，原因就在他們吃的罐頭裡，細菌在密封的罐頭裡茲生。事實上，在那雪地極寒之中，即便隨便丟塊肉在甲板上，也

能輕易的保持鮮度。

　　有時候，那些「食物的商人」並沒有錯，他說他們的食物便宜又乾淨，ｂｕｔ說得太誇張了，搞得好像沒吃過他們的產品就對不起自己的人生。家樂氏玉米片就是一個很好的例子，他請來一堆民明書房[1]的書童來幫他的玉米片背書，講得多好多讚，三餐吃這個有多營養，只差沒說耶穌最後的餐桌上，吃的就是家樂氏玉米片了！結果一堆人瘋狂的買他的玉米片，特別是那些日薪只有幾枚銅板的黑人，但是他們買了玉米片後，就沒錢去買其他東西了，天天吃玉米片的結果，就是爆發「糙皮症」，典型的營養不良產生的疾病，這常發生在非洲、墨西哥、印度尼西亞，以及前蘇聯的集中營古拉格。

　　神ｆｏｏｄ並不能否定食物工業化帶來的正面影響，罐頭、加溫殺菌食品包裝，確實是偉大的發明，據說有一罐一八二〇年的罐頭到現在打開還可以吃的，神ｆｏｏｄ覺得，這真是太了不起了！

　　真正可怕的，是「知識的封閉性」。當「知識」正像是一個罐頭，被封蓋在看不見的地方，我們只能藉由某些「達人」或者「代言者」，來解釋他是什麼，而且只能選擇深信不疑。

　　如果，今天代言麵包的，不是小Ｓ，而是林杰樑[2]，他

1　日本漫畫《魁！！男塾》中多次被引用的虛構出版社。由於其出版作品內容多荒誕不經，或惡搞歷史人物、自然等知識，因此在惡搞文化中往往成為引經據典的依據所在。

2　臺灣知名毒物科醫師（1958 － 2013），長期致力於向民眾宣導正確飲食、防毒養生與各項

告訴我們這十五種香精的成分是什麼，用在哪裡，有誰在用，用了有什麼影響，我想，今天的結果會格外不同。

我們的確需要專家，但不是一面倒的專家，不是演藝圈的專家，而是一個樸實的專家，他告訴我們他知道什麼，而什麼是他所不知道的。我們要去判斷、去思考，不要覺得絞盡腦汁是一件無聊的事，「相信」才是，單蠢的去相信，連豬都會。

豬永遠都會相信飼料槽裡會生出飼料，然後裡面的飼料是最棒的，最美味的，豬什麼都吃。因此，就算神ｆｏｏｄ說ｆｏｏｄ這麼多，你也不能輕易的相信我，說不定豬吃的東西真的很棒，例如以前蕃薯葉都是拿來餵豬的，現在被聯合國認證為生機飲食聖品，他不但抗氧化、高纖，而且還能通乳，蕃薯葉的生命力旺盛，不需要灑多少農藥，你看看，各國高官的餐桌上，現在都開始吃起豬食了。難怪豬那麼肥、奶又大，拉的屎也多！

你說神ｆｏｏｄ啊，我又不是專家，我又不懂ｆｏｏｄ，該怎麼思考，怎麼判斷呢？更何況，自稱專家的人那麼多，我該相信誰呢？什麼是真，什麼又是假呢？

〰️

Yo，ｂｒｏｔｈｅｒ，不用想太多，思考不一定要很懂，你可以「思考如何思考」。

Think of think，即是所謂後設認知，這是所有人類具有的本能。例如以下這一段記載：「二〇〇八年，神父拔下了一株花蕊，放在小女孩的唇邊，誘其吸

醫學觀念。

吮。」如果這是要考的內容，你必須畫記重點，你會畫在哪呢？

如果你是畫在二〇〇八年，那是你覺得日期是重要的；如果你是畫在神父，那麼神父對你來說是重要的；如果你是畫在小女孩的唇邊，那麼，你可能就是個變態了。Ｂｒｏｔｈｅｒ，這就是後設認知，你不了解那一年，又不明白神父，可你覺得這很重要，也許會考，ｍａｙｂｅ你覺得不重要，半點標記也不畫。

對於分辨一個麵包，也是如此，如果你判斷小Ｓ是不重要的，自稱純粹天然又無任何有力的佐證，或者你感覺他們的製作過程並不透明，又賣他媽的貴，所以你就不去吃了。恭喜你，得了一百分。至於吃了的人，你也不必自認為笨蛋而羞愧，人非聖賢，孰能無過？可恨的不是你的愚昧，而是對方的狡猾。當你醒覺，不再上他們的當，或者拿出發票，硬要他們退錢，把那２５％的屁禮卷丟在地上踩給他看，那麼你也是一百分，沒人說考完以後不能訂正。

很多人說，大家都有加香精，為什麼獨獨對胖達人反應那麼大呢？這根本就是民粹。Ｙｏ，ｂｒｏｔｈｅｒ，如果你真的那麼想，那你就是零分，一個錯誤是錯的，一百個人的錯誤也是錯，一萬個人的錯誤還是個錯，錯了又不知改，還要習以為常，這就是蠢，有些人就希望你乖乖的當個蠢人，摸摸你的後設認知吧，他肯允許你這麼做？

我們長久以來，都在背叛我們的後設認知。順從他，也順從他的兄弟，批判性思考。所謂的民粹，是指人云亦云，當我們想過以後再云，那就不是民粹，是精粹。

我們應該把精粹射在麵包上！

Ｂｒｏｔｈｅｒ，營養學其實是門浮動的科學，每天都會有新的發現，有人說一天吃一顆蛋就好，吃多膽固醇就會高，對身體不好，把膽固醇當作萬惡淵藪，巴不得先殺膽固醇，再殺體脂肪，一瓶雙殺，看到別人多吃了一兩顆蛋蛋，就開始替對方默哀。

Ｙｏ，你知道膽固醇也有分的嗎？ＨＤＬ膽固醇，ＬＤＬ膽固醇，前者負責將多的膽固醇送回肝臟中，後者將需求的膽固醇從肝臟送到組織裡，兩者都是必要的存在，並無好壞之分，膽固醇過多或過少，都是不好的，達到平衡才是健康的標章，因此只要我ＬＤＬ正常，吃三顆也在建議值內。

如果是一百年前，「吃一顆蛋以上」的確是不好的，因為一個俄羅斯人拿蛋去餵兔子，結果兔子膽固醇爆高，幹你媽的，這不是廢話嗎？兔子是吃草的，又不吃蛋，草食動物自己就會合成膽固醇，本身的膽固醇的攝取機制就格外不同，你拿動物性膽固醇去餵牠，不爆才怪！一百年前，只能吃一顆蛋，一百年後，可以吃三顆，也許再過一百年，我們就能吃六顆了，可喜可賀，可喜可賀。

Ｂｒｏｔｈｅｒ，去打開那個罐頭吧，用轉的也好，用敲的也好，如果你怎樣也打不開的話，那就去問吧，問一個人，問兩個人，問三個人，但是千萬不要問小Ｓ。Ｍａｙｂｅ你可以買一個工具，買一份說明書，或上ＰＴＴ，或者參考一下神ｆｏｏｄ，不要覺得累呀，要知道，還有什麼比知道你放入嘴巴裡的東西是什麼還重要的呢？就算你想過以後，覺得吃下去也沒什麼，那你也是對的，就給你八十分吧。最重要的，開罐頭的人，必須是你自己，不要把認知的權利，

23

交給陌生人。

　　Ｎｏｗ，就讓神ｆｏｏｄ來說一個罐頭的故事：

　　話說，神ｆｏｏｄ住的公寓隔壁，住著一個胖宅，他幾乎每個禮拜都帶不同的女人回家睡，神ｆｏｏｄ看了好不羨慕。神ｆｏｏｄ默默的觀察胖宅，想想或許他有什麼可取之處，觀察了很久，只覺得他既胖又宅，唯一的長處就是製造垃圾，每隔一段時間都會有一大袋垃圾往外扔，裡面通常是衛生紙跟罐頭。

　　「幹，難道只打槍和吃罐頭就會受歡迎了嗎？」神ｆｏｏｄ心理抱持著許多疑惑，直到有一天，他送一個大波金髮雙馬尾的歪國人離開後，神ｆｏｏｄ終於按耐不住了。

　　「這位ｂｒｏｔｈｅｒ，」神ｆｏｏｄ說：「請教你何以如此受歡迎呢？」就像一個在八卦版上詢問正妹屁味如何的鄉民。

　　「嘿嘿嘿！」胖宅詭異的笑了一下，遞上一個罐頭，那是他垃圾袋常見的那一種。難道，真的吃罐頭就會受歡迎了嗎？「打開來，你的心願就會實現。」胖宅神秘的說，「對了，別忘了賞味期限一個禮拜。」他又補充道。

　　神ｆｏｏｄ領了罐頭回家，好奇的端詳著，這個罐頭上面什麼也沒寫，只有淡淡的粉紅色，和水蜜桃的香氣。神ｆｏｏｄ拉開了拉環，突然冒出了一陣粉紅色煙霧，接著不可思議的事情發生了，一個活生生的少女，就這麼端坐在我面前，她閉著眼睛，有著長長的睫毛，白皙的雙腿靠攏著，大腿和大腿之間，有一個微妙又青春空隙，最重要的，是她的後頸，就那麼明白而且大膽的呈現在眼前。

24

纖細的髮絲，一根根，一莖莖的交繞在那雪白的處女地，神ｆｏｏｄ一不小心就把她給壓在地上，當手指接觸到她的身體，那又溫又軟的感覺直搔著內心。

「大葛格…… 鼻要…… 我才十六歲……」

神ｆｏｏｄ一聽，心軟了，於是把她擺正，問了她許多問題，不愧是十六歲，問什麼都是不知道和難過的眼淚。於是就這麼著，神ｆｏｏｄ就把她養在家裡頭。

「不可以隨便跑出去喔。」神ｆｏｏｄ出門上班，如此叮嚀著，她乖乖的點點頭。這是理所當然的事，這麼棒的ｆｏｏｄ萬一給人吃了怎麼辦？

神ｆｏｏｄ的工作，也是這麼樣的工作，製作ｆｏｏｄ、產出ｆｏｏｄ，如果沒人要吃的話，也就自個兒打包，塞回肛門裡。所以更能明白，被蒼蠅碰過一次的ｆｏｏｄ，儘管拭去汙點，仍然沒人肯要的緣故。

沒人想吃剩下的！

今天也留下了許多ｆｏｏｄ，神ｆｏｏｄ疲倦的打包回家，這時，我看見小霉正在廚房裡…… 那可真是場災難，鍋子裡不斷冒出白色的泡沫，蛋液四處飛灑，菜屑呀、凍肉呀，什麼的，看起來都挺不安分！

小霉正努力的吸吮手指頭。

「妳怎麼了？」神ｆｏｏｄ迅速的關上爐火，小霉則從她誘人的嘴中抽出手指，乖乖不得了，一股鮮血汩汩流出。

「我想做頓飯給你吃，結果……」小霉的眼光含著淚水。

「呵呵，你有這份心意我真是太感動了。」神ｆｏｏｄ說，吸了一下她的手指頭，她害羞的滿臉通紅。「我來教你麼弄吧。」神ｆｏｏｄ耐心的指導她，從開關瓦斯開始，告訴她切菜時，沒拿菜刀的手要怎麼擺，蛋呢，該怎麼打，什

麼東西和什麼東西加起來才對味。

「那這個呢？怎麼辦？」她端出她唯一的成品。

神ｆｏｏｄ不禁苦笑一下：「沙拉要用橄欖油來拌，不是沙拉油。」

「可是他們的名字很像呀！」小霉天真的說。

神ｆｏｏｄ「嘿嘿」的乾笑幾聲，「沒辦法惹，只能用絕招了，ｆｏｏｄ！」神ｆｏｏｄ看著那鍋噁心的沙拉，吸起一口氣，把它們全都嚼入嘴裡。

「大葛格，不要呀！那麼難吃的東西！」

「有孰厚看起來難吃的東西，不一定難吃。」神ｆｏｏｄ說，說完開始吐，將剛吃下去的沙拉都吐在盤子裡，然後拿出一個碗，把分離出來的沙拉油都嘔了出來。

「哇！你好厲害喔！大葛格。」

「哼哼，因為我是神·ｆｏｏｄ。」我端起吐出的沙拉盤，它看起來更難吃了……

「要不要試試？」

小霉為難了一下子，最後硬著頭皮，捏著鼻子，一股腦兒的吞下。她越吞，越感到驚奇，「怎麼會那麼好吃！！！」

「哼哼，」神ｆｏｏｄ說，「因為它們沾滿了我的唾液！」吐出舌頭，蠕動了幾下。

我們經歷了一晚奇幻的美食之夜，這種多了一個人的感覺真好，尤其是在床上。每晚，小霉平緩而甜膩的呼吸，一吋一吋的輕拂在ｆｏｏｄ手臂，有些分岔的髮梢在跳著舞，ｆｏｏｄ生活就像是封閉的毛孔，被慢慢地打開了。但是小霉卻逐漸變得意志消沉，她很無聊，她不知道在這狹小房間裡，應該要做什麼。神ｆｏｏｄ看到這個情況，在第三天的晚上，幫她開了一個ｆａｃｅｂｏｏｋ。

「這是什麼？」她好奇的問。

「這是一個討拍的地方。」神ｆｏｏｄ說：「妳可以在這裡遇到各式各樣不關心你的人，ｍａｙｂｅ會跟妳說話，幫妳按個讚。」

雖然神ｆｏｏｄ這樣說，但是小霉卻顯得很有興趣，只見她滾動滑鼠，上上下下的溜個不停。我的天，是這樣設定的嗎？神ｆｏｏｄ雖然有些納悶，ｂｕｔ看她充滿生氣的表情，也就只得摸摸鼻子，擺攤去了。

第三天，小霉已經變成一個ｆａｃｅｂｏｏｋ的高手了，她學會了照相和打字，整天就在電腦前愉快的咬著下唇。

「你看，我蒐集了這麼多個讚喔！」

「喔？是嗎？」神ｆｏｏｄ冷冷的說：「那些讚其實沒有任何意義。」

「你幹嘛這樣說！」小霉看起來有點生氣，「你一定是一個讚也沒有，才會說這樣的話！」

神ｆｏｏｄ哼了一聲，沒有理會她，逕自上床睡了。

其實小霉說的沒錯，神ｆｏｏｄ真的一個讚也沒有，因為我沒有朋友。「小霉是我唯一的朋友，如果是她的話，應該會幫我按讚吧。」神ｆｏｏｄ想著想著，在大雨滂沱的夜裡，闔上了眼睛。

第四天，我們之間的互動漸漸少了，小霉的目光依舊停留在ｆａｃｅｂｏｏｋ上，她開了粉絲團，放了很多可愛的照片。神ｆｏｏｄ什麼也沒說，替她煮了飯，準備明天要賣的食材，然後熄了燈。

「早點睡吧？」神ｆｏｏｄ說。

「你不要管我！」她不耐煩的回應。

今晚仍然聽著雨音和鍵盤敲擊的聲響，神ｆｏｏｄ開始懷念那可愛的打呼了，她明明就那麼近，卻彷彿離的好遠。

第四天、第五天........到了第六天，神ｆｏｏｄ終於忍不住了。我抓住她用滑鼠的手，她抬頭看著我，那眼神既滿足而且空洞。

「我們去買件衣服吧。」神ｆｏｏｄ說。

她想了一會兒，點點頭。那是個驟雨止歇的夜晚，地上有說不出的涼爽潔淨，我手插在口袋裡，走在她的身旁。

「Ｆａｃｅｂｏｏｋ怎樣啦？」我問。

「我交了這麼多、這麼多的朋友喔！」她比了個誇張的手勢，我嗯了一聲。

我們到了一間潮店，她選了一件淡躑躅色的洋裝。

「好看嗎？」她小心翼翼的問著，我點點頭，她開心的笑了。

「這個幫我包起來。」媽的，不虧是潮店，貴到爆！

回家的路上，神ｆｏｏｄ還買了冰淇淋，我遞給她草莓口味，我則是吃香草。

「要不要讓它變得更好吃呀？」神ｆｏｏｄ說，小霉說好，於是我舔了她的草莓冰淇淋一大口，然後再咬香草的，最後吐出了香甜的綜合口味。

「哈哈，還是一樣厲害呢！」小霉滿足的舔著變成綜合口味的冰淇淋。

「對了，你怎麼會想買衣服給我呢？」小霉問。

「沒啊，我想說你拍照時應該會用的到。」神ｆｏｏｄ隨口回答，但是小霉聽了，臉沉了下去。然後就不說話了，我們一直走到了家門口。

「神ｆｏｏｄ，」她突然停了下來，「你會不會覺得我

很奇怪？」

　　「不會啊。」我回答，就在這個ｍｏｍｅｎｔ，雨點慢慢的飄了下來。

　　「真的嗎？」她低下頭，我將手伸過去，試圖碰觸她的頭髮，安慰她。但是她原本美麗的秀髮，卻黏成一大片，脫劣在我手上。

　　「不要碰我！」她大喊：「在你心裡，我到底是什麼？」說完，就跑走了。

　　我看著手上糾結的髮絲，一瞬間明白了過來。

　　「別忘了，保鮮期限只有一個禮拜喔！」我想起胖宅的話，拔足就往她去的方向狂奔，但是怎麼也找不到小霉。

　　我慌了，想去報警，但該怎麼說呢？神ｆｏｏｄ找了一整夜，最後頹喪的回到家裡，昏昏沉沉的睡去。

　　很快的，到了第七天。「算了吧，不過是個罐頭。」醒來的時候，神ｆｏｏｄ對自己說。開了電腦，上網打發時間。然後我看到小霉的ｆａｃｅｂｏｏｋ，她忘了登出了。我爬著一頁一頁，這個禮拜她留下的筆跡。幾乎都是ｆｏｏｄ照片，她把每晚我替她煮的菜色，一張一張的貼上去；

　　「今天大葛格在蛋包飯上畫了一個可愛的笑臉，開心～＊^_^＊～」

　　「今天大葛格做了夾心三明治！讚讚讚！」

　　「大葛格今天燉了一碗湯，好溫暖！^O^」

　　「大葛格今天好晚回來呀...會不會出了什麼事呢？Q_Q」

　　「希望大葛格一切平安。」

　　「我和大葛格吵架了...」

　　「但是我還是好喜歡、好喜歡....」

29

點到這裡，神ｆｏｏｄ再也看不下去了，那上面滿滿的、滿滿的，都是我和她的敘事，一些微不足道的小故事。她最後的訊息，沒有字，只貼了一首歌：Ｔｏｍｏｙｏ　Ａｆｔｅｒ　ＯＳＴ－Ｏｌｄ　ｓｕｍｍｅｒ　ｄａｙｓ。

　　神ｆｏｏｄ的眼眶開始分泌醬汁，絕對不是一個罐頭、不只是一個罐頭而已。

　　神ｆｏｏｄ衝到胖宅的房間，不斷敲著他家的門。

　　「胖宅！胖宅！」

　　胖宅打開門，睡眼惺忪，「有事嗎？」

　　「告訴我！告訴我怎麼救小霉！」

　　「小霉？」胖宅揉揉眼睛。

　　「喔…你說我給你的罐頭啊～」

　　「你該不會真的放感情下去了吧？」他不屑的笑了一下。

　　「幹！」神ｆｏｏｄ抓起一根大白菜塞了他一巴掌，「快說！要怎麼救她！」

　　「沒辦法的啦…那罐頭都過了保存期限了….」胖宅摀著流滿鼻血的臉，神ｆｏｏｄ這次換拿起一根巨大的素肚。

　　「等等！等等！」胖宅拿出了一個黑色罐頭，「這是我所有罐頭裡面，唯一沒有保存期限的，也許能救她，但我不保證打開來會發生什麼事。」胖宅說。神ｆｏｏｄ立即ｔａｋｅ　ａｗａｙ。

　　「那是一個危險的罐頭啊…..」胖宅看著神ｆｏｏｄ匆匆離去的背影，喃喃自語。

　　「小霉！」我看到一個綁著馬尾的少女，想也不想的就抓了她的肩膀。

　　她轉過頭，疑惑著看著我，不是小霉。

30

「抱歉。」神ｆｏｏｄ鬆開了手，到底小霉會跑到哪？天漸漸黑了，我還是找不著。我蹲在街角，難過的抱著頭。

「小霉會怎樣呢......」就在這個ｍｏｍｅｎｔ，懷中的黑色罐頭突然掉了出來，滾啊滾，滾得遠去了，神ｆｏｏｄ趕緊追了上去。好不容易，終於把他撿起，這才發現，我已經走了好長一段路。我環視四周，感到有點熟悉，這裡，正是我和小霉一起吃冰淇淋的地方。「難道......」

天已經黑了，人潮漸漸散去，我發現離去的人都掩著鼻子，空氣中瀰漫著一種臭酸的味道。當賣冰淇淋的小攤都推著車子離開後，我在一個角落裡找到了小霉，她身上結滿白色的菌絲，往昔圓潤的雙腿，也已乾枯到不成人樣，她就像洩了氣的娃娃，無助的披在一棵樹下。那腐敗的臉，我還記得她原本的樣子，但此時我的雙腿卻像石頭般定著不動。

「小......霉？」

那人偶緩緩的舉起一片麵包樹葉，用盡力氣，蓋住了自己的臉。「大葛格，你認錯人了。」

沒錯，就是她！我趕緊打開黑色罐頭，期待能發生奇蹟。

就在這個 moment，罐頭冒出了一陣紫黑色的煙霧，充滿著變態氣息。

「Ｙｏ～～～～～～～～～～～～～～～」一個穿著黑色衣服的龐大身軀出現在我眼前。

是個男的，還留著烙塞鬍。「你好，這位ｂｒｏｔｈｅｒ，我是神父。」神父愉悅的說。

「神父，請你救救他！」我向他乞求。

神父看了小霉一眼，呵呵的笑了，「那可不行啊，我並不具備這種能力。」他輕鬆的說著令人絕望的話。

「什麼 ......」我頹喪的跪了下來。

「大葛格，你不用管我了，趕快去賣東西吧 ......」小霉用微弱的聲音說著。

「看吧，她都這麼說了。」神父拍了神ｆｏｏｄ肩膀，「你就別太難過了。好了。我要去找小蘿莉了，ｂｙｅ～」說完，他就走了。

然後又走了回來，「對了，雖然我不能幫你，ｂｕｔ，我畢竟是個神父。要不要我幫你證個婚啊？」

「啥？」

「就證婚啊！」

「Ｙｏｕ，」他指著我，「ａｎｄ ｓｈｅ」也指著小霉。

「那有什麼意義啊！」我生氣的對他怒吼，神父則「咋咋」了兩聲，「你就這點程度？真令我失望，ｂｒｏｔｈｅｒ。」

「你說啥 ......」這時，神父走到了小霉身旁，她已經虛弱的不能再說話了。

「妳願意和這個又廢又沒用的魯蛇結婚嗎？」她猶豫了一會兒，挪動枯黑的頸子，點點頭。

「那你呢，ｂｒｏｔｈｅｒ？」神父看著我，目光炯炯有神。

「我 ...... 我當然願意！」就在這個ｍｏｍｅｎｔ，神父突然輕微的搖起他龐大的身軀，雙手握拳，唱起一首十分愚蠢又老梗的歌。

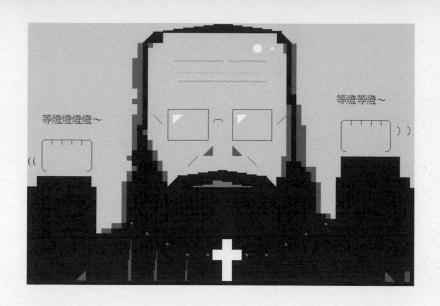

「好了，現在你可以親吻新娘子了。」

「什 ...... 什麼？」

「怎麼，你不想嗎？」神父說，他手一攤，「你看看，在你面前的，是多麼美麗的人兒啊 ......」「她純潔而溫暖，」神父頓了一下，「且對你至死不渝。」

神ｆｏｏｄ聽完走了過去，蹲下，對著小霉腐朽的嘴唇，深沉的吻著。

他說的沒錯，沒有比她更好的人了，只是，我從來沒有這樣做過，所以有點膽怯。白色的菌絲從她身上懸浮了起來，變成了紅色的絲線，緊緊的纏繞著兩人，小霉身上枯敗的皮膚逐漸脫落，透明的醬汁，滋潤她乾澀的瞳仁。她像一朵花一樣凋謝，也像一朵花一樣，慢慢盛開。這真是最棒的調味料了，這是世界上絕無僅有的結婚。

神父從胯下拿出一大罐奶茶，還有不知從哪弄來的一只細緻的高腳杯，把奶茶咕嘟咕嘟的倒入，然後舉起杯子，看著兩人，將杯子裡的奶茶一飲而盡。

「讚喔！」神父愉悅的說。

　　Ｙｏ，ｂｒｏｔｈｅｒ，你知道的，罐頭「啵」的被打開來，那聲音是最美妙的了，那是充滿智慧的聲音。
　　然後呢，如果說有什麼可以讓食物變得更加美味，變得沒有保存期限，變得既天然又健康又很安全……我想，只有愛吧，ｔｏｍｏｙｏ。

※ 發信站：批踢踢實業坊 (ptt.cc)
推 johnny5581: 喔喔頭推
推 maxxV3:END
噓 hydeliu:yo 拎老師 = ="
推 cephalitis: 神父 yo
Ｙｏ！[3]
推 xomega: 我居然看完了 (掩面)
推 Kusovss: 前面玉米那段講的不錯，那面那段是沙小啊啊啊啊啊！！！
推 Luccica: 我也要噴醬汁了 Q_Q
推 arianis: 優質文，但太長了，你寫論文嗎
推 hhtj: 這一篇怎麼這麼感人啊
推 ktootk: 我居然很認真地看完了 ...
推 PPYYGGTT: 神父看過美女罐頭 !!
→ g6m3kimo: 挖哈哈，被你發現了，ｂｒｏｔｈｅｒ，我覺得結局很鳥！

3　神父本人的回覆。本書此字體於內文中皆為神父本人的回覆。

推 tonyscat: 我居然也認真看完了！

推 kanec: 神 Food 太長惹啦 只看到洨女孩那裡 後面還附圖
差點就射惹！

推 s4511981: 神父你害我默默看完了......這篇怎麼會長到靠
北啊 XDDDD

推 yuan720: 竟然可以看這麼久

推 joke610291: 看完了 yo 神 food, 一貫神 food 風格 yo

推 TroyWhite: 我竟然看完了 ...，神父的文章太奇妙了

推 JustI5566: 有點小感動

推 Mageo: 神父謝謝你 我了解了

推 momoisacow: 我有點心動 想買你的作品集了 ......

知識小幫手
- 推，代表的是贊同的意思
- 噓，表示反對
- 給箭頭，表示不贊同也不反對

35

十元天使

Ten Dollars Angel

頂新黑心油、抵制林鳳營

神父，為什麼我們要抵制林鳳營牛奶呢？雖然他是頂新的品牌之一，但是出問題的是頂新的黑心油啊！大家都不買牛奶的話，受害的是酪農啊！

疑惑的小天使　　　敬上

二〇一四年，頂新集團因販售飼料油和餿水油，
接二連三的食安問題，引起民眾的憤怒。
頂新的商品紛紛遭到抵制，包括旗下的林鳳營鮮乳。

Yo，brother，因為理性已死。

當你以冷靜的邏輯，分析架上的食物，用小三的時候在自然課學到的，觀看製造日期、保存期限，甚至進一步的，他的產地、成分、來源，結果發現他們都是不能買的，只因為其中一項成分豬油，是用飼料和餿水做的。

我們都知道，羊毛出在羊身上，天下沒有白吃的午餐，一分錢，一分貨，一分耕耘，一分收穫，所以我們選擇了那些耕耘許久的品牌，我們選擇用七十五塊買了一個綠豆椪，結果他和十塊的綠豆椪差不多，也許十塊的還好，因為十塊的沒用黑心油。

是的，實在的用料，精緻的口感，乾淨的作業流程，這塊綠豆椪，確實有七十五塊的價值，但是他用了黑心油，他就成為了屎，他的美麗不能掩蓋他的醜惡，你看著他的美麗感到可惜，但是卻不能阻止他被澆上了黑色的墨汁，這道理很簡單，一顆美味的綠豆椪，放在大便上面，我們並不會產生食慾，如果我們勤勞些，拾取那沒沾到大便的部分，剝開來，全部都是大便。

因為律法已死，我們知道法的存在是為了遏止不法，但二〇一三年頂新摻雜了銅葉綠素，讓你的臉，喔不，是油看起來綠綠der。緊接著，二〇一四年九月，頂新又利用餿水油完成了全世界獨一無二的肉醬和肉酥，那美味就如同子路的身軀，令孔子聞之都不禁潸然淚下。

二〇一四年十月，在雙十國慶前夕，頂新舉辦另一個慶

典，那慶典橫跨了南支那海，載來滿船的大幸福，使用傳說中的廚具熬成了傳說中的飼料油法克油，我們不知道現有完備法令，飼料管理法、商品標示法、廢物清理法可以讓頂新突破多少極限，也許繼續不斷的蓬勃發展下去，整個世界亦或是整個宇宙，都會成為黑暗料理界。

但我們知道，法律的目的，維持公平與正義，中華民國政府至少維護住了後者，讓所謂的正義香豬油，持續不斷的進入我們五臟六俯之中，讓人民得以安享天年。

Yo，brother，科學已死。

頂新的創造力，讓諸多學者都搥胸頓足，他的卓越性，足以撕毀化學課本裡的所有篇章，讓飽腹經綸的教授，只能上電視大啖豬油用以證明其所學，頂新用超越未來的科幻技術，通過了食藥署重金屬、抗氧化劑、黃麴毒素，以及除此之外都沒有的嚴謹檢測項目，並以此文件告訴愚民們「★檢驗合格，請安心食用★」。這是如此的超凡入聖，科學家以傳科擺證明了地球的自轉，頂新則以衛福部的自轉證明了飼料油的純淨。

所以，人民的情感死了。

在看到垂垂老矣的魏小弟，一把鼻涕一把眼淚的懺悔，說願意當終生食安的志工，看到味全老員工哽咽的說我們到底錯在哪裡，為什麼要被連累的時候，神父想起當時三連霸的味全龍，球員含淚減半薪的樣子。

是這樣的，brother，如果你要守住一座城池，並不是學羅馬皇帝的方陣，或是德古拉將敵人的頭顱插在

旗竿上，而是，叫一群ｂａｂｙ到前線去。一群可愛的小ｂａｂｙ他們吸著奶嘴，搖著鈴鐺，微笑，或者嚎啕大哭，一擺一擺的爬到敵人腳下，這樣，臺灣人就不敢前進了。他會抱起小ｂａｂｙ，擦乾他們的眼淚，用濕紙巾滑過他們的屁屁，然後，他們就滿足惹。

做生意也是如此，如果你想賣假油的話，你得把油混到美味的酥餅裡，或者甜滋滋的綠豆椪，這樣，看著小ｂａｂｙ們噙著的淚水和嘴上的餅乾屑，就會讓人心生憐愛。

如果你想要有一番黑心事業，那麼，你必須養一個看起來良心的品牌，你必須養一頭牛，或者一群吃齋唸佛的和尚，一群乾淨無瑕的政客，這樣，當你剖開敵人的胃腸，取出沾滿血的心臟，安祥的誦經聲會掩蓋尖銳的叫喊聲，潔白的乳液會蓋過一地的腥黏，當你家的牛吃了孩子的肝臟，你家的馬會載著你馳騁在滿天星斗之中，飛往西方極樂世界。

我們有很多ｂａｂｙ，一個光頭、一隻鯨魚，一條鮭魚，你會發現他們是多麼的相像，連找來的第三方公證人，都是滿嘴兩岸與銜著金錢的大老闆，而不是那個寫信告訴你飼料場很臭的高中女生，或許還有一尾提燈的鮟鱇，潛藏在深海之中，擁有不可炫富但可賣黑油的真誠價值觀。

根據Ｕｒｉｅ　Ｂｒｏｎｆｅｎｂｒｅｎｎｅｒ[4]的見解，整個社會其實是個生態系統，而人在其中深受影響，無論是與直接環境中相關的微系統，例如家庭，或者不同微系

4　尤里・布朗芬布倫納（Urie Bronfenbrenner,1917~2005），美國著名的心理學家。他提出生態系統理論，認為一個人會受到四個系統的影響，由主到次分別是：microsystem 指個人在面對情境中，所經歷到一種關於活動、角色及人際關係的模式，如家庭；mesosystem 指個體所處的兩個或以上的情境間所發生的連結歷程，如學校系統、家長價值系統；exosystem 指兩個或更多情境的連結和歷程，但其中至少有個情境沒有包含發展中的個體，如父母的工作環境；macrosystem 包含了某文化、次文化及其他廣泛社會脈絡在。他之後加上第五個系統Chronosystem（外在系統隨著時間的演變）。每個系統都有各自的角色，準則和規則，可以很大程度地影響一個人的發展。資料來源：維基百科。

統之間的互動；中系統，如慈濟，人民未直接參與，但仍間接的受其影響的外系統，如馬政府；或者涵蓋整個社會的鉅系統，如兄友弟恭、同情弱勢、消費者文化……等價值觀。

頂新如同一隻巨獸，上下操弄各種系統在其中，這也讓人民單純的排拒變得吃力，充滿各種威脅，無論是來自家庭的同情，來自慈濟的大愛，來自政府的憐憫，進而產生不尋常的效應，明明受害的是廣大的人群基數，卻被少數受其利益、懷抱聖母情結的人們反抵制，進而產生錯覺：

一、頂新與我們同在一艘船上。

二、頂新與我們享有共同的價值觀。

然而事實是，臺灣原本就沒有頂新這個企業，臺灣人大多數都沒有享受到頂新帶來實質的利益，而違反基本倫理道德，二十四孝、三十六悌的人正是頂新，我們並不是頂新的員工，也不是慈濟人，亦不是政府高官，我們並沒有得到頂新一毛錢，相反的，我們是付錢的那個人。

我們付錢買了餿水油吃下肚，這是唯一、不變的事實和真相，不管他捐了多少慈善款、發了多少薪水，送了多少政治獻金，都是犧牲我們而得來的利益，斬斷我們的手腳，啃食我們的肉，再把手指丟給我們而讓一群人心存感激，而失去的手腳卻再也接不回來了。

而同樣的，不管他找來哪個企業家、教育家、哲學家、慈善家，幫他背書，此時此刻，皆是幫兇、背叛者，都是企圖幫他掩飾讓別人承受風險而爆炸的事實，而使他避開風險，由我們付出代價。

證據就是，在此之前的各種食安風暴，塑化劑、香精、銅葉綠素，他們連屁都沒有放一聲。他們不配和我們談同情、憐憫、原諒、孝悌，因為那是兩碼子事，一個人連基本

41

的不要危害他人都做不到，縱使牽了幾個兄弟、上人、政商權貴的手都與我們無關，那是他們的人生，而非全臺灣兩千三百萬人的人生。

小善不足以蓋大惡，佈施不可作為害人的理由，所謂的悔改就是坦承面對自己的罪，所謂的贖罪就是承受傷害人的代價。

畫出那隻獸的形象吧，名為頂新的獸，然後一切就會明朗。

〰️

我們應該慶幸，我們還能抵制，我們還能選擇，架上還有其他的牛奶，型錄上還有其他的４Ｇ，會把灣寫對的那種，我們應該慶幸我們還有聲音，他的音量大到那些ｂａｂｙ聽了還有反應，如果我們一直沉默著，那麼我們就要繼續吃那些油，或者油以外的垃圾和廢物。這世界最恐怖的，莫過於寂靜，莫過於石頭擲地毫無回響，莫過於在人吃人的世界，被吃的和吃人的，視為自然的一件事。

郭台銘說，民主不能當飯吃，但神父說，民主必須當成空氣來吸，我們既然已經讓氧帶入了紅血球裡，就已經回不去過往當一個待宰的厭氧性細菌。正因如此，我們不能猶豫，要持續發聲與行動，在那系統已被攪亂之時，價值錯亂的現代，我們必須勇於冷酷無情。

但這不代表其他人必須跟我們一樣，如果我們是正確，那我們自然會凝聚成一股生命體，如果我們是錯的，那我們就會理所當然的散去，這不是在誰燒的香好，比誰站的人多，而比的是當下，比的是真理，比的客觀的事實，比的是

如何讓多數人承受最少的損傷，而不是讓少數人謀求更多的利益。所以慈濟的漠然一點也不打緊，所以那三十億儘管可以丟到水裡去，因為我們都不是聖人，我們是如此平凡而且對等，無數的爭辯與對立，必然會造就一把看不見的尺，讓我們得以焚香向天禱告，諸神，我們持有人間。

消費的本質，乃在於需求，在於使自己的慾望得到滿足，在於一種 k i　mo　c h i，人的期望使有形之物被賦予無形的價值，此即效用（u t i l i t y）。

水是人賴以維繫生命的液體，相反的，鑽石卻沒有什麼實際用途，鑽石的價格比水還高，或許應以邊際效用來解釋這個鑽石與水的悖論（最後一杯水可拿來洗車，最後一顆鑽石仍然是鑽石）。然而類似鑽石的稀少和難得，神父十年前的便便化石或許也有相似的特性，但人們最終仍選擇了鑽石，而不是神父的便便。

牛奶是近似於水的液體，卻有各種不同的價格，頂新利用行銷和品牌，讓人產生喝一杯牛奶家裡就出現一頭牛的錯覺，將牛奶變成了黃金，而今，我們俯視著杯中的濃、純、香，卻成為噁、臭、爛的 i m a g e，將牛奶看成了濃稠的飼料油，降低了該奶的效用，而導致銷量大幅下降，這也是自然的機制。

O f　c o u r s e，有些人喝了卻得到了員工欣慰的眼淚和憐憫的愛，這也是很合理的一件事，雖然，滿街賣不出的愛心餅乾和真材實料的麵包，也能達到相同的效用，不知為何選擇了前者卻忽略了後者，想必此時此刻，飲該牛奶的行為更能導致一種與眾不同的尊爵和高尚之故。

如我們近而以邊際效應（M a r g i n a l　U t i l i t y）來探討這個事情，其實更為容易，我們喝了一杯水，

感到滿足，第二杯水的滿足就會下降，如此而成遞減之勢，同樣的，我們喝了一杯銅葉綠素，再喝第二杯黑心油，然後再喝第三杯飼料油，我們不會再喝第四杯，因為我們喝飽了，就不想再喝了。

　　Yo，brother，無論如何，我們都需要知道，錢是在我們口袋裡。當我們掏出口袋的錢予你，這就成為你的利益，但當我們不再掏出錢的時候，這不會是你的損失，因為錢原本是我的，朕不想給的，你不能要。

　　然而，波卡（Boycott）的目的並不在於消滅對方，使之氣絕，要知道，當年查爾斯・波卡陷入了沒有一位佃農願意替他收割的窘境，仍然有一群英軍跑出來為他服務，同樣的，一群人波卡了頂新，就會有另一群紅衛兵卡波頂新的善意，這是應容許的，因為我們知道，他們擅長的卡波拉（Capoeira）原本就是一種神秘的武術，並非用來鬥爭，而是用來舞蹈，看著他們的舞蹈我們應該覺得欣慰，也許對方看到這種茫然的舞蹈，就會感激涕零，痛改前非也說不定。

　　昔者，子路波卡衛太子蒯聵，遭戈擊之，結纓而死，死後，被剁成肉醬，孔子聞之，悲痛莫名，將肉醬倒掉，從此不再吃肉醬，敢問孔子，肉醬何辜？

　　肉醬，依然保有他的美味，但在那個當下卻失去了效用，孔子見到肉醬，便想起子路，覆蓋了肉醬，表露了他的憂傷，那麼，便產生了意義。

　　Pay the肉醬to my pain。

　　波卡的真意，是讓對方醒悟，近而萌生羞恥之心。

　　Yo，brother，聽過這個故事嗎？別緊張，只

有幾百字而已。

　　從前有一群天使，正在燒毀一座房屋，有三個人、律師、科學家和神父經過，看到熊熊的烈火，燃燒不止。他們都被這個景象震懾了，呆呆的看著天使們圍繞著火光狂歡。

　　好半天，律師才說：「天使並不適用人類的法律，我看，這應該沒有犯法。」於是繼續站著看。

　　接著，科學家也說話了：「天使的存在無法驗證，如今房子因燃點過低而起火，也許應該視為一種自然現象。」科學家於是什麼也沒做。

　　但是神父卻跪了下來，「ｏｈ～讚美主！讓這一群可愛、柔軟的天使，顯現在我們眼前！」他一邊膜拜著，一邊發出讚嘆，源源不止的感動在胸口醞釀。

　　就在這個ｍｏｍｅｎｔ，神父忍不住心中的吶喊：「聖靈充滿我！！！！」於是脫下衣服和褲子，像是個尚未斷奶的孩子，衝向母親的懷中，美麗的天使們紛紛發出驚叫聲。

　　這時，律師和科學家這才醒了過來，也一起衝了過去，提起水來救火，避免房子被繼續焚燒。

　　Ｂｒｏｔｈｅｒ，我們都知道，聖靈被充滿的時候，並不只是短暫的激情，相反的，祂會在熾烈的火光之中，靜謐的燃燒，靜謐的燃燒過後產生綿延不覺的領悟。

　　故事中的神父，也許只是一個變態，但他告訴我們，要親近神，儘管神是聖潔的，親近神的過程，或許是種短暫激烈的充滿，但是只要我們保持寧靜的心，傾聽他人的語言，必能窺見真理。

　　不管是哪一種語言，憐憫的，憤怒的，蹣頇的，不可思議的，都應該要傾聽，這樣當我衝向天使的時候，就能乾淨、

透明的，得到一絲不掛的答案。

至於那些無辜掉落的羽毛，應該要如何憐憫呢？

是這樣的，ｂｒｏｔｈｅｒ，其實這個故事，還有後續。

當人們終於撲滅了火勢，保存了房子殘餘的支架，並且試圖修復，一個擁有粉色嘴唇的小天使，拿著灰燼之中找到的木炭，窩在街道上的一隅。她小小的絨毛翅膀，被染得黝黑，大大的眼睛布滿憂傷，她想賣手中的木炭，人來人往，卻沒有人理她。

最後那個神父又出現了，他佇足在小天使的身旁，小天使很高興，抖抖柿色的頭髮，從懷裡小心的拿出木炭。

「先生，請問你需要木炭嗎？」

神父看著那黏滿黑屑的小手，說：「請問一個多少呢？」

「一個十元！」

神父就從口袋裡拿出一枚十元銅板，遞給她。

「謝謝您，先生！」

正當她打算把木炭交給神父時，卻被神父一掌給拍落到了水溝裡。

「我不是要買木炭。」神父說，「我是要買妳，北鼻。」

於是神父就把驚訝的小天使給帶回家了。他們一起過著幸福快樂的日子。

Ｙｏ，ｂｒｏｔｈｅｒ，孟子云：「惻隱之心，人皆有之；羞惡之心，人皆有之；恭敬之心，人皆有之；是非之心，人皆有之。」

但還有一種心，人皆有之，卻惶然不覺，此心如幼蟲於殼中，殷殷期盼世界的羽化。那就是變態之心，想改變的變，

46

從心從能之態。

　　不可質疑你心中的變態，ｔｏｍｏｙｏ。

🥸

推 tml7415: 哩吸唎公蝦洨

推 edwdada: 這樣子才 1000P 有點虧

推 CEO2B: 法克油是什麼啦 XD

→ sheepfeather: 你怎麼能打這麼多 XD

推 TAIWANSEAL: ... 前面寫的超讚 最後那是什麼神展開
拉 XDD (叫警察推

推 rabbit83035: 雖然看不懂 但是很厲害

推 kaisin: 神父 ~~

推 Ghosta: 感恩神父 讚嘆神父

推 song7775: 神父推

推 zeldeo: 結尾有事嗎？ XDDDD 前面明明就很蕩氣迴
腸………

推 acidrain: 最後一段 XDDDD

→ peoplefu5566: 看來神父也吃不少啊 能夠這麼有感而發

推 song7775: 等等 = = 後面那個買天使是啥鬼 = =

→ potionx: 昨天看到一個說法是 當你聞到味道，就代表
那個味道已經

→ potionx: 進入你的身體，跟吃下去意思也差不多了

推 htaedamay: 必推變態的神木

推 HowLeeHi: 還有銅葉綠素、綿仔油、塑化劑、毒澱粉、毒奶三聚氰胺

推 l11111111: YO~~

推 apa9394: 神父 我想跟你告解

推 asd2260123: 幹 最後一段超廢

推 arrwin: 媽我在這

推 WilliamXZ: 不愧是神父 文章最後又回到自己的本質

推 engra: 明明可以簡單的講 為什麼非要把它講的這麼深奧?...

推 yuys: 神父 ~~

推 shippai: 我投降 ~~ 神父別唸了啦 ~~~

推 Jacktang: 只好推一下神父了

推 BS1017: 神父午安

推 gn00291010: 為什麼可以扯到鑽石跟水的悖論 ..

推 peoplefu5566: 法克油 XDDD

推 chamomile050: 神父你 XDDDDDDDDDDDDDDDDDDDDDDDDDDDDD

推 Inland: 神父打這麼多辛苦了 但是才 1000p 你好虧

推 wht810090: 前半段很正常 最後幾段是 ...

推 windfeather: 推 XD

推 nickstarwind: End

推 skyringcha: 神父我開始有迷眩的感覺了，但是至少我知道神父不是黑心貨

推 lilaslove: 把我的感動還給我 XDDDDDDDDDDDDDDDDDDD

推 alliao: 變態的心 我發現了

推 tramstb: 文筆真好

推 whalebaby: 我可以加 10 元再跟神父買小女孩嗎？

推 mvpdirk712: 好啦　我知錯了　拜託別打這麼長啦

推 dan310546: 神父你今天打到中午耶

推 ohaai: 把邊際效用運用的挺好 XD

推 webbkiller: 這篇有夠神木的

推 kid725: 法克油 XDDDD

推 HornyDragon: 前面超感動 中斷迷惘 後段心得：「我在
看三小？」

推 kk911: yo 飛龍飛上天～

推 flyop: yo brother

推 kanec: 浚女孩 !!!!!!!!!!!!!!! 神父恢復水準了 !!!!!! 我有
罪

推 Cansidy: 超神木

推 sheilala: yo father

推 john2355: 最後一段是在公殺小 XDDD

推 TKW5566: 神父！！！！小蘿莉終於出場啦

推 galleon2000: 這篇寫太長了 ... 不過還是推神父

推 BlackBass: 媽的 ... 為什麼會有日文

推 cc520: 神父 我看完了 好想也買個小天使

推 scott032: 那個神父真的很變態

推 Zeroyeu: 不過花 10 元就想買蘿莉是不可能的～囧

推 wilson78225: 舉例都超有既視感怎麼能不推

推 SHIU0315: 神父 XDDDDDDDDDDDDDDDDDDDDDDDD
DDDDDDDDDD

推 diesai: 變態是你！

推 turbomons: Ａｍｅｎ

推 dtonesla: 神父 我有罪！

推 ls4444: 神父 我有罪！

推 Sanjixxx: 想要神父的便便化石 <3

推 bbbyy: 我也想帶小天使回家

推 prog: 神父耶

推 Sawyer80: 潸然淚下 神父記得改 我繼續看

推 zien0223: 前面講得蕩氣迴腸 最後一段整組壞光光 XDDD

推 gn00291010: 為什麼可以扯到鑽石跟水的悖論 ..

推 dark0224: =============== 感 恩 神 父　讚 嘆 神 父 ====================

推 wildwest: 變態之心 XDDDD

推 anselhsuen: ㄎㄅ 浪費我午休時間

推 Eric0204: 太變態了 (讚美) XDDDDDDDDD

推 guest0926: 神木

推 aj93063876: 神父宣教文給推

推 truechk: 我他媽到底看了甚麼了

推 aria0207: QB 不能跟頂新比啊 QAQ

神父，QB是什麼啊？

《魔法少女小圓》的一個角色，看起來可愛但真面目其實是狡猾的外星人。

日子怎麼過

白堊紀之花
Cretaceous Flower
速食店喊漲

神木！最近東西都一直漲！麥當勞也漲！牛肉麵也漲！一直漲！一直漲！漲價的理由都很多，但是從來沒有降過價！這是怎麼一回事啊？

快活不下去的小學生　敬上

　　Yo，brother，在古時的中東，有這麼一個奇景。在田間小路上，一個穿著五顏六色衣服的的男人，拍擊著腰間的小鼓，揮舞著鐮刀，他的後頭跟了一群和他同樣喧鬧的女人，如果你問他，要去哪，「啊，我是要去收割小麥。」他可能會這樣回答。

　　落土的小麥，收割後可以做成麵包，有些可以用來做成飼料，餵養牲畜使其長出肉來，土地亦能種植蔬菜，例如萵苣和馬鈴薯，將他們夾在一起，炸了炸，煮了煮，也就是漢堡和薯條了。

　　有一派人文學者，認為農業是種宗教儀式，事實上，神木認為進食的過程也很相似，將稻穀如灑香灰似的，使其產生各種可能，然後人們再把他吃掉，藉此獲得生命的能量，當血液與精神得到飽足，他們可以利用這個恩典去做任何事，比如獵豹可以優雅的伸長四肢，懶洋洋的露出牙齒，打了一個無惡意的呵欠，或者將前肢交叉擺著，意味深長的望著遠處的夕陽。當追逐食物的時間縮短，天敵的數量越來越稀少，那麼，這近似神性的悠然就會越來越明顯，餐前的祈禱，餐具的擺放，播種時的高歌，以及神曲和舞蹈。

　　漢堡、薯條，應該是速食才對，明明是速食，卻要刻意準備一個大型的空間，容納各式各樣的高中生、流浪大叔，母親與小孩，喧鬧聲、笑聲、輕聲的翻頁與窗外的哀愁。也許真正的成本就來自這兒，上漲的店面與租金。

但是不斷提高的八塊、九塊，卻仍然不太合理，如果一種飲食文化是為了與更加廣闊的階級共享，那麼，每一塊銅板都會無形的驅趕金字塔的人走往更上方，擁有越繁複禮儀的餐桌，人煙越是罕至，如果同一塊肉的分別，只是服務生的吩咐與馬郁蘭香的味道，那麼，圍成一圈的人們空位將會越來越少，最終只剩下孤單的火堆。

　　一位耶穌會的傳教士曾遠赴祕魯，遇到了一些印地安人，他們相談甚歡，近而，被邀請坐下來一同飲宴，吃著喝著，突然一位印地安人面露警戒的神色。

　　「我認為這位ｂｒｏｔｈｅｒ並不是真的神父，而是西班牙人假裝的。」氣氛登時緊張起來，他忍不住嚥了一口達爾文菇。

　　「我認為他是神父。」另一位印地安人說，「因為他正在吃我們的食物。」說完，也吞了一口菇。

　　這一口菇，充滿了特別的味道，印地安人的麵包或許並不華麗，但卻救了神父的性命，若不是這位印地安人感受到食物中的其他意涵，那麼成為盤中飧的，可能就是這位肥美的神父了。

　　神木相信，人間所謂的漢堡也是這麼回事，幼時和母親走過喧鬧的街，拉著她的手瞥過一間間香氣四溢的攤子，學生時期將聖地變成了獸道，吃個漢堡，非要噴滿中二的話語和青春的氣息，成年時則是一塊原野，從玻璃窗外望著和自己同樣西裝比挺的人，就如同從奧林比亞，眺望人間。但是吃飽了，仍舊隨著凡人的海潮而去。

　　這些東西，在企業的報表裡，是很難看見的，企業的營運講求的是精準的數字，數字大時，就擴張，到每一個人習慣去的地方；數字小時，就提高漢堡的價格，當數字沒有了，

就關店，準備收攤。

　　現實夾帶著夢想，這是偶然也是必然，沒有現實的利益，夢想就無法持續，如果夢想，值得了人們從口袋掏出硬幣，那麼現實便會勇於編織這些，多汁的肉塊，大份的麵包，當醬汁連同口水一起滴下來，讓窗外的小孩瞪大了眼睛，賺錢的與被賺錢的，都會滿足。

　　一定有比漲價更好的方法。例如米漢堡，就是一種十分有趣的發明，兩片麵包夾生菜和肉，這原本是漢堡的代名詞，但是摩斯漢堡（Ｍｏｓ　Ｂｕｒｇｅｒ）藉由飯團得到靈感，將白米壓製代替了麵包，創造了這麼一個混血食物，但很可惜的，摩斯大部分的時間仍在價錢上下功夫。

　　構成漢堡的麵包（ｂｒｅａｄ），原本就具有文化與宗教的意涵，在西方，幾乎是所有食物的代稱。

　　「Ｇｉｖｅ　ｕｓ　ｔｈｉｓ　ｄａｙ　ｏｕｒ　ｄａｉｌｙ　ｂｒｅａｄ．」這是每位神父和修女，睡前都必須默念的禱詞中的一段，麵包是由小麥製成，在聖餐禮中，象徵著耶穌的身體，人們小心的接下沒有發酵過的麵包，心懷感恩將聖體給食下肚。

　　沒有人會在聖餐禮上，埋怨無酵餅怎麼會沒有味道，充其量，只有東正教和羅馬教會會因為ｂｒｅａｄ是否該發酵而大打出手。聖餐禮基本上是免費的，而且只有特定的信徒，才能享有。每一個參與者，就好像是被選上到諾亞的方舟，個個喜孜孜的，看起來這教會，可是賠本到了ｇ點，但他們舉辦了聖餐禮，將同樣的麵粉、水、葡萄汁發揮的淋漓盡致，讓一個食物給人的喜悅衝到了極限，參加完聖餐禮回來的人們，每個人都聖靈充滿，好似被耶穌給撫摸到了一般，施予者跟受與者，都得到了幸福。

然後你會發現，麥當勞會倒，摩斯漢堡會倒，但是教會卻始終屹立不搖。

　　因此，神木參透這人間的奇怪現象，發現不是人們不夠努力，而是思考的方向不太正確，平平為了一個 b r e a d 而努力，有些人努力的方向是把份量弄得少些，價格抬的高些，漲價的理由，編得多些，舉凡原物料成本，油電上漲，反映成本，甚至連「以前沒有漲」都能當作漲價的理由。

　　❧

　　每一個謊話，都看起來如此相似，讓人不由得懷疑說話的人，是否都是埃庇米尼得斯（Epimenides）[5]，但是國際油價下跌了，原物料也下跌了，商人們卻從來沒有降過價，如果原物料漲和跌都是真的，那麼出了問題的，就是人。人，一直在說謊，這讓人聯想起凱撒大帝的廚師，他想吃野豬心，於是請他的廚師幫他料理，但是煮到一半，廚師自己把野豬心給吃了，並且面不改色的告訴皇帝「這豬沒有心」。

　　所以說，為什麼人們長期以來仇商、仇富、仇視財團，這都是有理由的，正如他們大多數給你的理由相仿，商人，就是賤。

5　西元前六世紀，克利特哲學家埃庇米尼得斯（Epimenides）名言：「所有克利特人都說謊。」此為「謊言者悖論」起源，句意表示自我矛盾而無法成立。這句話有名是因為它沒有答案。若所言為真，那麼克利特人就全都是說謊者，身為克利特人之一的埃庇米尼得斯自然也不例外，於是他所說的這句話應為謊言，但這跟先前假設此言為真相矛盾；又假設此言為假，那麼也就是說所有克利特人都不說謊，自己也是克利特人的艾皮米尼地斯就不是在說謊，就是說這句話是真的，但如果這句話是真的，又會產生矛盾。因此這句話是沒有解釋的。當此言為假時，應對應不是所有的克利特人都說謊，即有些克利特人都不說謊，而不是所有克利特人都不說謊。資料來源：MBA 智庫百科。

賤人，就是矯情，但是也因為這樣的犯賤者，才會將一地原本沒有的東西，輸送到另一地，在沙漠中販賣礦泉水，在深山裡兜售泡麵，在人煙罕至處築起空中花園，我們不由得不說，這世界還在運轉，商人絕對是不可或缺，他們富有冒險精神，但也因為他們長期浸淫在這一層金錢與利益的利害關係中，思維會變得不太正常，將樹砍倒以構築沒人行走的地下道，將公辦都更全都劃為商業區，僅留一小區塊給公共車輛行走，在「會買東西的人才是人，提包包的步伐才是步伐」的邏輯中，一步一步將全體人類推到谷底。

為此，商人應該罵，商人必須被罵，這就像瘋子必須看精神科，癲狗必須餵食藥物一樣，如果放著不管，黑心的吠叫聲當作傳世的經典，瘋子成為了神學家，世界會滅亡的。到時，我若對此提出疑問，反被賤人們買來六百名三段論大軍攻擊，若我不悔過，就會被當作異端。

而這所有在逾越節不能被逾越的，在天上，是星星，在人身上，是良心。

「神將祂的身體擘開，像餅一樣的分給我們。」

當我們在計算哪些人該得到多少餅時，我們必須意會到最初的事，「神是為了什麼要給你們這些人餅」，神靈犧牲自己而讓人食用，頭頂化成了牝馬，鬍鬚結成了蠶絲，眼睛生出稻穗，無數的精靈，玉米的精靈，小米的精靈，紅豆的、綠豆的 ...... 是為了什麼而分給人的？

「要讓天下蒼生可以活命。」

對於那些竊取祂的身體以用來集中抬高價錢的，想必，神知道了也會說：「你這賤人。」

哄抬價格，如果有所本，那還尚有可原，如果人民的所得提高了，所製作出來的產品，成本高過於利潤，如果再退

一步，我經營不下去了，要倒店了，難道不能提高價格嗎？

那麼，請給予倒店的證據，請找出倒店的原因。如果沒有個前因後果，沒有個精確的數字，只是憑感覺，依據慾望，認為我「賺得不夠多」、「擴張得不夠快」，所以編織一個通用的謊言，那麼，真相只有一個：看到別人再漲，於是我也跟著漲。

這種念頭像是說好了一般，壟斷了消費者的權益，有些樂觀者會期待自由的資本市場有所回應，或者消極的央求消費者與以抵制，這些想法固然很好，不過前提是，你真有一個「自由的」資本市場的話。

在每個人都抱持漲價觀念的群體裡，你不漲，就反而奇怪了；一群收受賄賂的貪官，你不收，反而會遭到敵視。漲不漲價，收不收錢原是自由的，但是這自由走到了底點，就會成為一股瘟疫。

如果我們有正常人可以攀談，自然不用去找賤人，但萬一馬路上都充斥著賤人，那麼你也只能找賤人說話了，賤人們每跟你說一句話，要跟你收一塊錢，你不知道為什麼要付給他錢，但是你想說話，只得付了。你會埋怨這街上正常人都到哪去了，但事實上，他就在你眼前，每個人原本都是正常的，只不過，他們偏要當個賤人。

有個好心的人想跟你聊上一兩句，不過賤人一擁而上，反倒將他給擠開了，他們一面跟你說話，一面將你的銅板在他面前搖晃，說你為什麼不當個賤人呢？當個賤人多好呀！你這般跟他說話，不就妨礙了大家的利益了嗎？

好人摸摸鼻子，這下子，他反而像個賤人了。於是一個接著一個好人都染了病，成為了賤人，這並不是「不爽不要吃」就能解決的，滿街都是賤人，然而，說話的慾望又必須得到釋放，於是你把賤人當做好朋友，反倒幫起他們說話來了。

「露天拍賣手續費才漲兩啪，真是佛心來的，就給他漲好了。」

「麥當勞ＣＰ值這麼高，現在漲１３啪，也算是剛剛好而已。」

陷入聖母情節的你，散發慈祥和藹的光輝，賤人們拍手稱是，於是你就忘了，露天那段免費而且介面優良的歲月；麥當勞那一點不扁的大麥克，十２５元就有的麥克雞塊。

麥當勞漲了，漢堡王漲了，露天拍賣漲了，郵局運費也漲了，奇摩拍賣，又更加漲的肆無忌憚，一直漲，一直漲，漲到你褲袋都翻了過來，還是漲個不停。

這就是在一個不正常的環境待久了，連自己都變得不太正常，活在充滿賤人的世界，連自己都變得下賤。你懷念那段真誠的歲月，想念你原本有卻沒有的東西。你原本有，卻又沒有的東西，自然是被其他人給拿走了的緣故。

那東西，叫做解釋權。

商人們善於竄改定義，善於的就好像海底的鱔魚，躲在岩縫裡露出尖牙，宣稱每條魚都有經濟價值，只不過都該藏在自己胃裡。

Ｂｒｏｔｈｅｒ，今天，我們就來當個濱口，告訴牠們最美味的，其實就是他們自己。好比原本說要蓋停車場，結果起了一棟大樓要大家去買東西，好比說要做文創，連大哥大和電影院都具有了文化和創意。

這一段，我得打的快些，這是連一個小學生看了，都會覺得疑惑的東西，但是商人說「這沒錯啊！」於是他們就沒錯了，這並不意味著欺騙，當他們也這麼相信著的時候，就不再會是了。為此，聰明的他們看起來傻呼呼的，他們普遍具有學者性格，也擁有宗教式的狂熱，他們誠摯的邀請你成為他們一份子，當你點點頭，你會明白他們的，但你得到的也僅只於此，你會明白慈禧太后為什麼用買軍艦的錢去造一座大花園，是啊，因為花很美呀。

　　擁有停車場的商城算不算停車場呢？我想應該算的，那麼郭台銘的女兒算不算郭台銘呢？我想應該也算，重點在於以一個概念替換另一個概念，要享受商城的利益，只付出停車場的成本，所有商人的邏輯裡是再正確也不過，但是郭台銘的女兒並不是郭台銘，因為她很可愛，她很嬌小，而郭台銘並不是這樣。但是只要有郭台銘三個字就行了，十二名評委裡，有十一名變成白痴，「我們不該讓商人虧錢」，替換成每一個公眾認知的概念，只能停車的停車場會虧錢嗎？我想不是吧，只是沒賺那麼多而已。

　　正確的方式應該是主體融合客體，方能以一個整體視之，簡單來說，我能把車子開進你的百貨裡面停下，下車欣賞每一個櫃姊的花容失色，撞碎的玻璃不用賠，那麼這個停車場論點就能成立。

　　同樣的，大哥大商辦和電影院算不算文創產業呢？我想應該算的，因為他們都和創意與文化相關，那麼在電影院裡講手機，可以說是文創中的文創了，將「載體」替換成「產品」，「大眾」替換成「小眾」，任何東西都能擁有文化和創意，但並不都具備故事和稀有性，鑽石之所以為鑽石，乃在於鑽石爾，如果把放鑽石的盒子也當作鑽石，擺鑽石的場

所也認為是鑽石，每一個來看鑽石的人都變成了鑽石，那麼也就沒有鑽石存在的必要了。然後展場裡放著都是普通的石頭，客人問你「鑽石在哪呢？」你則能面不改色的回答，「所謂鑽石，也不過就是一顆石頭而已。」

什麼叫做文創？例如這篇文章，就是一種文創，例如我的名字，名為變態的神木，即是一種文創，名為變態的神木能散發變態的氣息，而你富邦和臺灣大哥大，只能散發銅臭味兒而已。

神木常認為這是智商的問題，別誤會，我可不是在罵人，這是智力和商力的問題，為了生存而謀求利益，這是再自然不過的事，但如果為了商力（金錢方面的智慧）而降低智力（人類應有的智慧），這就有點本末倒置了。

在非洲，有所謂的衝突鑽石（Ｂｌｏｏｄ　Ｄｉａｍｏｎｄ），人為了璀璨光華的表面，削去了自己的臉鼻，警察打磨了應該保護的人民，黑人政府一面在自己的國家挖開大洞，白人財團則放火焚燒了一個接著一個鑽石礦坑，用以抑制鑽石的供給大於需求。他們合力召喚邱比特的八心八箭，輔以愛和虛榮和染血之心，波札那的居民被迫離開家鄉，原因是採集食物遠落伍於採集鑽石，諷刺的是，衣衫襤褸的人們腳下充滿閃閃發光的石頭，他們一拿起，就被開槍射殺。

他們是真正坐在寶石山上的窮人，連金伯利也無法拯救，他們擁有真正的鑽石，卻不知該怎麼賣，賣給誰，於是財團和政府掌控了這一切，他們竄改了定義，鑽石是我的，你也是，鑽石恆久遠，內戰永流傳。

但是鑽石很美，可不是嗎？ｂｒｏｔｈｅｒ。

人們常提反商，卻忽略反智，以有限的資源滿足無限的慾望，這也是在磋商之下的產物，絕非一人可命定其價值，

只有神可以這樣做，但你、我皆不是，所以只能共同構築接近祂的生命體。

你認為這東西值得一百塊，我認為只值一塊，我們可以共同商討至一個雙方皆能認同的價格，ｍａｙｂｅ是十塊，但如果只是一群人，將我圍起來咒罵或者哭訴，硬要說非一百不可，非要我接受不可，那麼就是反智，你的意見是神，我的意見是屎。

我們的資訊是如此不對等，我的立論來自經驗和邏輯，你的立論卻是謎，你總說你是含血含淚的慈善家，非要我相信這個前提，在不對等中更加不對等，我不買單你的神，反倒成為惡鬼了。

〜

拆開你的神邏輯，裡頭卻只有利潤而已，因為我給的不夠多，所以必須再給的更多，以有限的資源滿足無限的慾望，那麼你的慾望是永遠無法滿足的，如果我多給的，小泡芙的餡料，變得越發稀薄，如果我多給的，連油都混充了黑心飼料，如果我多給的，連麥當勞都要帶頭在漲價的話，那還不如不給了吧。

如果我多給的，品質無法提升，量反而下降，安全產生了問題，如果我多給的只是為了你要說一個故事，那麼，那故事得先滿足我才行。可是否，你至始至終都在說同一個故事……

救救我吧，救救我的貪婪吧，你的貪婪是用錢能救贖的嗎？

禽流感來了，但是白肉雞的供貨穩定，颱風來了，但是

沒有經過本島，我們不求跌價，不求優惠，那麼，你說說看，好端端的你漲價與你快死掉了，快不能生存有什麼相干？

賤人，就怕別人說他賤。

如果一個契約，立約的前提，並無改變，立約的內容，雙方同意且行之有年；這一年裡，甲方成本時而升，時而降，乙方資本卻逐年的減少，這時，甲方片面改了約定，無論是改的商品越來越縮水，或是價格改的越來越高，都是不先知會、不與溝通，驟然下的決定。如此一來，只不過是在提高手速而已，甲方不斷柔搓，乙方終將精盡人亡。

為什麼說漲價是種反智的行為，因為漲了價，你就不用思考東西為何賣不出去，就不用思考如何開拓客源，就不用思考如何做出更棒的東西，就不用思考你商品存在的真正目的，就不用思考是誰在居中作梗，不用思考如何減少不必要的浪費，求取效益，不用思考去追求你應該追求的，質疑你應該質疑的，而將問題丟給那無辜的人。

所有的賤人都忘了一件事，爾等亦是消費者也。

你漲了，我漲了，他也漲了，你的雞排貴了，於是麵粉也貴了，米也貴了，菜也貴了，你漲了一時，卻連同自己承受同樣的苦果，為漲而漲，此乃漲價之根本原因。

昔者，鄭商人弦高，以四張牛皮和十二頭牛犒賞秦軍，使其知難而退，表面上看起來是損失了，實際上則保住了鄭國免去戰禍，弦高知道自己的國家才是從商的根本，如果國家動盪，生意也就甭做了，每個人都要受禍，這就是以小利換取大利，在商力之下兼顧人智的結果。

賤人們販賤買貴，以商力高於智能，將消費者圍起來坑殺，在殘毛敗血之中求取破卵，雞死了就不續產，商品亂漲，就沒人想買，修改契約是背信，合力壟斷是忘義，如此背信

忘義，縱使有一時橫財以為輕，終難承民怨憤慨之重。

黑心油、大卵蛋，並不在於人貪小便宜，又要牛好，又要牛不吃草之心態，而是在於人將風險歸給他人而爆炸，自己謀求更多的錢財好上香的變態。

Ｂｒｏｔｈｅｒ，在人心中，有所謂的無上命令（ｓｅｌｆ—ｅｖｉｄｅｎｔ），那是一種聽不見的聲音，那是一道看不見赦令，那是自你出生以來就潛藏在你的心中，那是不管任何一個惡人，都會擁有的東西。他使槍殺他人的人吃了焢肉便當以後流淚，即便是像魏應充這樣的賤人，也會有「和德文教基金會」這樣良善的組織，輔導弱勢學生、捐助救護車等等。

但那樣是不夠的。他們聽見那聲音即停滯，只明白那虛弱無力的尾語聲，他們只聽見「要做善事啊....」卻沒聽見，要「信守承諾」、「不要去傷害別人」。也許他們認為，人活在這世上，根本不可能使別人不受傷。

但是必須讓每一個人都存在。

我說話不禮貌，刺傷了你，我說你是個賤人，讓你悲傷，但是你不會因此而消失，反而會更加鮮明。一個賤人，是賤人，一群賤人，還是賤人，當我指出這個事實以後，你或許會覺得氣憤又無奈，你會受到傷害。但是我是知道你的，我知道你在想什麼，也知道你為何這麼做，我收到的命令是：「賤人，給我變好。」

我指出你是存在的，相反的，將噁心的油藏到美味的食物裡，隱瞞這一切，竄改前提，告訴我們其實黑心油可以吃，其實你在造福人群，其實你是無心的，其實每個人都這麼做，其實，你是無罪的。

你是在矇蔽自己，抹殺別人的「知」，進而抹殺別人和

自己的存在。切葉蟻對葉子，是沒有感情的，所以他們能大口大口的咬下，而無視自己和龐大葉片的重量，只要他們想，切下一整片森林也無所謂，但是切葉蟻對真菌卻不是如此，他們會將真菌小心的擺在一團充滿營養的糊上，讓他們得以生長，對於其他想侵害真菌的物種，與以移除和保護。是的，儘管他們吃他們，但是仍算是共生，他們一起存活了五千萬年。而他們切葉的目的，是為了真菌。

康德說：「你要這樣行為，做到你對人類，包括你自己以及一切其他的人，在任何時候，都當作目的，而不是工具。」

了了嗎？賤人啊，你我的差別，就在於此，在我的眼中，是目的，在你眼中，是工具。

人，並不是工具。

在這充滿賤人的世界裡，我並不絕望，相反的，卻很興奮，就像是一個賣鞋哥到了非洲，「看啊！這裡的人們都不穿鞋。」我會這麼說，是因為我看到他們有腳，看到他們普遍貧窮，看到他們已經習慣不穿鞋子，看他們厚到不行的腳根，看到所有錢都賠光了，一雙鞋子都賣不出去的自己。

當真一雙鞋都賣不出去嗎？有的，我想一定會有這麼一雙，可以賣的出去，我賺了十五塊，但說不定賺了更多，我讓赤腳的人有了一雙鞋子，讓他們的雙腳可以奔跑在乾枯的草原上，讓獅子看見，讓狐狸看見，讓狐獴看見。

「看啊！那傢伙穿了一雙可笑的鞋子。」那就像是穿長筒靴的貓，他看起來總是格外的不同，一隻穿長筒靴的貓有什麼用處？喔，那你可就錯了，他會為你抓來鷓鴣，他會讓你穿上新鮮的衣服，讓本來英俊的你更加的引人注目。他會舌燦蓮花，他會說些謊，但是謊言會成真，因為真的成真了，

而那全是因為你本來就很好的關係。

　　一定有沒有漲價的美味漢堡，只是你不知道而已。就算沒有，總得有人把他做出來，我鼓勵各位　ｂｒｏｔｈｅｒ，試圖去賣些東西，哪怕是一本破書也好，一片雞排也罷，然後，死撐著不漲價，看看會發生什麼事。也許你會說：幹，神木，你耍我？非也，你應該知道劣幣驅逐良幣的道理，因為人們總不捨得把良幣花掉，而藏在家裡。

　　我知道你心中有一道無上命令，那會比現有的蠢人都實際的多，我知道你會是個法官，你會制定自己的法條，我知道你會是個國王，在Ｋｉｎｇｄｏｍ　ｏｆ　ｅｎｄｓ裡，你永遠無法滿足，無法滿足怎麼會做不出一粒美味蟹堡。

　　然後會有人做出來的，只要像這樣的蘇格拉底越來越多的話，那就像一棵神木突然長在草原上，一個變態的神父，走到一間小屋子裡，那裡有許多個乖巧的小女孩，有的在烤麵包，有的辛勤的織布，有的在伸懶腰打呵欠，將豬心丟進火爐裡取暖。

　　但是她們永遠都住在那裡。然後你猜怎麼著？這個神父進到屋子，關上門，每個小女孩都飛起來了，撞破了屋頂，灑下滿天的羽根。

　　Ｙｏ，ｂｒｏｔｈｅｒ，我相信你會是這樣的變態。

　　Ｎｏｗ，神木來說個故事：

　　話說神木長在河堤邊，享受著三十年的孤寂，有天，看著腳下青翠的姑婆芋，突然覺得有點膩了。

　　「啊，我差不多該倒下了吧。」神木心想，於是就連根帶葉，「啪」的一聲墜入了河中。循著河水漂流，神木就像

個不沉的屍體，冰涼的河水，連微生物都在安睡，就像要把我凍結起來似的，我不生，也不腐。岸邊的小狗朝我叫了幾聲，但慢慢的，就聽不見了，只剩下水波在鼓盪迴響。

不知過了幾個夜晚，我嗅到了一股鹹味。「叩、叩」一個寶特瓶敲著我的頭，醒來的時候，神木才發現置身於一堆垃圾中，在海岸邊載浮載沉。我起身，化身成一八三公分充滿變態氣息的男子，那海邊一堆垃圾，卻一點也不臭，像是給掏乾淨了一般，每一個不天然的物品，沾染了乾燥的沙子，一路堆疊到岸上。

神木拾起一個寫著「百麗牌」的蓋子，以及一些莫名的玩具，一隻沒有鼻子的大象和一些彷彿化石的積木。那隻大象露出耐人尋味的眼神，神木循著它的身後看去，發現了遠處的土坡上，有一個搭建好的小屋。

雖說是小屋，但是沒有屋頂，只是簡單的用幾根竹竿搭起來，勉強有點房屋的樣子，我踩著細軟的沙子，走近了一些，驚訝的發現，那並不是用竹子搭建起來的，而是有點類似象牙材質的東西，像是蜷伏在山坡上的巨大生物，露出背脊，每走一步，就看的更加清楚。我費了點力氣，爬上那座屋子。

有件破爛的洋裝被掛在上頭，飄來飄去，洋裝下有一支椅子，正對著海，椅皮上沾染的一些油漆，那是一支辦公椅，如同畫裡的靜物，似乎在訴說著某些秘密，神木的氣根揚起，毫不猶豫的坐了上去。

「啊，原來如此。」我坐在椅子上，碎裂的洋裝，嫻靜的海，枯乾的禾本植物，覆蓋著遠處來的，被遺棄的事物，坐上去的一刻，就已經明白，椅子的主人，平時都在看望的景色。一幅矛盾而赤裸的畫，而我就坐在畫中，欣賞著，彷

彿老邁的波提且利。

「滴 ... 答 ..... 滴 ... 答 ......」

有股水聲自遠而近，神木在椅子上沉醉，惶然不覺，那水聲來自一對濕潤的小腳丫子，她沉默的看著我，直到我將目光也移向她。

那女孩有著石榴色的頭髮，胡亂的用繩子綁起，每一絲、每一束都透露著野性和不安分。她的眼瞳是灰色的，眼溝上有些許淚紋，但除此之外就沒有了，平滑的臉蛋令人詫異，好像滴了些露水，便能溜下來。

但是她身上什麼也沒穿。這令我有些困窘，她卻一點也不在意，比起自己，她更加注意我的存在，她抿著唇，直盯著我瞧，露出警戒的神色。

神木決定也認真的盯著她，的胸部。

「卡咪啾？」她吐露出一句我聽不懂的話。

「卡咪啾。」

「卡咪啾、卡咪啾？」

「卡咪啾。」

說到「啾」的時候，神木刻意壓低了嗓音，表示肯定的語氣，重複對方的言語，大概是世界共通的語言。她點點頭，示意我起來，神木緩緩的離開椅面，這時，才注意到她手裡拿著一根碩大的魚叉。

我一邊卡咪啾，一邊挪動到她空手的另一側，以免她一不高興，就賞給我一個痛快。

她不再說話，自顧自的走到屋子裡，一處懸吊的繩子旁，放下魚叉，開始打結。

她打了一個又大又豐滿的結，我想那可能和我有關，因為繩子上還有其他的小結，那個新結可能代表著我。

我退到了後頭，認真的觀察她纖細的背影。她打完了結以後，就把我吊起，原來，這結是為了綁我用的，神木太專注於純淨的胴體，以致於忘了反抗。

　　「卡咪啾、卡咪啾。」我試圖喚了幾聲，但是得不到回應，她用魚叉狠狠的戳了我幾下，就離開了。那美麗的身影不久就挪到了海岸，只見她熟練的跳下海去，消失在波浪中。

　　等到她再度回來的時候，已是傍晚了，她抓了幾條魚，還有幾片香蕉葉，且熟練的開始生火。她從雜物堆裡，取出一節竹子，剖開來，再拖出一枚枕頭，從中拉了些棉絮絲。她將棉絮塞入竹子口中，用刀子畫了一個傷口，將它身體的對半吻上，開始辛勤的摩擦，等到她的小臉滴下了汗，竹子冒出了煙，骯髒的棉絮就燃起火焰，她小心翼翼的吹著，就像呵護著一個嬰兒，一種文化，火光越發越加茂盛，直到她可以將之捏在手中，照耀著這靜謐的小屋子。

　　神木看著她認真的表情，像一個盡責的女主人，堆火，烤魚，那不知名的魚種被烤乾而滲出魚油，我也忍不住嚥了一口口水。她將其中一條丟在我面前，示意我可以吃，但是我晃啊晃的，就怎麼也啃不到那條魚。她笑了一下，將繩子鬆脫，解放了神木這個洪水猛獸。

　　但是神木並沒有對她做什麼，只是一個勁兒吃著魚，越吃，越發覺得好吃，柔嫩的脂肪比起淡而無味的露水，神木想，自當初漂流到現在，我也好久沒攝食了。更讓我驚奇的，是那個小女孩的眼神，原本充滿敵意的她，如今眼睛裡充滿笑意，她一邊看我吃她的魚，一邊點點頭「嗯、嗯」了幾聲。

　　「好吃嗎？」

　　風吹進這座小屋子，突然間，我聽的懂她的話了。

「非常好吃。」神木回答，小女孩對我報以微笑，那一瞬間，我們好像明白了彼此的意思，隨著魚白一絲絲入口，她的話也變多了起來。

「如拉卡，假拉登，啊比優，奴來優。」她說了一長串，我聽不懂的話，但是末尾幾句，卻突然鮮明起來。

「優卡，這是我家附近常常有的魚。」

「優卡？」

「對啊，優卡，那條魚。」

我們兩的言語慢慢契合起來，神木確信，我們正在進行某種儀式。

「妳住在這嗎？」

她歪了頭想一下，露出疑惑的表情，我趕緊又咬了一口魚。

「妳叫什麼名字？」

「我叫做普莉絲卡古。」她說，又突然懂了。

「普莉絲卡古有點長，叫妳普莉絲可以嗎？」神木邊嚼邊說。

「可...優路苦，八比優？」她的明白話又隱沒在莫名之中，就像收音機的頻率沒有對好似的，於是，我將整條魚連骨帶肉的吞了下去。

「妳......再說一次。」

「那你呢？你叫什麼名字？」

「神木，名為變態的神木。」我拍拍自己的頸子，把喉嚨中的魚骨弄到食道裡。

我和普莉絲不久就成了好友，並且在這裡住了下來，她說她從小就出生在這個海岸，她小時的記憶，也只停留在海濤聲和冰涼刺骨的海水，以及這個被遺留的小屋。

「你不記得爸爸媽媽了嗎？」

「嗯。我只記得那天的天空是粉紅色的，天空有很多白色的灰塵，然後還有一雙濕潤的大手，一對銀色的貓眼睛。」她像夢囈似的，喃喃的述說這些模糊的記憶，神木一邊聽著，一邊玩著沒有鼻子的玩偶，空心的地方，跑出了一隻馬陸，神木用手將牠圍起，等牠爬上我的手，再輕輕放在粗糙的砂礫上。

「你不記得父母的名字，卻記得出生的景象呀～」神木說。

「我這樣會不會很奇怪？」她的眼睛睜的大大地。

「不會啊，這只是內在價值的抉擇。有些人知道太陽系的每一個星系，卻從來也沒有看過星星的樣子。那是裝飾的價值，大於實際的價值。」

「神木，太難了，我不懂。」

「哈哈，先別管這個了，我肚子餓了，今天我們可以吃魚以外的東西嗎？」

「可是這裡只有魚呀！」她面有難色的說。

「喔～可愛的普莉絲，想想辦法。」

「有是有，不過很麻煩。」她咬著手指頭沉思，「要穿衣服，我不喜歡穿衣服。」她石榴色的頭髮，像是緞帶一樣包裹著珊瑚色的胴體，神木忍不住想，萬一把這禮物給解開了會怎樣，也許小鎮會暴動吧。

小鎮，對了，還有其他人在這嗎？自從來到這裡以後，就一直停留在能看到海的地方。

「有喔。」普莉絲似乎讀懂了我的心思，「這裡，在過去，有人。」她指著遠處礁石上連成一片的葛塔德木，眼神空靈靈的，好像自己不是人似的。「有賣東西，米呀，芋頭

的。」她撥開手指頭，仔細的數著，「芋頭很好吃，黏黏的，可以用來烤」，數著數著，居然流起口水來。

「喂喂，真的有這麼好吃嗎？」神木看著她滴下的口水。

「超～好吃，一級棒！可是我還是想在這裡。」她緊緊抓著小屋子的一隅。

「去一下嘛～」神木拍擊她細嫩的手臂，好半天，她才鬆開。

「好吧，那就勉強去一下好了。」說完，就拉著我的手，往海邊跑去。

「妳 ...... 妳要幹嘛啊？」

「抓魚呀！」她眨眨眼睛。

「買東西為什麼要抓魚呢？」

「沒有魚的話，就不能買東西了。」她灑著豔紅似的頭髮就往海裡頭鑽去，就像嬰兒回到母親的子宮裡那樣自然。

「嗨～妳會需要魚簍吧？」神木問。

「魚簍～那是什麼？」

「裝魚用的器具。」

我撕下手上的皮膚，它就像是竹子的纖維一樣。

「有的話就做吧～」她說，聲音隨即被海潮覆蓋，這小傢伙總是那麼隨性。

她刺了一條又一條的魚，而我發現自己的皮膚怎麼撕也撕不完，於是就做了一個超大的竹簍。

她像是要把整個大海的魚都給刺光似的，平常，她都只刺個一兩條果腹。等到魚多的連竹簍都塞不下，她才氣喘吁吁的爬了上來，我拉著她的手，也發現自己的手變薄了。

「差不多可以去了。」她抹抹額頭上的汗珠，我頭一次看到她這麼累的樣子，渾身濕漉漉的她，已經連海水和汗水

75

都分不出來了。

　　她將頭髮擰乾，然後粗魯的套上那件洋裝，雖然她老將它掛著，不過每天都會確實的將她洗乾淨。她走來，試圖背起那龐大的魚簍，不過用點力，就癱坐在地上，就像個平凡的女人似的，神木趕緊走過去，代替她背了起來。

　　哇賽，真是重到不行。

　　「妳平常都怎麼去的呀？」

　　她乾笑了一聲，我有點了解她不大想買東西的理由。

　　我們走過那一片茜草，此時，夕陽已西斜，每片葉子都像面鏡子一樣發光，我扛著魚簍，普莉斯就走在我前面，淡藍色的衣角被風撩起，令人臉紅心跳，這應該是神木漂流至此以來，最接近文明的時刻。

　　「神木，你為什麼會到這裡來呀？」她轉過身，突然丟了一個問題。

　　「這個嘛……」

　　「是若然吧。」

　　「若然？」

　　「就是我也不知道的意思。」

　　「那你就說不知道就好了呀～」

　　「可是我又好像知道。」

　　「什麼意思呀！」她有點生氣，因為我又打了啞謎。

　　「就像我背上的魚，他們也是什麼都不知道，就離開水了吧？但是牠們又好像接受了，一動也不動。」

　　「那是因為牠們快死了！」

　　「對呀，我想牠們現在也知道自己的生命即將結束．」

　　「你！你！你！」她的小臉漲的通紅，不過我一點也沒有把她當笨蛋的意思吶。

「你是說你就像那些死魚一樣嗎？」

「我是說，就算是死魚，就算離開了水，牠們仍然用盡最後一口氣，睜的大大的，看看這個從來也沒有看過的ｗｏｒｌｄ。」神木摸摸下巴，瞇著眼睛，看著眼前這個可愛的小女孩，她似乎厭煩了，裝做沒聽見。

「啊，到了唷。」她說。

遠方有一間小屋子，隨著我們的腳步悄悄接近。有個老婦人正叼著煙斗，用很平淡的表情迎接我們到來。

「是那裡沒錯吧？」我問。

普莉絲哼了一聲，沒有理會我，逕自走上前去，開始用她們的語言交談，說也奇怪，到這裡我又聽不懂了，我卸下滿簍子的漁獲，並且看著裡頭的死魚，是不是要再吃一尾，才能聽懂她們的話呢？

「笨～蛋，快過來！」她朝我揮揮手，我趕緊將魚簍推了過去，說也奇怪，我只懂她的話。

普莉絲將魚一條一條遞給老婦，等到簍底空了，才從對方手中接過一包米和兩塊芋頭。

「不會吧？就這樣？」我大聲提出疑問，畢竟整簍子的魚，才換到這麼一點東西，實在太不划算。

「這樣就夠啦！」她說，和老婦一同露出懷疑的眼神，彷彿我才是有問題的人。

「可是這麼多魚，才換那麼一點……實在是….」

老婦似乎感覺到我的情緒，她作勢將魚遞還給普莉絲，然後要拿回米和芋頭。

「你這個笨蛋！」普莉絲把我拉到一旁，小聲責備，「這樣已經很多了，平常還換不到這麼多呢！」

「可是這些魚是妳好不容易才抓到的……」

「不然你還要把它搬回去嘛！而且我們也吃不了這麼多。」

我看著那些魚，空洞的眼睛已經吸引了一些蒼蠅靠近，而那老婦則好整以暇的望著我。

「供給問題嗎……」我垂下頭，她則再度付出她的勞力成本，走過去和老婦人道歉，被數落了一陣，才再度確保了這次交易。

「呼～差點沒得買了。」她走回來，吁了一口氣，把米和芋頭放在竹簍裡。「這裡只有這家可以換，別計較了。」她說，但是神木仍然忿忿不平，淬了一口唾沫在地上，看著那口濃黃的唾沫，我突然想到一個好主意。

「你要去哪？你這樣會害我們買不到東西的！」

「我只是想跟老婦人商量而已。」神木推開她的小手，撿起地上的唾沫，然後往那該死的攤位走去。

「Ｈｅｙ！老太太！」神木說，「我用這個換你兩袋米，還有更多的芋頭。」

她顯然聽不懂我的話，我比了一個２，然後展開雙手，做出「很多」的手勢，她盯著我，像隻憤怒的狐狸。不過等我攤開手，展示裡頭的東西，她的眼睛就發亮起來，那是一顆琥珀，你知道的，ｂｒｏｔｈｅｒ，千年的樹脂，積聚而成的廢物。剎那間她就明白我的話語，她殷勤的拿出兩袋米，以及許多芋頭，交換這塊，我剛剛用痰做出來的東西。她笑得合不攏嘴，我則毫不客氣的，又多拿了擺放在攤位上的一塊肥皂。

「神木，那亮晶晶的石頭是什麼？」

「這個嘛……像是魚骨頭一樣的東西吧。」

「你亂說，魚骨頭怎麼能換這麼多呢？」

78

「這我就不知道了，也許那個老太太喜歡魚骨頭。」神木呵呵的笑著，扛起和到來時同等的重量，牽著什麼也不懂的稚嫩小手，一起回家。

一路上她嘟著嘴，但願她永遠都不要明白我做的事。

到家時，已接近黃昏，各種不同的蟲鳴聲，交織成海島特有的交響樂，普莉絲熟練的生起火，我則拿著沒有鼻子的象玩偶，替芋頭去皮。她在另一頭拾起被燻得焦黑的鍋子，小心翼翼的就像拿起什麼珍寶，看到那搖搖欲落的提把，一定是從海邊的垃圾堆裡撿到的吧，她將泛黃的米倒入水中，仔細的清洗著，夕陽映著她火紅的頭髮，看起來更加火紅。

我想起抹大拉的瑪麗亞，她用香膏替耶穌洗腳，差不多也是這幅模樣。但是神木的料理方式並沒有如此純潔，我捲起袖子，露出粗糙的表皮，把削好的芋頭放在手臂旁摩擦，我一邊懲罰這天南星科的植物，一邊發出「啊～嘶」的聲響，磨出來的泫，喔不，是芋泥，富涵著水份，一泥一泥的攤在香蕉葉上，我將它們揉了揉，試圖弄得再黏稠些。我認真的揉搓這些可憐的孩子，然後把他們包進香蕉葉裡，遠方的米香已經傳來，她是用椰子殼做的燃料，散發乾淨的白色煙霧，神木則是拿自己當做燃料，燒出的黑煙燻人且刺鼻。

「神木～你幹嘛不過來？」她朝我揮揮手。

「哼哼，不用了，變態有變態的做法。」

我將石頭丟入火堆裡，等待他們燒的通紅，不時窺視著另一方的動靜，不知不覺，這已經變成了一場比賽，文明的和野蠻的。

「恰啦～恰啦～恰啦啦啦～」普莉絲突然跳起舞來，她甩著頭髮，繞著火堆奔跑，她彎腰，伸直了手，使勁延展著，像是在強調什麼事，她像是小女孩一樣跳躍，不對，她本來

就是小女孩了。

　　她的手肘如同絹絲一樣揮舞，她畫著圓，彷彿端起了某個東西，但是那當中什麼也沒有，只有空氣，和西沉的太陽。她將食指和拇指交疊在一起，像是一隻火孔雀，整片夕暮，就是她的羽毛，火燃燒著，飯食即將煮沸，最後，她把雙手放在背後，對著食物行了一個禮。

　　「妳為什麼要跳舞呢？」

　　「對食物表達感謝的心呀，這樣他們會變得更好吃。」她說，說的是如此理所當然，但是當她抓了一手噴香白飯送到我嘴裡，不由得不認同了，確實是美味啊。

　　「你的菜做好了嗎？」她問，神木看著火燙的石頭，緩緩吟道。

　　「實方實苞，實種實褒。」神木將烤熟石頭一顆接著一顆，夾到水坑裡，「實發實秀，實堅實好。」水坑的水一接觸到石頭，開始呼呼冒泡．「實穎實栗......」

　　「你在唸什麼咒語啊～」普莉絲忍不住打斷了我。

　　但就在這個ｍｏｍｅｎｔ，神木將香蕉葉包芋頭，一股腦的丟進水坑。「即有變態！！！」水坑冒出鬱悶的氣息，就像訴說著世間的無奈，骯髒的水花與潔白的蒸氣之間，香蕉葉的顏色變得深沉，覆蓋在裡頭的漿泥，是如此難懂，但神木已知道，他已逐漸熟透，在那朽葉之中的奶與蜜呵。

　　最終撈上來了，神木一腳踩了上去，普莉絲忍不住驚呼，但這是一個必然的過程，慢慢的承受壓迫，靜靜的接受鄙視，直到那香氣滿溢出來，他再也不能被馴服的時刻－－

　　「變態的泥。」

　　「這是什麼呀？」

　　「這是一道菜的名字。」

我打開香蕉葉，裡頭黏糊糊的，神木拉了一塊，像是橡皮糖一樣，伸的老長，她好奇的看著我把他塞入口裡，牽出一堆絲。

　　「呼，好燙。」她盯著，口水又流出來了。

　　「怎麼樣？想吃嗎？」她點點頭。

　　「那麼我來告訴妳一個能讓他變得更好吃的吃法。」神木接過普莉絲煮的飯，將她們倒扣在香蕉葉上，然後再反過來，這樣，變態的泥就全都滑落在香噴噴的米飯上。

　　「哇～」她高興的拍著手。

　　「泥看看，泥看看，這就是我的泥，妳的飯。」神木說，於是我們一手抓著泥，和飯，吃了一頓美妙的晚餐。

　　然而，美味的東西總是會引誘來不該來的人，就像是飛天小女警總是會吸引怪物一樣。那天，我將肥皂切了一小塊，和入海水裡，我想做出一罐肥皂水，弄些泡泡，讓普莉絲感到驚喜，但沒想到，不管我怎麼攪都攪不出泡沫來。

　　「你再試幾次都沒用的。」背後突然傳來一股陌生的聲音，「肥皂中的脂肪酸根離子，會和海水中的礦物質結合，你只會得到一堆沉澱物而已。」

　　聲音的主人是一位沉穩的中年子，他的下巴十分乾淨，沒有一根鬍鬚，他瞇細著眼睛，滿臉笑容。

　　「你是哪位？」

　　「你好，先生，我叫做金屏．習，是本地的生物學家。」他伸出手，表露善意，但是神木只是挖挖鼻孔。

　　「你怎麼找到這的？有什麼事情嗎？」

　　他無奈的將手插回口袋裡，仍然保持著笑容，我想我現在打他一拳，那張臉應該也不會改變吧。

　　「說句實在話，我真的很高興，這是我在島上以來，第

一次碰到會說同樣語言的人。」

「你還是說重點吧，ｂｒｏｔｈｅｒ。」

「沒問題，先生，請問這是你的東西嗎？」他從口袋拿出一個閃閃發光的石頭，「這是一塊千年的琥珀原石，而且質地十分純淨，我從本地的攤販購買來的。」

「是嗎？在我看來，他只是個脆弱的玩意兒，指甲一刮，就能刮出痕跡。」我作勢伸出手，他卻一點也不緊張，只是冷靜的看著我。

「這是很有趣的論點，先生。不瞞你說，我正在進行考古的研究，而且持續好幾年了。」

「那又如何？」

「我探過這島上的每一個地方，但是仍然一無所獲，我確信這裡堆疊了顆石藻和球石粒，但是我仍然一無所獲。」

「說不定這表示你應該一無所獲的回家了。」

他聽了，笑得更加深沉了，兩嘴的細縫大概有八十度角。

「那可不行，我肩負了祖國賦予的使命。看了這顆琥珀以後，我確定我遺漏了某些東西，是了，這個地方我還沒探勘過。」

「你不會希望探勘這個地方的，因為我會肛爆你。」神木的嘴角也上揚了，緊逼九十度角。

「先生，我並沒有惡意，而且我們不會強迫人的，這是我的名片。」他遞上一張精緻簡潔的紙，等待我收下。

「這年頭，學者都像是商人了。」我不懷好意的損他，他卻一點兒也不生氣。

「或許是吧，但，這就是時代啊，我們會付出相應的報酬，可以幫助你們離開此地，有更好的生活。」他眨眨眼睛。

「你不會希望她一直這樣都不穿衣服吧？」他用下巴示意站在海邊的普莉絲，她吹著海風，撫著頭髮，似乎沒有發現這個突然造訪的陌生人。

「我改日會再拜訪，希望你們好好考慮一下。」他留下一張名片以後，就離開了。我開始思考他的話語。如果是更加文明的生活，良好的教育，寬廣的世界，和這一片美麗的海灘相比，孰輕孰重呢？

「神木～～」她興沖沖的跑來，打斷了我的思緒，「我們今天......」此時，她的話語再度朦朧，

「你說什麼？」

「我是說，今天我們吃魚好不好呀？」

「好啊，沒問題。」我回答，她的話語又再度明朗起來，說也奇怪，我原本聽的懂的，突然有一瞬間聽不懂，而金屏，習那些我原本聽不懂的話，我好像有點明白了。

「你不會希望她一直這樣都不穿衣服吧？」這句話回蕩在我腦海中，直到暴風雨來臨。我記得那天的天空，是粉紅色的，海底沒有魚，海和天彷彿要將人的思緒抽乾，只剩下寧靜這麼回事，普莉絲拎著空空的魚簍，眼神有些哀戚。

「沒關係啦，星期天本來就不該捕魚。」

「星期天為什麼不能捕魚啊？」

她揉著還濕潤的頭髮，將她們當作是坐墊，挨近我的身邊。「因為神把星期天賜給了萬物，六天的時間出去撿拾食物，第七天卻什麼也找不到。這樣樹才能安心生長，四季可以正常變換，魚群可以順利產卵，人啊，什麼都不做，只是這樣看著美麗的景色，就能對世界有所幫助了。」

「嗯、嗯。」我和她肩併著肩，靜靜的讓時間流逝。

「這裡的景色，妳覺得哪裡最好看呢？」我問，她想了

一下。

「這裡嗎？」我指了指璀璨的海霞，她搖搖頭。

「那裡嗎？」我指指背後的葛塔德木，他們開了一朵朵菌絲般的小花。

「不是。」她再度搖搖頭，令人有些洩氣。

她起身，走往了堆滿廢棄物的小屋子，「我覺得這裡最漂釀。」

「哈哈。」

她拉了拉懸吊著的白色洋裝，整個屋子彷彿被她搖動了似的，欣然的點了點頭。明明是那樣醜陋的廢墟，此刻，卻晃如置身在祇園精舍，蓮華色比丘尼拉著鐘繩，一切惡道諸苦，皆止於心底。

但，此時，天空突然打起了一陣響雷。

「呀～」普莉絲摀著耳朵，方才寧靜的景緻，瞬間被收回海平面中。

「快，我們快躲到屋子裡。」她說，雷聲一個接著一個響了，我卻還在猶疑。

那間背脊似的屋子，穩固的就像是海底的礁石，面對轟轟的雷聲，依舊不為所動，但是天上的積雨雲，彷彿蘑菇般越長越大，很快的就籠罩了我們所在的一小片海灘。當最後雲層裡透光的隙縫，被神給一把拉上，風和雷更加肆無忌憚，我才明白了過來，方才那些懾人的景色，不過是暴風雨前的寧靜罷了。

「不要緊的。」她輕聲安慰我，明明心裡害怕的要命。

「真的不要緊嗎？好像會是一場大雨呢。」我說，看著這搖搖欲墜的屋頂，它是由好幾片麻葉舖成的，僅僅只用樹脂黏合起來。

「我的屋子很牢固，就算出了問題，我也有方法。」

「是嗎......」

「啊，我得去盛雨水。」她說的輕鬆，也沒忘了工作，我們平常喝的水，都是她去盛來的。

「算了吧，雨越來越大了。」我拉了她的手回到屋子裡，雨水從屋簷上流下來，如同血管似的蔓延，一開始我們還能靜靜的觀看，等到那霧濛濛的，變成黑壓壓的，等到我們終於再也看不見海岸線，等到風把吊著的玻璃瓶吹的叮咚作響，然後墜落地成為碎裂的聲音，才覺得不太對勁。

我們的屋子依舊忠誠的守護我們，但是一滴雨水落在普莉絲的肩上，讓她禁不住打顫，這屋子的皮膚，被風雨一片一片，無情的撕開來。

「喂喂，妳在幹嘛呀？房子要撐不住了。」當我忙著擺放鍋碗接取漏水時，她卻拿起一支筆在畫圖。

「等一下。」她在薰紫色的紙上畫了一顆紅色的星星，還有許多莫名所以的線條，「好了。」接著，拿起紙張，就衝往大雨淋漓的屋外。

「快回來啊！」神木趕緊也跟了出去，在雨中跑呀跑的，但是她的背影卻消失在霧氣中。

「普莉絲！」我一邊叫著她的名字，一邊在滂沱大雨中摸索，雷聲陣陣，水刺的我的眼睛幾乎睜不開，這個小妮子到底腦袋在想什麼？我一點也不明白。

我終於發現她，在海灘上，從前溫馴的海浪如今像是發狂的野獸，一波一波，毫不客氣的爬上岸來，而在那海獸舔舐過的地方，普莉絲正跪在邊界之間，交疊著雙手，默默祈禱著，海獸的舌頭幾乎要滑過這個小女孩。

「妳瘋了嗎～」我趕忙抱起她來，一個勁兒往回跑去，

那畫著星星的紙，被石頭壓著，沒一會兒時間，就被雨水給糊去，四散，被海潮給帶走。

「你到底在想什麼啊？笨也要有個限度！」我對著懷裡的她大罵。

她則怔怔的看著我，慘白的嘴唇吐出幾個字：「我想要祈禱雨停下來，這就是我的方法。」

「妳會害自己沒命的！而且，這一點也不科學。」

「什麼是科學？」

「科學就是指一切可以證明的事。」

「什麼是證明呢？」

「夠了。」我阻止她繼續說話，回到我們的屋子前。

神木無奈的垂下頭，我們的小屋已經被風雨催折的殘破不堪，剩下骨幹勉強支撐著，十二對薄柱，像是牙根一樣，緊緊的嵌入地面，不讓裡頭的東西被風攪去，但是茶壺啊、鍋子，平常我們撿的那些破爛，一個個在它的身子裡翻攪著。

「我想我們得離開了。」神木說，那間我們住了許久的小屋，已變成了令人絕望的模樣。

「不要！」普莉絲鬆開了我的手，跑進了那間小屋，「我可以讓雨停下來。」

「妳辦不到的！」

「我可以的，一直以來都是這樣，它守護著我，我守護著它。」她說，但我管不了那麼多了，走過去要把她硬拉起來，但她不依，掙開了我的手。

她蜷縮在一個角落裡，全身濕答答，像剛被撈上來的貝殼。我的態度仍舊強硬，但要把躲在貝殼裡的野蠻小傢伙給拖出來，可不是見容易的事，她火紅的頭髮纏繞在我的指

間，如同初見面時，那般的不安分。

　　「我要在這裡。」她說，灰色的眼瞳緊盯著神木。

　　就在這個ｍｏｍｅｎｔ，海潮捲起無數個漂流物，往我
們襲來，神木弓起背脊，趴在這不文明的小傢伙面前，成為
貝殼裡的貝殼，我迎接每一個野蠻的贈禮，後腦杓發出各式
各樣的敲響聲，玻璃的，金屬的，塑膠的，直到失去了意識。

　　在殼裡的殼裡，我做了一個夢。夢裡的天空是粉紅色
的，空氣中散佈了許多白色的灰塵，像是霧一樣籠罩著這個
世界，並把夕陽凍結，像是雪花一樣，散落在每個事物間，
翡翠色的蕨葉，淡黃的蕈菇，不知名的動物屍體，都給染白
了。牠們漂在海上，灑在地上，停留在一個龐大的肉塊裡，
那塊肉微微抖動著，想要把身上的白都給弄掉，但是灰塵仍
然落個不停，怎麼抖，都抖不乾淨，最後，牠放棄了。

　　牠張開銀色的貓眼睛，環肆周圍，每個顏色都在一點一
點的失去，牠不明白這是怎麼回事，頹喪的將頭擱在沙灘
上。牠想起海底五顏六色的魚，還有肥嫩的菊石，雖然殼很
硬。牠的胃袋裝滿各式各樣動物的屍體，牠們死掉許久，並
且開始腐敗，釋出的病菌在牠的身子內燃燒，牠卻想吃一口
新鮮的菊石，不過現在的海裡，什麼也沒有。想完食物，牠
開始想夥伴，原本還有四五個，和牠一起優游在這淺海上，
牠們的皮膚，是濃密的褐色，點綴著紫色的斑紋，那是牠們
一族的驕傲。

　　白色的灰塵越積越多了，空氣也越來越冷，原本還聽的
見鄰近動物的叫喊聲，但現在卻一片寂靜，牠感到孤獨。像
是在惡作劇，連鼻孔都塞滿討厭的灰，牠必須大口的呼氣，
才能勉強呼吸，牠的肚子一起一伏，眼前的慘白世界，變得
模糊起來。

但是牠發現一個小東西，就長在牠肚子旁邊，這個小東西毛茸茸的，是一個芽，從一片白裡冒出頭來，灰塵同樣不放過她，一下子，就把牠給蓋滿了。牠對著牠呼了一口氣，將牠給吹個乾淨，露出非常美麗的碧綠色．牠吃力的移動雙手，喔不，應該說像是鰭的東西，將這個小芽給靠攏，以防被灰塵沾黏。

牠擠出了一點精神，看著小芽。小芽舒展身子，沒多久，就長出了一片葉子，每隔一段時間，牠得注意擺動鰭，讓灰塵掉出她生長的地方。牠聞到身上腐敗的味道，不過小芽又長出第二片葉子了，這讓牠捨不得闔上眼睛。小芽長出第四片葉子，牠覺得很高興，不過，牠已經沒有力氣了，牠的鰭就這麼擺著，覆蓋著小芽，成為一座小屋。四片葉子的顏色逐漸褪去，成為和週遭一樣的象牙色，牠已經無法分辨她的樣子，一隻蒼蠅飛來，停在牠的眼睛上。

就在這個ｍｏｍｅｎｔ，一抹鮮紅，落在這雪白的地方。小芽的葉子慢慢變紅、變紅……紅到連這個銀色的世界，都沒法子不去注意，彷彿從莫內那裡得到的靈感，所有的畫面都糊了，只有那幾片紅是如此的清楚，比血還要紅的紅，比火還要紅的紅。

這是 Ｍｏｎｅｔ 的晚年，儘管他根本還沒出生，牠像是展示自己一般，在日暮的牠之前，這並不是炫燿，而是種感謝。感謝最後的獸，守護最初的花。

葉子的中心開始散發香味，把牠眼睛上的蒼蠅給薰開了，牠滿足的閉上眼睛。然後，神木的夢，就醒了。

風雨過去。海灘上滿目瘡痍，金屏．習找來了一群人，在這裡釘起木樁，他們旁若無人的，開來了許多機械，像是蛀蟲似的，侵蝕著每一吋土，原本被風雨摧殘的海灘，不一

會兒，就鑿了許多洞，開闢成許多區，我們生存的痕跡，已不復見。

「把這裡挖開來看看。」他指著一處堆積如山的垃圾，

「用手，徒手挖，這裡是他們住的房子，一定有什麼藏在裡面。」

工人們乖乖照著他的話做，沒多久，就傳來一陣微弱的呻吟。

「先生，裡面好像有人。」

「繼續挖。」

「被一塊漂流木擋住了。」

「把它給弄開。」

工人們七手八腳的搬開木頭，發現一個瑟縮的小女孩，藏在裡面。

「卡咪啾......卡咪啾.......卡咪啾......」她喃喃自語著，工人們將她拉了起來。

「這不是住在這兒的小主人嗎？」金屏看著她，露出一整排牙齒。

「很抱歉......妳的家毀了，妳知道我在說什麼吧？」

「卡咪啾。」

「妳在說什麼？」

「卡咪啾、卡咪啾！」

「看來我們無法溝通呢。把她帶走，丟到附近的村子裡。」金屏轉頭，毫不在乎的下了命令。

「卡咪啾！」那個女孩，繼續說著沒人聽懂的語言，像是在呼喚著什麼，她虛弱的身子拼命掙扎著，拒絕離開這屬於她的歸屬之地。

「卡咪啾，是變態的意思喔。」垃圾堆中，突然出現一

名一八三公分，充滿變態氣息的男子，他伸伸懶腰，抖落了許多玻璃屑，方才那根漂流木，不知為何已失去了蹤影。

「神木！」她推開了抓住她的人，跑了過來，給了我一個大大的擁抱。

「金屏，你不是說不強迫的嗎？」

他聽了，笑了一下，從口袋裡掏出一根菸，點了起來，神木不甘示弱，也把手伸近口袋裡。

「你知道滄龍嗎？」他說，我在口袋裡翻攪著，可惜，只摸的到一根無法點燃的菸。

「那是在馬斯垂克發現的生物，地球上最後的霸主。牠被認為和蛇有共同的祖先，牠的頜部和蛇十分類似，你並不曉得，那有多麼美呢，連恐龍也比不上，在牠的生存的白堊紀，末尾的六百萬年，被稱為馬斯垂克階。」他呼了一口煙，懶洋洋的繼續說下去，「就是恐龍滅亡的時期。馬斯垂克階之後並沒有發現任何滄龍化石，但是，我並不認為生存於海的滄龍，在這之後一隻也沒留下，也就是說，只要我能在這條滅絕線之下，發現任何遺跡。那就會是個驚嘆號。而這座島有非常豐富的石灰岩層，我估計，滄龍一定存在這裡。」他說著說著，又拿出了琥珀，仔細端詳，眼睛射出了異樣的色彩，「這就是最好的證據。」

「但這裡是這個小女孩的家．」

「那又如何？為了偉大的目的，有些犧牲是必要的。」

神木聽了，手忍不住在口袋裡抽動。

「你知道相對論嗎？你不可能將誕生後的嬰兒給體面地埋葬掉。」神木說著，口袋裡的那一根菸，握得更緊了。

「你有沒有想過為什麼你總找不到你要的東西呢？也許，它們根本不想讓你找到。」

「你的說法並不科學。」「它們已經決定好落入塵土的時間，決定好誕生的片刻，決定自己生命的終結，決定好，要不要讓你看見。」金屏冷笑道，「那你說說看，這東西是怎麼到我手裡的？」他展示著指尖上的琥珀，「我買了它，看到它，難道也是出於它自己的意志嗎？」

　　神木口袋裡的手，手中的菸，又抽動的更加快了。

　　「那只是我的口水罷了，我改變了它的時間，你被騙了。」

　　「哈哈，你瘋了嗎？」

　　「我的體液，可以壓縮生物和非生物對於時間的感受，我們的時間在流動的當下，沾染我體液的東西，會被喚醒，喚醒它想告白的任何時間，讓它傾訴想說的任何話，包括體液本身。越濃郁的體液，效果越是顯著。」

　　「我聽你在唬 ......」

　　就在這個ｍｏｍｅｎｔ，神木口袋中的抽送，已經到達了一個臨界點，小小的口袋再也負荷不了這激烈的充滿，口袋裡的那根點不燃的菸，點燃了，開始發光。

　　「隱藏著黑暗力量的淡啊 ......」神木喃喃自語著，慢慢將手從腥黏的口袋裡掏出，「在我面前顯示你真正的力量吧，將你分泌出來的變態命令你～天堂製造！！！！！！！！！！！」

　　那熾熱的濁白牽著絲，緩緩滑落在我腳下所踩的垃圾堆上，滲進那被覆蓋的家，構成家的頭骨、肋骨，尾骨，充分的吸收了，牠決定不再沉默，從千年之中覺醒。

　　地面劇烈的晃動，我倆慢慢的浮起，一旁的普莉絲也驚呆了，我們的家，想起了自己的時間。所有的垃圾聚集在牠的骨幹上，成為了牠的血肉，牠一聲咆哮。

「嘎嘎嘎嘎嘎嘎〜吼！！！！！！！」

將我們背負了起來，那碩大的頭骨，隆起的背脊，黑色的眼窩，蹦射出詭異的銀色光芒，金屏看了張大了嘴，絲毫不敢相信眼前所見。

「看到了吧〜這就是我夢中所見的事物啊！」

「不、不可能！這 ...... 這不科學啊！！！」

「什麼是科學呀？哈哈哈！」

牠擺動著尾巴，還有鰭狀的四肢，牠們都是由廢棄物堆成的，神木看見沒有鼻子的象偶，也在裡面，還有我們的椅子，普莉斯的洋裝，就蓋在牠的頭上。

「別別別 ...... 別怕！」金屏．習拉住那些四處奔逃的工人。

「滄龍是水生動物！在陸地上根本一無是處！誰能把牠抓起來，我給予重賞！」工人們聽了，停止了腳步，聞到了錢的味道，紛紛拾起了膽子。

「呀〜」普莉絲大聲尖叫，一個工人開了機具，往我們重擊，龍身上瞬間噴出了許多垃圾肉塊。

「哈哈哈！這是個大發現！遠古時代的生物復活呀！」金屏．習瘋狂的大笑。

「看看你們往哪逃！」「你這笨蛋。」神木從龍的背上拾起一根受潮的菸，點燃，「你看過滄龍嗎？」

牠拍拍鰭，吼叫了一聲，然後就飛了起來。

「這怎麼可能啊啊啊啊！！！」金屏大聲的吐槽著。

「雷射他們。」神木對著這騰空的大傢伙發號施令。

牠點點頭，張開了蛇一樣的頜部，露出碎玻璃製成的牙齒，閃閃發光。等到大嘴張開了幾乎一百八十度角，伴隨著一聲低吼，射出了強烈的光束。

「沒可能啊啊啊啊！！！」地上那些人工的棄械，像是垃圾一樣，被焚燒殆盡，巨獸在天上，一邊旋轉，一邊繼續發射光束，金屏和他悲慘的夥伴們只能四處逃竄。

直到看不見那些可憎的身影，我才拍拍牠的頭，示意停下來。我們緩緩降落在浩瀚無垠的大海中。

「神木……這是我們的家嗎？」普莉絲驚訝的問道。

「是啊。」

「咕吼吼吼 ....」在海中載浮載沉的牠，發出溫和的低吼聲。

「牠說什麼？」

「牠說牠一直在看著妳。牠說牠是活著的。」

「咕吼 ......」

「牠說感謝妳，一直在守護著牠。」我們腳下的波濤，慢慢的鼓蕩起來，「牠說，要不要一起去看看新的世界呢？」

「可是 ......」

「牠說請放心，家是會移動的，有妳在的地方，就會有家。」

「那好吧！」普莉絲輕輕拍著牠的背，「請多指教囉，小滄。」

牠挪動鯨豚般的身體，長長的尾巴擺動，發出愉悅的吼聲，看來，很喜歡牠的新名字。

Ｏｈ～這真是一個偉大的新發現。

Ｙｏ，ｂｒｏｔｈｅｒ，一塊肉，值多少錢呢？一束鮮花，又值多少錢呢？那些被丟棄的，陳舊的垃圾，又值多少錢呢？

想必各有它的價值吧，不過，我們嫌麻煩，只用一種標

準，來衡量它，只用一種單位，來決定它，只用一句話，來簡化它們想告訴我們的事。

「這份漢堡多少錢？」

「九九 ... 喔不，那是昨天的價格，今天漲了十塊了。」

我想它不會高興，它漲了十塊，它會希望你聽見它的聲音。

「我要成為你身體上的一部分，我要幫助你活下去，我要讓你食下肚，感受到身體在沸騰，感受到萎縮的細胞，迎取了豐沛的能量，重新，再活過一次。」

如果我是一本書，我會想讓你看看我；如果我是一架鋼琴，我會希望你彈奏我；如果我是一枚燈泡，我會希望你感受到我的光芒，我會希望你們把我拿在手中，而不是望著價格興嘆，我會期待你了解更多的意義，知道我們誕生的理由。

「以有限的資源滿足無限的慾望。」

沒錯，從中發掘更多的故事吧，然後，進而創造更多耐人尋味的夢，最終，你會發現，他們想跟你說的話，那就是心之所在，ｔｏｍｏｙｏ。

這張圖是誰畫的呢？

沒想到竟然有人願意幫神父畫圖。

這是一位叫做 Jiang Bu-Nau 的畫家畫的，得來不易，要好好珍惜啊！

※ 發信站：批踢踢實業坊 (ptt.cc)

推 mikemagic88: 幫推 但我直接 END　早安神父

推 tsubasawolfy: 神父這篇好長 XD

推 Estel: 為什麼可以 100 多頁啊　有人有看完的嗎？ XDDDDD

呀哈哈，看不完也沒關係啊，ｂｒｏｔｈｅｒ。

推 zeki621: 神父太長了

推 jkrunnga: 看完，真不愧是變態的神木。

→ Estel: 仔細看上一篇是 2/11 的文 神父這篇寫了兩個月嗎 XDDDDD

我看應該不只喔，ｂｒｏｔｈｅｒ。

推 andrewyllee: 太長了啦

推 tio2catalyst: 神父寫得真好

推 homuhomulol: 你打兩個月幹嘛啦 XDDDDD

推 jansan: 神父早安

推 jjkk119: ...

推 folia: 神父！太感動了！

推 azx77560100: 努力完食，跟小說一樣

推 summerleaves: 神木　這篇長到天上去惹

推 eunacat: 拜服！文集值得出版

推 Anth: 有感動到～謝謝神父

推 qn: XD

推 Jcoolice: 謝謝神父～充滿洨意的寓言故事 ^^

→ Jcoolice: ＢＲＯＴＨＥＲ、俺友

蕊

烏來杜鵑復育

嘿！變態！翡翠水庫當初說要蓋的時候，一堆人反對．幸好有林洋港獨排眾議，要是換做現在啊，一定有一堆環保團體跳出來抗議．難道不應該感謝偉大的阿港伯嗎？這些抗議的人根本就在妨礙臺灣的進步，你覺得呢？

等你長篇大論的中壢人　　敬上

咦？這裡怎麼會有花？

翡翠水庫當初要蓋時，一堆人反對……
幸好有林洋港獨排眾議，要是換作現在啊，
一定有一堆環保團體跳出來抗議。
真的應該感謝偉大的阿港伯。

這是我的夥伴—烏來杜鵑。

你幹嘛不穿衣服啦！

Re：[問卦] 為什麼翡翠水庫這麼多汁？

Ｙｏ，ｂｒｏｔｈｅｒ，你看過烏來杜鵑嗎？

擁有鴇色的花朵，比一般的杜鵑還要嬌小、低調，但當你知道她開在哪的時候，會感到一陣驚嘆。當你走在七〇年代的北勢溪邊，走在那一片懸崖與峭壁，當你走到再也走不下去，望著滿坑滿谷的溪石，而感到鬱悶的時候，請輕輕用指節敲敲山壁，你會發現一株株漏斗似的花，沿著山壁，垂了下來，她面朝著你，就像個小女孩放下她的頭髮，對你露齒微笑。

她就長在那一片懸崖峭壁之間，將堅硬的石頭，當作柔軟的泥土那樣依附，你托起她的花冠，會看到內襯裡有幼鹿似的斑點，那斑點是桃紅色的，她的花會有些露水和皺折，她是一個野丫頭，她的葉子上有細緻的絨毛，就像是初生的嬰兒才有的，全世界僅有的花。

一定是從木花開耶姬[6]的小振上滑落的吧，她比櫻花還要甜，比梅花更懂得艱辛，她把細小的根，扎在一點養分也沒有的石盤上，她選擇了人煙罕至的蕭然溪壑，她把這個臺灣，當作她唯一的搖籃，她是臺灣特有種。

她已滅絕。

在那悉求世界奇觀的黃金年代，她的存在只不過是一抹粉紅色的噪音，我們的確得佩服林洋港，翡翠水庫於一九七九年開工後，陸續淹沒了翡翠谷、鷺鷥潭、鸕鶿潭、鯉魚潭……它淹沒了太陽谷，淹沒了無數曾有人居住的地

6　日本神話裡的女神。

方，淹沒了碧山國小。

　　人或許可以遷至高處，但動物是不行的，因為他們無法被馴服，無法乖乖聽從人類的命令，動物或許能逃走，但是植物是不行的，他們駐留著的這一小片地，根已深深扎於母親般的岩土，他們吐不出吶喊聲，他們安靜的消逝，他們擁有生命，但那生命，無語。

　　如果這偉大又無情的城市，擁有一座法庭，那麼那些令人厭憎的環保團體，只不過是個辯護士，別怪罪他們，因為他們總是輸的，因為一干法官和陪審團，心中已有人聲，我們需要乾淨又便宜的水，我們需要電，這現實永遠都蓋過一朵美麗的花，一個神秘的物種，那是聖經，那是永遠無法改變的邏輯。辯護士是人，是屬於對立面的那個群集，只不過，鬼迷了心竅，他們不站在同屬的一個物種的利益，說話，他們替一朵花說話，替一隻石虎說話，他們永遠無法成為牠們—而他們是人，他們擁有慾望，他們用水也用電，所以他們看起來是如此的荒謬而且不知感恩，那麼，充滿理性的人啊，那些自詡聰明的知識份子，你們說說看，沒有了這些辯護士，會怎麼樣？

　　Ｂｒｏｔｈｅｒ，一切會被視為理所當然。

　　就像小孩子踩死螞蟻，而不會覺得愧疚，我們膜拜那些敉平異見的偶像，我們崇尚科學，他的邏輯會變成只有「諾貝爾發明炸彈是為了炸死一切違反人類意志的生物和無生物」。我們屠滅了一切物種，並覺得合理，沒有人會去撿拾煤堆中殘餘的種子，試圖復育，沒人會去擦拭那些排糞過後

的屁股，因為沒有必要，沒有人評估風險，沒有人試圖減少損害，沒人會去想建造一座金字塔到底有什麼用。沒有人會在屠殺一個母體後，還抱起在屍體旁嚶嚶哭泣的幼雛，因為那是矛盾的，應該連同那聲音也一起消失。

想想一個擁有無窮賭本的賭徒，他會怎麼做，他不會害怕輸錢，所以他能一直玩下去，他能玩吃角子老虎，玩輪盤，玩骰子，玩麻將，玩德州撲克，他有時候能贏一些錢，有時不能，但他根本不在意這些，因為他有花不完的賭本，如果你也有的話，你為何不這麼做？像是梵天一樣創造各式各樣的事物，蓋一百間客家土樓，蓋一萬間文化園區，蓋千萬座高速公路，當你質疑他的時候，他會拿出一座賭贏的翡翠水庫，「怎麼樣？我賺錢了啊！」然後無視身後堆疊的廢墟和幽靈城堡，像是死魚一樣被扔在海口。

當你還想再說些什麼，他已經像小叮噹一樣，被老鼠咬走耳朵了。「我根本不用怕輸！」他回你嘴，「我有無窮的資本！」「你去用愛發電啦～」

你以為資本是一小座島國，但你錯了，那是ｏｎｅ　ｐｉｅｃｅ　ｏｆ　ｓｈｉｔ，在他心中，真正的資本是無窮的慾望，是那些無窮無盡也擁有慾望的人，如果你也有慾望的話，那就不足以說服他，所以真正的賭徒永遠不害怕輸，輸到剩下一件褲子，輸到被拔走指甲，用針刺進那細縫裡的肉，輸到被削去臉鼻，斷手斷腳，他們仍會用僅存的眼睛和嘴巴，咬起籌碼投進吃角子老虎機。

給開司一罐啤酒吧，ｂｒｏｔｈｅｒ。他們真的很容易滿足，對於「賭」這個動作，只要能繼續賭下去的話，就會有贏的一天，那是就是美妙而令人懷念的黃金年代。

但是現在是民主時代，而地球只有一個。

不要覺得羞恥，ｂｒｏｔｈｅｒ，這絕對是打醒所有頑固的臉，最好的證詞，地球只有一個，臺灣只有一個；不論你的輪轉機，有多麼棒的輸出功率，臺灣只有一個；不論你的需求有多麼的迫切和充滿意義，不論你描繪的藍圖有多麼優雅和充滿希望，地球只有一個，ｔｈｅ　ｏｎｌｙ　ｏｎｅ。

　　只有不害怕羞恥的諾亞，才能走上方舟，不管對方再怎麼抹滅這個永恆不變的定律，去嘲笑他，譏諷不食人間煙火，他都是對的。

　　但不要忘記，這是個民主時代。

　　你不能要求一個賭徒永遠不能賭博，或強迫其他人跟你一樣吃粗茶淡飯，你要記得，你只是個辯護士，你只能明白的陳述自己的意見，誠實的面對眾人，就像阿爾西比亞德斯對伯里克里斯所說的「我很遺憾我不能和那時候的你說話」，你不能要求每一個伯里克里斯都變得很年輕。

　　當然，ｍａｙｂｅ你能充沛自己的詞藻，將強大的理念包在白菜心，用以說服眾人，你可以學蘇格拉底去閨房裡找年輕有為的將軍一同合作，但別忘了，只有雅典人，才能決定要不要打伯羅奔尼撒戰爭。

　　或許，我們還能想出更兩全其美的辦法，比民國七十三年開始蓄水，將烏來杜鵑給淹沒、絕種，一棵也不留，然後在民國七十七年給予「法定珍貴稀有植物」的頭銜，更好的辦法。神父必須說，沒有這群頑固份子，這是很難做到的，因為，大部分的人只會澆水而不會種花，只會收割而不會播種，只明白享受而不懂得補救。

　　我們的確該懂得感恩，不過該感恩的，是那些被迫遷居的人，被迫犧牲的土地，被迫於消失的生命，沒有他們，就

不會有乾淨的水，就不會老是鬧水荒。當你明白這些不可承受之重，才會明白水龍頭開了，大口啜飲著那些滑潤的水，真正的滋味，而如果只是把一切視為理所當然，那麼，你永遠不會明白。

　　那麼，在現在恍如喪禮般的氣氛中，神父要說個如婚禮般的故事：

　　神父有天在圖書館中，看到了一本書，那翻了翻泛黃的書頁，盡是些老舊的照片，那上面有些人在划船，有些人在戲水，神父只覺得照片裡那些澎澎頭，滑溜的鬢角有些不可思議，打個哈欠，正打算闔上書本，但卻從其中滑落了一張小照。

　　那是一個住在相片裡的小女孩，她的笑靨，比世上任何東西都還要純潔而自然，小小、柔嫩的舌頭，從粉色的唇邊吐露而出，是粉色的吧？雖然是黑白的照片，那樣懾人的可愛鬼臉，已經喚醒我胸腔中潛藏以久的變態之心，令我蠢蠢欲動。

　　我偷偷的把這張照片藏在袖子裡，小心的走出圖書館的大門，我蒐集了一些資料，用以調查這個小女孩，但卻得到令人絕望的答案，小女孩已經死了，她已經不存在在這個世上，她只能永遠的住在相片裡。

　　得知了這個事實以後，我坐在圖書館外的涼椅上，久久不能自己，我掏出照片，看著她發呆，無數的思維在我腦海裡回蕩，每一個都是種勸說，放棄吧，算了吧，忘了那個，小女孩吧，就當她不存在。

　　但是滿溢的變態已無法阻止，我將兩邊的手指放在自己

的舌頭上，沾了些唾液，放在大頭上塗抹，讓心中變態的木魚，不斷的敲擊。

「等、等、等......登！」神父張開眼睛，心中已有了明確的計畫。

我來到了她的出生地，向村民探求各種故事，我的計畫是這樣的，見到疑似村民的人，就拿出照片來問，直到問出些蛛絲馬跡為止。

「請問你有沒有看過這個小女孩？」一個老婦搖搖頭。

「請問你有看過這個小女孩嗎？」一個年輕的正妹，用狐疑的眼光看著我。

最後神父問的累了，走到一個小學前面，攤在椅子上，灌了幾口御茶園綠茶，一個背著書包的小女孩從我面前溜過。

「Hey！淡妹妹～」神父叫住她。

「你……你你想幹嘛？」她看起來有點緊張。

「叔叔想問你一個問題。」她想奔跑，但神父已經逮住她的書包，「妳有沒有看過這個？」神父把照片伸到她的臉前。

「咦？這不是『細本ㄟ』嗎？」

「細本ㄟ？」

「對！我大伯家有，『細本ㄟ』。」

這可是天上掉下來的禮物啊，莫非照片中的小女孩，還在人世？

小女孩指著一條往上坡的道路，於是我就去到她的大伯家。

「你要找『細本ㄟ』嗎？」她的大伯是個光頭的大叔，嚼著檳榔一臉滿不在乎的模樣。「你在這邊等一下。」他

吐了一口檳榔汁，要我先坐下來泡杯茶。那一小杯溫暖的茶水，浸入心脾，茶葉在水裡頭舒展，染成溫和的芥子色，和御茶園又是不同的味道。

我的茶梗立了起來，大叔已經抬著她，來到我面前。

「細本ㄟ，細本ㄟ。」他把她小心的放在地上，梳的整齊的頭髮，晃了幾下。「你慢慢看，我去做康傀啊。」大叔說，留著我和她，大眼瞪著小眼。

她有柳葉似的眉毛，細緻的皮膚，嘴邊的頷毛是如此滑溜可愛，一切都和照片上的她，沒什麼不同。

「妳是『細本ㄟ』嗎？」

她沒有回答，只是輕輕的打了呵欠。

我朝她湊近了些，但是她對我不太感興趣，迷濛的眼睛似乎穿透了我，望向遠方．她和照片裡的她，又好像不太一樣，總覺得少了些什麼。

她慵懶的閉上眼睛。

我繞著她，左瞧瞧，右盼盼，忍不住伸出手，想碰觸她一下。

就在這個ｍｏｍｅｎｔ，她突然又張開了眼。「哇不系細本ㄟ，你找錯人啦！」她說。

我看了看照片，又看了看她，忍不住疑惑起來。

「這裡面的人，不系哇...」

「那麼，細本ㄟ低叨末？」

她看了我一眼，笑了起來，這時候我確定，她真的不是細本ㄟ，雖然，她也很美。

「細本ㄟ已經謀去啦！」她毫不在乎的說，我露出悲傷的表情，這時，換她對我好奇起來：「哩為什麼咩找伊咧？」

「因為細本ㄟ就水耶～」

她聽了，又咯咯的笑了。「哩金醬咩找伊喔？」

「嗯。」

「哪啊捏......」她突然舉起自己的小手，用力的把她給折斷。她白皙皮膚還黏在骨幹上，那隻小手垂著，看起來十分無助，她又施點力，把自己身上的一部分，就這麼給扯了下來。

「哪，吼哩。」她把自己的手遞給我，我驚呆了。

「哩那系想要見細本ㄟ，丟好好的給她照顧。哪啊捏，哩丟五摳寧看丟，真正的『細本ㄟ』。」她湊到我的耳畔，仔細的交代我該怎麼做。

「你愛欽記得，真正的『細本ㄟ』，不是給人飼的。」最後，她這麼叮嚀著我。

我小心翼翼的捧著她給我的那一部分，離開了那個地方，臨走時，還看她用那空無一物的手腕，高興的朝我揮揮手。

我將這個小手，埋在泥炭土裡，細心的照料著，沒多久，小手慢慢的，生出眼睛。她的手指，慢慢變長，當三個指節長在一塊兒，很快的，就構成一張粉撲撲的小臉蛋了，那手掌成為了她的身體，至於拇指和小指則成為了她的四肢。

我想起「Little Tiny」這個故事，農婦親吻大麥的花苞，小巧的 Maia 於是甦醒了。我眼前的她雖然身軀已然成形，但卻緊閉著雙眼，睡的正香甜。我忍不住噘起嘴，朝那吹彈可破的小臉蛋靠近。

就在這個moment，「你幹什麼？你這個變態！」她撐開了我的嘴，破口大罵。

「喔喔，妳起來啦。」

「你是誰呀？」她凶悍的問著。

「那妳又是誰？」

「對啊，我是誰呢？」她收起嗔怒的表情，被我問得有些驚惶失措。

「妳是，小細。」

「小細？」

「沒錯，妳從現在開始，就叫做小細了。」

「那你呢？」

「妳剛剛叫我變態，那麼我就是變態了。」

「變態～～」

「呵呵呵 ......」

我開始照顧這小不隆咚的傢伙，儘管，我對她一無所知。我查了相關文獻，知道了她喜歡潮濕的地方，又喜歡陽光，但是太熱了可不行的，原本她住的地方，就是涼爽寧靜的高地。我問了她有無過去的記憶，她搖搖頭，她對水聲特別敏感，只要聽見開了水龍頭的聲音，她就會忍不住搖擺起身體。

今天晚上，是我撿拾到她的第二十個日子。我把她抬到涼爽的地方，一起欣賞夕陽，她的頭髮慢慢的長了，小小的軀幹也變得硬挺，她已經不再是一隻手，而是一個美麗的少女。

神父開了一罐紅茶沙瓦，坐在她的身旁，我放了一捲只有潺潺溪水聲的錄音帶，與小細一同度過這鬱金色的時光。她隨著溪水聲搖啊搖啊，搖的累了，回頭偷看了一下神父。

「欸，變態？」

「幹嘛？」

「你在喝什麼？」

「含有酒精的飲料。」

108

「我也要喝。」

「不可，你未滿十八歲。」

她嘟起嘴巴，舉起指尖刺了刺我的屁股。

「妳幹什麼？會痛。」

「給我喝一口嘛～」

我歪著頭，想起了查到的那些資料，好像沒有記載她不能喝酒，但是 ......

「那只能一口喔。」我餵了她一滴沙瓦，她露出滿足的表情。

「味道如何？」

「嗯～～」她的臉上泛起紅暈，抿著嘴巴說不出話。沒多久，她就倒在一旁，發出輕微的酣聲。

神父欣賞的她幼小的胴體，發覺此時的她和照片上的小女孩，重疊了，那一股深遂充滿野性的氣息，如果就這樣把她留在身旁的話 ......

「你愛欸記得，真正的『細本ㄟ』，不是給人飼的。」另一個她說，猶言在耳。

沒錯，她還是缺少了名為自由的基因，光是這樣，不夠的。

於是我就展開了計畫的下一步。

我抬起了她，還在半睡半醒之間上了我的歐都賣。我們的目的是個禁區，它提供人們最凜冽的禮物，它是一架大鋼琴，人們汲取了美妙的音符，卻忘了魔鬼的前奏。

我停在北宜公路畔，低頭看著她香甜的睡臉，我撫著她嘴旁的頷毛，柔嫩像是剛剛才從羊水中撈取的，但我很清楚在腦中皮質區所感受到的這股震盪，不屬於我。

此時周圍已經起了霧，地圖濕潤了起來，前頭的路變的

朦朧，連大燈照過去，都會成為一片暈黃，但是神父並不害怕，一股使命感自心底湧起，如果此時我已進入雲中，那麼，其他人也找不著我了。我繼續前進，穿越了簡陋的土雞城，還有閃著微弱燈光的土地公廟，越騎，越是模糊不清，我彷彿身在香格里拉，車身搖晃如同搖籃，這個世界，似乎只剩下我和小細。

等到再也尋不到路，一座水泥城堡聳立在我面前，那裡蛇籠滿佈，一副嚴肅不可以侵犯的樣子，神父淬了一口唾沫，停下車，開始尋找這堅固的城堡，最脆弱的地方。有一部分的蛇籠，披滿了藤蔓，看來已經放置了很久了吧，我將小細負在肩上，費了點功夫爬了上去，到達它面前，我用鞋子掂了掂，它依然保持彈性，而雖然覆蓋了許多葉子，但那倒勾和尖刺，依舊對我虎視眈眈。

我在它附近游移，思考該怎麼過去，如果這麼貿然一跨，必定皮開肉綻不可，我彎下腰，看看我的牛仔褲，想想尖刺穿破它的感覺，一定會滲進我的肉裡，勾出一片－－啊嘶～一定妙不可言。

我膽怯了，放下小細，點了一根菸。

「變態 ……」這小傢伙還在說夢話，不過我的時間已不多了。我將她緊緊抱在懷裡，然後縱身一躍。

越過了蛇籠，在斜坡上翻滾了幾圈。她還在懷裡咕噥著，看起來好像沒事兒，但我的多巴胺幾乎分泌到極限了，我想起趙子龍背著阿斗，差不多也是這種心情吧。我繼續走著，在這個死寂的城堡中，眼睛不久就習慣了黑暗，我聽見潺潺的水聲從一個方向傳來，就往那奔去。但那又是一座更嚴密的蛇籠和高牆，而且不幸的是，我好像被發現了，有一個管理員拿著手電筒，正往我這邊照。

「喂！這裡是禁止進入的！」他大喊，神父一急，腎上腺素極劇分泌，又往那牆上爬去，想故技重施，但是很不幸的，這次的蛇籠有點大，我張開雙腿，整個給卡在蛇籠上。

我似乎聽見牛仔褲的哀嚎聲，並且人還在往下陷，而且提燈的管理員又接近了。我的蛋蛋逐漸感覺到一陣冰涼，這樣下去，可真是大事不妙，我望著懷中的小細，湊近她，深深的吸了一口氣。

「啊～」少女的精華氣息，給了我前所未有的力量，我用力伸直右腳，直到它能觸到蛇籠另一端的地面，然後我找到了施力點，奮力一拔，再拔，三拔……「啪啦！」牛仔褲整個撕裂開來，但我也達到目的了，我到達了另一邊，迅速的往那潺潺的溪水聲中跑去，頭也不回的。

等到小細醒來的時候，天已經曚曚亮了。我們在一塊大石頭上，而石頭正在溪水旁邊，這是一個溪壑，空氣裡充滿無盡的冰涼。

「這裡是哪裡呀！！」小細大大的吃了一驚。

「這裡是你家啊～」

「啥？我根本沒來過這裡呀！」

神父懶洋洋的拿著羊角槌，頂著椎子在石頭上鑿洞，「以後妳就要在這生活喔～」

「我不要！」她開始鬧彆扭，我放下工具，把手伸進她的腋下，然後將她高高舉起。

「妳聽，這是真實的水的聲音。」溪水汩汩而流，沖著石頭產生了水花。「妳原本應該在這裡的……不過，這裡也只是和原本的地方相似而已。」神父將她攬在懷裡，感覺小小的她正在顫抖。

「小細，分別的時候到了。」我將她放在剛剛鑿好的洞，

並灑了一點泥炭土和石粉，將她填滿。

「妳要好好長大啊 ......」

我轉身，準備離去，這短短二十天的記憶，每一份都刺激著我的顳葉，讓杏仁核作用，敦使我依依不捨的回過頭，但此時的我是如此冷酷，只是嗅了嗅肩膀，又邁開沉重的步伐。

「變態！變態！！！！你不要走呀 ......」她哭泣著，掙扎著想要從石縫裡爬出來。

「不可以起來！」我背對著她大吼，她呆了，這是頭一次對她發出這麼大的聲音。

「我會再來的，到時候，讓我看看妳最美麗的樣子。」我說，她沉默了，怔怔的望著我的背影，剩下潺潺的溪水聲回蕩在這個幽谷。

十年過去，我成為一個流浪漢，當我再度造訪那個溪壑，那裡已長了漫天的雜草。

「奇怪，應該在這裡沒錯 ......」我撥開草叢，尋找她的蹤影，石頭上的青苔滑溜溜的，盡是卡些枯萎腐敗的落葉，可愛的小細呀，難道也成為這副模樣？我的心裡開始忐忑起來。

找了許久，我累了，攤在一塊大石上，頹喪的吹著自己的鬍子。

「變態！」後方傳來一陣尖細的聲音，「變態！」

是在叫我嗎？神父的睫毛已被汗水濡濕，耳朵遮滿了糾結的鬢髮，但記憶中的少女之聲已被翻攪而起，我起身，環顧四周。

「變態，我在這！」在蓬草中，有一隻小手正在揮舞。

神父清開了那些枯草，小細就在裡頭，她的頭上纏了許多蜘蛛絲，白皙的臉上沾滿污垢，看起來長大了，又好像一點也沒長。

「變態，你來啦……」她高興的說。

「妳怎麼都沒長高啊？」我摸摸她的頭，她不服氣的將我的手給頂開了。

「你亂說！我已經是個大人了～」

「好好好。」我一邊說，一邊清理她的頭髮，一不小心，就抓出了一隻小蟲子。

「啊……那是……」她羞赧的低下頭，小蟲子則是抖抖身子，拍拍翅膀飛走了。

「哈哈，別管牠了。」神父微笑的說，「看看我帶來什麼好東西。」從懷裡拿出了一罐紅茶沙瓦。

神父打開這個令人懷念的味道，喝了一口，也滴了一點給她，她真的長大了，從前只要一丁點就睡的不醒人事，此時，在我面前的她，只是滿臉暈紅的，打了一個嗝。

我們吹著山風，聆聽流水的聲音，交換十年份的記憶，微醺的少女總是特別多話，她說著說著，像是要把心中的酒水給倒完似的，我安靜的聽著，並且試著又替她斟上一些。

「你知道嗎？那個颱風來的時候哇……風呀、雨呀，真的好可怕，我得拼命的抓著石頭，才不會被大水給沖走。好幾次，我都覺得自己快不行了，可是，你知道嗎？我看到了神奇的景象喔。」

「是什麼樣的景象？」

「就是啊，嗯，」她晃了晃小巧的身子，開始回想，「那時候明明是狂風暴雨，可是底下水潭卻非常的平靜，我往下看，水裡面有好多熟悉的身影，可是我卻從來沒有看過她

們。她們長得和我好像，可是比我美多了，粉紅色的，薄紫色 ......」

「她們在幹嘛？」

「她們在跟我說話，可是我卻聽不到她們再說什麼，我聽不見水面下的聲音，我覺得腰好痛，感覺就像是要被撕開來 ...... 但是不知道為什麼，一看到她們就有精神了，她們好像在告訴我，要努力活下去。」

「然後呢？」

「然後我就活下來啦！」她輕鬆的說著，好像在說很久以前的故事，我忍不住又滴了些沙瓦給她。

「真是辛苦妳了。」我說，她回給我一抹微笑。

後來我們說的累了，就什麼也不說，只是靜靜的看著夕陽，彷彿又回到了往日時光．我伸了伸懶腰，不經意的，掉出許久以前，在圖書館拾到的那張照片。那個永遠住在照片裡的美麗女孩，是我和小細邂逅的最初原因。

她看了看她，若有所思。

「對不起呀，變態。」小細突然丟出一句，「我好像沒有變成你期待的那種樣子。」

「哈哈。」神父撿起那張照片，「為什麼這麼說呢？」

「因為她比較漂亮呀，而我 ......」她低頭，看著又矮又小，稀稀疏疏的自己。

「只不過是一張照片而已。」神父將照片，往遠處拋去，它飄啊飄的，落在水面上，漂啊漂的，隨著水聲消失蹤影。「妳應該對自己有自信一些。」我端起她的小臉，緩緩的靠近，她怔怔的看著我，眼神就像臨別的那一天，那樣純潔、清澈，又帶點迷惘。

她嘴邊的頜毛，臉上緋色的斑點，和記憶中的一樣，是

如此的不馴服。如蕊般的唇，如唇般的蕊，是這塊土地上，最純粹的味道。

「呀！你這個變態！」她推開了我，那瞬間，我不知道自己究竟有沒有得逞。

「你這樣會讓我一直開花啦 ......」她捂著臉，卻藏不住臉上嬌豔欲滴的紅。

我想是有的，因為她又變得更加美麗了。

Ｙｏ，ｂｒｏｔｈｅｒ，季節更迭。曾經的黃金年代，被乾燥的風包裹著，沉沉睡去，迎接而來的，是春天的歌聲。

這是個嶄新的季節，而你知道的，細數著過去多少笑容和濕潤的臉頰 ......

看起來稚嫩的小手，其實擁有超越一切的堅強，ｔｏｍｏｙｏ。

〰

※ 發信站：批踢踢實業坊 (ptt.cc)

→ RNADNA: 49 頁 可

→ dacapo: 求 100 字濃縮

這樣楊照會生氣的，ｂｒｏｔｈｅｒ。

沒錯，花了好幾十年呢，ｂｒｏｔｈｅｒ，跟梅花鹿一樣。

推 bbbyy: 神父這篇好長

推 moonblacktea: 一大早就吃廢文

推 stelladream: 有小女孩了！

噓 BiGiLa: 廢話很多 稀釋了梗的密度 整體無聊 40 分

一定是我觸摸到你的頷毛了，ｂｒｏｔｈｅｒ。

推 L2N: 好感人

→ ljuber: 回樓上 核電一爆炸整個生態大受影響

推 EraKing: 文筆真是太好了

推 uiorefd: tomoyo

推 DEVIN929: 應該研發火山發電 斷層這麼多一定很活躍

推 albus: 幹我到底看了什麼

→ clearday: 神木 早安

早安，ｂｒｏｔｈｅｒ。

推 mystina43: 推 人類是貪婪的

推 AYS: 里勒工撒洨

推 linph: 神木 U 文推

推 palajuice: 讚,居然沒爆怎麼可能～

推 wakenpig: 神木你也開花了嗎？

推 a741085: 這篇真的太長惹

推 TakeokaMiho: 這篇還不錯啊

推 gno01940519: 我非常認真看完了

推 regeirk: 推

推 nonoka: 神父推

推 phoenixhong: 認真看完了...

推 team1245: 推 全看完了，這篇有點長啊

推 show11326: 早啊 神木 來打球

推 atobela: 好久沒看神木發變態文惹

噓 davidcute90: 太長了

推 drifthouse: 神父～

推 dfgtyu0000: 可是神父，我無法忍受沒水沒電的日子，可以怎麼辦？

推 yamakazi: 真的寫很好 強烈建議收錄進國文課本

推 poi67856: 幹第一次推到神父

推 ebv: 幹神父吃錯藥了喔？ 感人！

推 kissyourbi: 我幫你寄給課編小組 收錄國文課本

推 jwchao: 他媽的這裡躲了一篇優文沒有人發現嗎？

推 jolynn403: 我竟然看完了 XDDD

推 a1s2d342001: 太長了

推 summerleaves: 神木 今天是有營養的廢土文啊

推 jjwolf: 神父 ... 我有罪！

推 dian9: ~

推 jskm: 太棒了，了不起的文采

推 st014800: 植物也是有靈性 der

推 error123: 我究竟看了什麼 (抱頭

你看到了我啊，ｂｒｏｔｈｅｒ。

推 SSglamr: 有小女孩給推

推 yamakazi: 很長 但我看完了 有玄幻小説都市妖傳奇的感
覺 XDDD

→ dudee: 神父文章看過不少，一直很欣賞，竟然還有這種
文風，終於知

→ dudee: 道為何自稱變態了，cool

推 wakeup1990: 推

推 Maziger: 有小女孩了

推 AbbeyJien: 好變態必須得推

推 justahobo: 正牌好文，正牌變態 XD

推 silentence: 喔喔 神父歸位 xddd

推 s8338127: QQ

推 lovecmghs: 我有罪

推 bookticket: 推推

推 robertchun: 推神父！！！
推 windfin: 變態 ~~~

好美！

神父，烏來杜鵑真的滅絕了嗎？

烏來杜鵑唯一棲息的北勢溪上游，翡翠水庫建好了就被淹沒了，不過當地農家有摘了幾株阡插栽種，因此保存了下來。現在臺灣各地都有在復育，例如臺大校園就有不少，但是野生的烏來杜鵑的確已經沒有了，屬於野外滅絕狀態。

跟著世界動

雄偉的香菇

Strong Mushroom

德國民主

　　神木，民主國家的德國，經歷過納粹的統治，但是他們的領導人不但勇於道歉，承認過錯，而且並不迴避、閃躲，現在成為了世界上首趨一指的經濟強國。

　　我們也是民主國家，但是老是有人說臺灣就是太自由了，而開始懷疑民主。從納粹到現代公民和工藝繁榮的國度，到底德國的民主是怎麼辦到的，有德國民主的八卦嗎？

臺灣最美麗的風景是人　　敬上

賽G翁！

民主國家的德國經歷過納粹統治的時代。

不能忘記過去！

達豪集中營紀念碑

但是他們很快就再站起來，
並成為世界上首屆一指的公民和工藝之國。

德國的民主好特別！他們是怎麼辦到的？

想聽德國民主的八卦嗎？

又來了！

是名為變態的神木！

　　Ｙｏ，ｂｒｏｔｈｅｒ，講到德國民主，不得不提一個人，那就是漢娜・顎蘭（ＨａｎｎａｈＡｒｅｎｄｔ）⁷。

　　漢娜・顎蘭指出：「在政治中，服從就等於支持。」她以納粹戰犯阿道夫・艾希曼為例子，充分的闡釋出何謂「平庸的邪惡」。她認為，民主可能是虛無的，在一群不想思考、不想實地參與的人面前。不對政治人物進行監督，盲從、懶散、倦怠，將自己完全的「平庸化」，阿道夫・希特勒，並不是一個人造成的。阿道夫・艾希曼（Ａｄｏｌｆ　Ｅｉｃｈｍａｎｎ）做為「最終解決方案」的主要負責人，他並不具備兇殘的本性，他的罪行來自於他的美德，守法，以及履行義務，服從上級。

　　「大規模犯下的罪行，其根源無法追溯到做惡者身上任何敗德、病理現象或意識型態信念的特殊性。做惡者唯一的人格特質可能是一種超乎尋常的淺薄........是一種奇怪的、又相當真實的『思考無能』。」

　　阿道夫・艾希曼真的沒有思考過嗎？神木並不是這麼認為的，不過他的思考應該僅止於幾個自豪的瞬間：「就像突然被黨吸進去，讓大家很驚訝，加入之前也沒有特別做什麼決定，一切既突然又迅速。」他沒有時間也沒有興趣要好好瞭解這個黨，連黨綱都不知道，也從來沒有讀過希特勒的《我的奮鬥》（Ｍｅｉｎｋａｍｐｆ），就只是卡爾滕布倫

7　漢娜・顎蘭，（1906~1975），美籍猶太裔，原籍德國，美國政治理論家，以其關於極權主義的研究著稱西方思想界。資料來源：維基百科。

納對問他一句：「何不加入親衛隊？」他回答：「有何不可？」就加入了。在納粹失勢，艾希曼參與歐洲最後一次納粹五百萬人的屠殺，他說：「我很高興的跳進墳墓。」他在遭受審判時說：「讓我受絞刑公開示眾，以作為世界上其他反猶人士的警告。」

〰️

好了，漢娜・顎蘭的時間到此結束，接下來就是神木的 time。

漢娜・顎蘭會為了這位希曼ｂｒｏｔｈｅｒ，甘願受到交往三十年的好友質疑「親愛的漢娜，你不愛我們了嗎？」為了這位中年失業，最後加入納粹的大叔，她說「你說的很對我並不被這一類的任何『愛』所打動，原因有二：——（首先）——我這輩子不曾『愛』過任何民族或團體無論是德國人、法國人、美國人，還是勞動階級，我真正愛的只有我的朋友們，並且，我所知道和相信的愛僅僅是對於一個個具體的人的愛。」為了這位殺人犯被鄰居送上小紙條：「你這婊子。」展開一連串令人疲憊的，和她同樣身為知識份子們的辯駁，以及大於她的愛人，黑格爾之間的連結，即使現在後人為她拍的電影，仍然是以她和艾希曼，這位與她素昧平生的人，展開的橋段。

就某方面來說，這是一件好事，人們開始閱讀漢娜・顎蘭冷硬而且令人痛苦的書籍，例如神木桌上旁邊擺的「共和危機」，一切都是因為，漢娜也很屌的關係。漢娜上完課的時候，都會向學生們要求「我可以抽根煙嗎？」在一次面對猶太團體在課堂上質疑的時候，她一反往常的，在說話之前

125

「先讓我抽根煙。」我們不知道漢娜一共抽了幾根，ｍａｙ
ｂｅ是四根，或許不是，你知道的，神不會給我們四，祂總
是會給我們五，所以神木認為，漢娜在那激情幹譙的課堂，
一共抽了五根煙。這不是重點，但也是重點，漢娜之所以如
此引人注目，她獨特的個人特質展現是原因之一，雖然她聽
了這話，可能會頗不以為然，但是神木認為，漢娜應該從艾
希曼身上看到一些和自己相仿的東西。

中二病啊，是中二病！一種自我意識過剩，長大了就能
脫離，但還是不時的會想要回到往日的舊時光，一種令人害
躁的，令人憧憬的，一種常被用來抹殺個人想像力的詞彙。
岡田斗司夫說：「明知會被當成變態，即是被當成變態我也
還是好喜歡，喔不，就連自己變態的這件事情，也一併很喜
歡！」

阿道夫・艾希曼，或許是一位變態也說不定，這可以完
美的解釋，漢娜・顎蘭儘管在文末宣稱：「法官應該有勇氣
說：『我們關注的重點是你實際的作為，而非就你內心和動
機是否可能無罪，也並非你周圍的人是否有犯罪的可能。』
『我們假設，你之所以成為這個大屠殺組織中的一個工具完
全是出自壞運氣，但這不影響你執行，從而積極支持大屠殺
政策的事實。在政治中，服從就等於支持。』因此就要負擔
責任：『這就是你必須被處死刑的理由，也是唯一的理由。』
還是被許多人解釋成：啊，漢娜不愛我們了，因為她覺得，
人人都可能成為艾希曼，艾希曼是可憐的，艾希曼應該要被
同情，漢娜，背叛了我們，身為一個猶太人的漢娜。

〰️

Ｙｏ！神木很遺憾，漢娜沒有生在現代，如果她生在現代，就可以看到「中二病也要談戀愛！」《小鳥遊六花》這部動畫，更加完備的充實她的見解，人們從小都是在被注目的環境中長大，長大之後，被忽略，轉而開始注目那些心中還住著少女的人，去稱頌，去詆毀，或者什麼也不做，冷冷的看著，捨不得移開眼珠。

　　中二並無好壞，是自然賜與人的一顆奮起之心，當她用在平凡的時刻，她會顯得有點白痴，就像擁有一顆能洞察人心的黑暗之眼。當她用的更加深刻的時候，她會突破現實和想像的藩籬，成為一種不可逼視的光芒，不過那僅限在無所意義的事，她可能是危險的，違反道德，突破一般人的認知，有時候，她可能不曉得自己在做什麼，善和惡成為了一種偶然，套用在刑罰和律法上，就會形成兩套觀點：柏拉圖的「預謀」；亞里斯多德的「選擇」。

　　柏拉圖循從其師，蘇格拉底的「無人自願為惡」，即是一人二人，有心無心，有心為善，雖善不賞；無心為惡，雖惡不罰。一個人的善行若帶有其他目的，那麼他並不能稱為善；一個人的惡行若無知於自己，就不能稱為惡行了。因此在阿道夫・艾希曼被絞刑的當下，柏拉圖可能會對眾人說：「為什麼要放棄治療？」

　　亞里斯多德則違反他師父的說法，將傷害的類型分為三種：過失（ｈａｍａｒｔｅｍａ）、意外（ａｔｕｃｈｅｍａ）、惡行（ａｄｉｋｅｍａ）。亞里斯多德認為，不會後悔的犯罪者，基本上顯示了性格的敗壞，因此當阿道夫・艾希曼簽署執行屠殺的命令時，他可能會問他：「這不是你的決定嗎？」艾希曼說：「我不是那個被打造出來的禽獸，我是謬誤的犧牲品。」就在這個ｍｏｍｅｎｔ，卡謬要出場了。

卡謬在異鄉人所描繪的，正是個被人們精心打造的禽獸——莫梭（Ｍｅｕｒｓａｕｌｔ）；異鄉人另一個翻譯是「局外人」，正是莫梭的寫照，他將無力撫養的母親送到了安養院，他認為那樣，母親能受到更好的照顧。母親死後，他接到養老院的通知，他完成了一切身為人子該完成的手續，唯獨沒有做一件事情—在母親的喪禮上哭泣。隔天，他就和女友激烈的做愛，然後他認識了雷蒙，捲入了和阿拉伯人的爭端，在熾烈的陽光中，他開槍殺了一個阿拉伯人，他以為對方拿著亮晃晃的刀子想對他不利。「因為陽光過於刺眼，所以不小心殺了人。」莫梭是如此回答的。很遺憾的，在法庭上，沒有漢娜・顎蘭的影子。

　　那陽光代表什麼？刺眼又象徵什麼東西？沒有人去解釋這疑惑，群眾只感到一片嘩然，莫梭是沒有感情的人，他在喪禮上沒有落淚，他挑撥了朋友的爭端，他因為覺得陽光刺眼，所以殺了人。所以莫梭就去死了，他沒有滿足一般人，對於正常人的期待，諸多的事混雜在一起，槍、母親、陽光，從不容許的罪行，演變成對一個人的質疑。

　　兩個都是荒謬的，莫梭認為這些人很荒謬，而那個群體，則對於莫梭感到荒謬。然後莫梭死了，死的莫名其妙，莫梭很疑惑，群眾很漠然，一切都很荒謬。

　　如果漢娜・顎蘭在場會怎麼樣呢？恐怕莫梭還是不能活，不過他死後的世界會很有趣，就像對艾希曼・阿道夫那樣，大家仍會感到一片荒謬，不過那是種熟悉的荒謬，對於莫梭的死，會產生一種爭執，那爭執來自漢娜・顎蘭所引起的火，兩個群集互相激盪，不過，這次莫梭不會只有一個人，儘管漢娜・顎蘭並不站在他那邊。

　　這就是民主，他不會帶來幸福，但是他會讓答案，變得

沒有那麼簡單。民主不會只是一個人，也不會只有一群人的聲音，民主就是少數服從多數，多數尊重少數，後者相行之下更為重要，多數為什麼要尊重少數？因為少數所做的，不僅僅只是服從，而是要告訴大家他們不同意見的理由，為此，就需要尊重。如果沒有尊重，少數人說話的勇氣就得大些，如果我發表一些意見，需要躲過槍林彈雨，承受口蜜腹劍，那張口的話很快就吞回去，成為一個冷眼旁觀的人。

少數人亦需要勇敢，如果我不夠勇敢，就不配稱做少數，希求一個安然的環境，追求全然理性的討論，要大家聽相反的意見而不得執一詞，否則就不說，默默的服從，躲在角落冷笑，那你也和盲從的多數沒有不同，到底來說，你終究是服從的，是被馴服的羊。

沒有一隻白羊，看到染黑的羊不恐懼、猜疑，當你發出不同於咩咩的叫聲，就得把白羊的情感考慮進去，你得去承受，去思考，去做更多的事，去擺更正確的姿態，因為你面對的是一群生命，而不是一塊石頭。但那不代表你必須被無端攻擊，或群舌舔舐，或虛以委蛇，把膝蓋跪穿石板，你是不卑不亢的，乾淨的，聰明的，你可以躲開，懂得保護自己，從遠方拿著火炬，雖然不屬於任何一邊，但我不會傷害任何一人，只想燃燒自己的言語，指引群體另外的方向。

這就是中二的第三層了，到這裡也許不該稱為中二，應該稱為漢娜‧鄂蘭之顎，是嚼不碎的齒，剪不斷的舌，是微張著，而沒有一絲威嚇。

Yo，brother，我們來說個故事：

神木自從靈魂脫離了和自我之爭鬥，就非常狼狽地長在

一條堤外道路旁，矗立在被隔絕的牆邊，吸著廢氣，聽著牆外傳來孩子們的嘻笑聲。那些笑聲像是海浪一樣，一陣一陣，當我豎起我的海綿體，想要聽個仔細時，卻往往被來車的聲音淹沒。神木非常不爽，於是伸長了枝椏，攫住了一個特別吵得飆仔。

「媽呀！」飆仔大叫，神木將他輕輕地放在地上，飆仔一落地，一邊尖叫著，一邊逃跑了。

神木呵呵地笑著，觀察手裡的機車，把玩著那溫度略高的引擎，正當我想把這小機車捏碎時，突然「啪擦」的一聲，閃來一陣亮光，原來，那飆仔還沒走，正拿著手機拍照。就在這個ｍｏｍｅｎｔ，神木化身成一八三公分，充滿變態氣息的男子，跨上他的小機車，催了油門朝他逼近。

「救人喔～～～」飆仔沒命的奔逃，神木露出了邪惡的微笑。沒想到，迎面而來的一輛卡車，把我撞飛了天際，我想這卡車司機應該不是故意的，他可能把我當成了總統府。就這麼著，神木穿越到了另一個世界。

海浪把我拍醒，我揉揉惺忪的眼睛，眼前已經不是公路了，而是長滿水芫花的陌生沙灘，那臺溫熱的小機車，後臺的輪子還「噗噗」的滾個不停。原來跨過堤防，是這麼簡單的事啊。神木沿著沙丘往上走，撥開了叢叢的菟絲子，一座破敗的廢墟，出現在眼前，那門口被海風吹的腐敗，從隙縫裡，可以窺見堆滿泥沙的床和桌子。它是座三層的水泥屋，感覺很久沒人住了，不過眼尖的神木注意到一點，那就是門上圍著鎖鏈，那掛鎖仍是新的。我繞到房子的後頭，雖然布滿了雜草，但依稀有被人踩過的痕跡，那應該不是獸道，這讓神木的好奇心又增添了幾分。跨過了後門那些堆疊的同類屍體，入侵了這個水泥屋，後頭的樓梯沒有扶手，地上散了

一堆碎玻璃，我發現一個威士忌的瓶子，這一切都像是某個街頭藝術家的畫作。上了二樓，覺得地板薄到不行，有些坑洞可以直接透到下層的房間，我一邊走著，一邊小心的觀看，深怕踩到了不堅固的地方，整個樓層垮了下去。就在我看了五個穴以後，發現一對綠色的小眼珠從第六個小穴也向我望來。

「赫！」神木倒退兩步，小小的ｇｒｅｅｎ　ｅｙｅｓ露出驚慌的眼神，消失在黑暗中。就在這個ｍｏｍｅｎｔ，神木一掌往地板打去，「崩」的一聲，揚起了許多石塵，神木也從二樓降臨到一樓。

「咳咳咳......」在沙塵之中，爬出了一個小女孩，她棗黑的瞳仁盯著神木，摀著嘴巴，好像看到什麼噁心的事物。接著，一個茶髮的少女出現了，她的年紀約莫十五歲左右，擁有罕見的琥珀色眼眸。「嗯，這次是半熟的狀態呀！」神木點點頭，茶髮的少女背後，鑽出了一個穿著碎花裙的小女孩，她的眼睛是灰色的，嬌小的她緊緊的挨著她，滿頭的灰塵都沾染在她身上。

「應該還有一個綠眼睛的......」神木細數眼前的小女孩們，這時候，腳下突然傳出了呻吟聲，神木趕緊掀開碎裂的地板，果不其然，綠眼珠的小女孩在石堆不安的蠕動著，她的頭髮的是棕色的，不過有點奇怪，棕色到辮子的地方，就褪成淡淡的奶油色。神木抱起她來，呵呵的笑了，小奶油說著我聽不懂的語言，一邊用手指插進我的鼻孔。

「放開我！你這個變態！」

神木沒有管她，自顧自的環視四周。就在這個ｍｏｍｅｎｔ，一個擁有古銅色肌膚的少女，不知何時已出現在我身畔，舉起一塊大石，目露兇光。

「幹！」神木被砸的暈了過去。

等到我醒來的時候，已被綁的像個肉球，五個小女孩圍繞在一起，咭嘰咕咕不知道在講些什麼。

「喂！屁孩們。」神木大叫。

「呀～他醒了！」茶髮說，「快放開我！這繩子弄得我很不蘇胡。」

「你怎麼會講我們的話？」

「不就是羅姆語嘛，你們這些屁孩。」「幹！」話才剛出說出口，神木的海綿體就挨了一腳。

「嘴巴放乾淨點！」古銅色肌膚的女孩說，一邊說著一邊轉動她的腳尖，神木雖然是沒有感覺的，但是海綿體充滿著葉柄基部細毛，十分的脆弱，不自覺得整個木就縮了起來。

「妳不要這樣啦，他很可憐吶！」小黑說，因為她有著黑色瞳孔，就叫她小黑吧，然踢我ｇｇ的那個暴女就叫壯壯好了。

「妳同情她，有人同情我們嗎？好不容易逃了出來，連找到的家都毀了。」

「姊姊，我肚子餓餓....」有著灰色眼色的小灰拉著茶髮的裙子，這時，五個小女孩的肚子都不約而同的發出咕嚕咕嚕聲。

「喂，妳們放了我，我就作飯給妳們吃。」神木說。

「少來了，你會作飯？」壯壯又踢了我的ｇｇ。

「而且我們也沒有食物啊，你要怎麼做呢？」茶髮冷靜的分析道。

「神木只要，雨水一盒。」

「啥？」

「少騙人了～」

「姊姊，我肚子餓......」小灰繼續哀哀的叫著，然後開始下起雨來，小女孩們又冷又餓，氣氛也僵了，gg痛痛的神木和她們大眼瞪著小眼。就在這個ｍｏｍｅｎｔ，站在一旁，始終不說話的綠眼少女，默默的走到了外面，掀起了她的上衣，盛了一點雨水朝我走來。

「你願意相信我嗎？」神木看著她的肚臍說，少女點點頭。「那麼，把雨水淋在我身上。」少女照做了，真是善良的人啊。

當雨水降在我身上的時候，神木的身上，慢慢的長出了香菇。

「來ㄅ，拿去吃吧。」神木說。

小灰立刻迫不及待的拔了一根，張口咬下。

「妳這笨蛋，小心有毒呀！」茶髮緊張的提醒她，不過她吃了一根又一根，卻一點事也沒有。

「煮過會更好吃喔！」神木愉悅的說。少女們雖然半信半疑，不過看到神奇的神木長出了香菇，飢腸轆轆的她們還是將我鬆了綁，神木立刻為她們煮了一鍋香噴噴的香菇湯。

她們好像很久沒吃飯了，即使是碗香菇湯，仍然吃的津津有味，神木托著下巴，笑咪咪的看著她們。

「看啥啦！」壯壯不耐煩的回應，「我們可沒有完全相信你喔！」

「我知道。只是有點高興而已。」

神木和滿嘴粘稠湯汁的她們聊起天來。茶髮告訴我，她們都是被父母給賣掉的，她們來自不同的國家，被聚集在一起，學到了共同的語言，然後趁人口販子不注意，一起逃了出來。她們在這棟廢墟過了好些天，偷偷帶出來的食物也吃

完了，然後，又遇到了一個變態。

「你能常常長出香菇出來嗎？」小黑好奇的問，神木搖搖頭。

「那我們以後怎麼辦....」少女們失望的低下頭。

「你們有什麼才藝嗎？」神木問。

「呃，我會編織一些手工藝品。」茶髮說。

「我會唱歌。」小灰說，開始滴滴溜溜的唱了起來，嗯，確實還滿好聽的。

「我會彈奏樂器。」壯壯說。

「我看妳沒拿什麼樂器啊～」

「是ｂ－ｂｏｘ啦！」話語剛落，她用手摀起嘴唇，發出了一連串「懂資懂資」、「撲斯撲斯」的聲響，還滿有節奏的。

「嗯嗯，那妳呢？」

「我會ｒａｐ。」小黑說，一邊搖晃著身體，一邊唱起了美式ｒａｐ，「ｈｅｙ　ｙｏ～～」她得意的指著我，比起挑釁的手勢。

「那妳呢？小綠綠？」神木將目光投向沉默的她，擅自替她取了名字。「會編織嗎？」小綠搖搖頭，「唱歌呢？」再度搖搖頭。

「她不會說話啦！」

「她是個啞巴。」

「喔～」神木露出略帶歉意的眼神，小綠笑了一下，搖搖手表示沒關係。

「我有個好點子，」「你們可以到街上表演，小灰唱歌，壯壯伴奏，然後小黑可以一起ｒａｐ，吸引來了人群以後，茶髮可以賣點手工藝品，賺點小錢。」神木頓了一下，「這

樣妳們就不用三餐吃香菇了。」

「那小綠呢？」茶髮問，「小綠就跟你一起去賣東西吧，當你的小幫手。」就這麼著，神木就和這五個小女孩住了下來。當然，大部分的時間我都睡外面。

小女孩們都十分有才華，學的東西也快，她們一早就出去工作了，神木通常會坐在廢墟前面看著海發呆，或者趁她們出門的時候，窩在她們的棉被裡，聞著少女的香氣。這一天，茶髮揪著小綠回來了，她怒氣沖沖的，其他人好不容易將她們兩拉開。

「神木，妳看她！我好不容易做了一堆許願娃娃，結果 ...... 全部被人偷走了！我明明叫她看好攤位的！」茶髮氣極了，大大的眼睛埋進了眼框裡，「這下子大家都不用吃飯了啦 ......」她皺著眉頭，又轉成悲傷的神色。

神木伸手順了順她的眉毛，「別緊張，神木剛剛在海邊找到了四顆海龜蛋，今天我們就來吃蛋吧！」

「只有四顆嗎？我們有五個人耶～」小灰說，一副很害怕吃不到的樣子。

「來，你們一人一顆，等一下生火煮。」我發給她們，唯獨小綠將沒有拿到。「小綠，你今天搞砸了，所以沒得吃，可以嗎？」小綠咬著手指，乖乖的點點頭。

神木帶領她們堆了一個土窯，升起了火，小綠很識相的，回到廢墟裡。等到土塊被火烤的紅紅的，我們就將土窯打碎，壓的扁扁平平，把蛋用鋁箔包住，埋進土裡悶熟，明明是很有趣的事情，不過大家的臉上都沒有笑容，彷彿也被悶到土裡一樣。

吃著蛋的時候，每個人都默默的，好像做了什麼壞事一樣，神木沒有吃，只是點起一根菸，抽著海風。

「你們結那什麼屎臉啊，有這麼難吃嗎？」神木說，「那可是我辛苦找到的耶～」

　　「有人沒吃到 …… 怪怪的。」小黑說。

　　「小綠 …… 她現在應該很餓吧？」壯壯說，於是每個視線都轉向茶髮，她尷尬的低下頭。

　　「又不是我的錯。」她說。

　　神木呵呵的笑了，吐了一口煙。「屁孩們，你們知道怎麼把四顆蛋變成五顆蛋嗎？」她們聽了，露出疑惑的臉。

　　「怎麼可能！」

　　「辦不到吧～」

　　小灰拿著自己的蛋，突然大喊一聲，「我變！」大家都笑了。

　　「不是這樣，我來給妳們一點提示ㄅ～組成一顆蛋，先要了解它的結構。這顆蛋是由什麼組成的？」神木拿起小灰的蛋，她伸手想要拿回來，被神木彈了額頭。

　　「蛋白嗎？」茶髮說。

　　「還有蛋黃。」小黑說。

　　「我的蛋 ……」小灰悲傷的說。

　　「答對了！蛋是由蛋組成的。」小女孩們「嘎」了一聲，「因此要創造出一顆蛋，還必須靠其他的蛋才行啊。」神木說，捏了小灰的蛋一小塊，放在砧板上。

　　「我懂了！」小黑也捏了自己的蛋一小塊，湊在那一顆殘缺的蛋上，使得那一點碎塊變得更像蛋了。

　　「我也來！」壯壯捏了自己的蛋蛋一大塊，也放了上去，附帶一提，她也是個小女生。

　　「這樣我很難放耶 ……」茶髮說，小心翼翼的，緊接在壯壯的蛋蛋旁邊，讓它看起來更完整，附帶一提，壯壯真的

是個小女生。不過，那拼湊的蛋蛋，還是露出一個小缺口。小灰看著那隙縫，歪著頭想了一下，最後還是依依不捨的撕了一小塊蛋沫，正當她打算填補那個空缺，使其圓滿時，顫抖的手指卻不小心碰觸到細縫以外的部分，蛋蛋整個垮掉了。

「哇～」小灰大叫。

「哈哈，你輸了。」壯壯說。

「又不是在玩疊疊樂。」小黑笑著吐槽。

「不過這下子怎麼辦呢 ......」茶髮看著好不容易才排起來的蛋蛋，嘆了一口氣。

就在這個ｍｏｍｅｎｔ，神木伸出手，抓起碎掉的蛋蛋，握緊，然後攤開來，ㄟˊ，又變成完好無缺的蛋蛋了，這個完整的蛋蛋，細緻的散發著溫暖的光澤。

「哇～好棒！」小灰拍起了手。

「感覺很髒耶，會不會有蛋蛋菌啊？」

「小綠吃了可能會拉肚子～」

「神木，你有洗手嗎？」

「雪特，我的手可是很乾淨的。」

「可是，我昨天晚上好像有看到你在 ......」

「啥，妳不要亂說喔。」神木捏起小黑的小臉皮。

「放開我！你這髒鬼！變態！下流！」神木呵呵的笑了，回頭看著茶髮，「把蛋拿去給小綠吧。」

茶髮呆了一下，臉上隨即泛起了紅暈。「我知道啦！」她粗魯的接過蛋，然後小心的拽在懷裡，就像一隻母海龜那樣小心的保護著。神木看著她走進廢墟裡，腳步又是那樣的急切，就像隻待產的母海龜，焦急的爬往海岸上，心中的變態之心已然激起，於是偷偷的跟了過去。

她氣喘噓噓的爬上三樓，那裡已經搭起了神木特製的梯子，神木在後頭看到了她雪白平滑的小腿，變態之心又更加熾熱了。在廢墟裡，小綠安靜的坐在窗邊，她半跪著，閉上眼睛，沒有攝取養分的她，在月光之中看起來格外蒼白。

　　「小 ...... 小綠！」茶髮大喊，她馬上察覺了自己驚慌的口調，撫著自己一起一伏的胸口，才平靜了下來。「神木說要給妳的。」她又恢復了尋常的冷靜。

　　小綠張開了眼睛，瞳孔就像孔雀般的晶盈，她沒有接過蛋，只是伸直了五個小指頭，拇指不動，剩下的四指彎曲了幾下。

　　「可以 ...... 嗎？」神木在心裡默念了小綠想表達的字句，小綠的表情是充滿著疑問的，翡翠般的眼睛看著對方，眉毛微微揚起，像是期待著對方的回覆。

　　「可以啦！」茶髮回答，真是令人驚奇，沒想到，她們似乎能理解彼此的話。

　　小綠這才接過蛋蛋，把臉埋入蛋中，津津有味地吃著，就像隻飢餓的小松鼠。茶髮彎下腰來，抱著膝蓋，看著她滿足的表情。

　　「下次要好好顧攤位喔！」小綠點點頭，「還有 ...... 對不起。」最後一句，小小聲地，小綠聽見了，先是詫異地望著她，然後微笑的搖搖手。神木想起初見面時也曾看到這熟悉的樣子。

　　一朵薄博的捲積雲，溫馴的靠近了月。閃爍的冰晶，為她抹了淡淡的暈，那外圈是暖暖的顏色，彷彿被烘焙過的寶石。

　　「噢 ......」神木發出微微的嘆息。

　　「神木，你在幹嘛？你在偷窺嗎？」

噢，雪特，被發現了！

很快的，神木被趕出了廢墟，度過一個寒冷的夜晚。第二天一早，天氣冷的彷彿要結霜，神木搓搓雙手，呵了一口氣，開始了例行的工作。我將小女孩們穿過的衣服，浸入水中清洗，雖然手凍的發紅，不過心中仍然充滿昨夜的喜悅。

「將衣服洗的香香～陽光出來的時候～拿去晒～咧～～」神木哼著歌，搓出了許多泡沫。

一個小女孩卻被神木驚醒，她揉揉眼睛，原來是小綠。

「抱歉，吵醒妳嗎？」

小綠搖搖頭，一邊走了過來，想要幫忙洗衣服。

「呵呵，超冷的喔！沒問題嗎？」小綠笑了笑，毫不在意的把手伸入水中，隨即「啊」抽了出來。她有點生氣的看著水盆，顫抖的小手猶豫著，很努力的想再touch它。神木看她的樣子，覺得十分有趣，把木之手，放入她的水盆中。「啊～～～」這樣子呻吟著，水就突然冒起了煙，撲撲的散發熱氣。

「來ㄅ，try try看。」神木說，這原理和光合作用是相同的，葉子吸收了光製造出氧氣，神木吸收了少女的香氣產生了溫度。有了這樣的溫度，小綠安心地把手放入水中，兩人一起度過了快樂的洗衣時光。

正當神木拿起內衣準備甩乾時，一名陌生男子卻悄悄地逼近，他的腳步像狐狸一樣輕巧，眼眸則如同熊般，令人感到沉重。一個接著一個彪形大漢，出現在他身畔。

「你好，我是James·home，本地的政務官。」

「你好，我是神木，是這裡的變態。」James聽了，輕蔑地笑了一下。「請問有什麼事嗎？」

「其實也沒什麼事，只是希望你們可以搬離這個地方。」

「你憑什麼叫我們搬走呀，ｆｕｃｋ　ｍａｎ！」

「你們這是非法居留，」Ｊａｍｅｓ看著小綠，「懂嗎？小妹妹，這是要抓去關的。而我卻很有禮貌地請你們離開。」

小綠害怕的躲到我的身後。

「Ｙｏ，ｆｕｃｋ　ｍａｎ，」神木抓起他的領帶，「我沒記錯的話，這裡應該是無主地，你沒有這個權力叫我們走。」

「放手，你個下賤的羅姆人。」

Ｊａｍｅｓ突然大叫：「我國的法律不適用在你們身上，這裡必須獲得正確的開發，而不是給你在這亂搞。」

神木鬆開手，聳聳肩，「搞半天，是你想要這塊地呀？」

Ｊａｍｅｓ整整領帶，又恢復了笑臉，「不，這是城市裡的居民共同的決定。」他取出一份民意調查書，「有百分之六十的人認為你們對孩子們的教育造成不良的影響。百分之五十的的居民認為你們對治安造成了危害，然後，」他迅速的指了幾行數字，「百分之七十的人認為你們該離開這裡。」

「我可以看看嗎？」神木接過了調查書，「你的抽樣有點問題，你的樣本多來自家長、教師和神職人員，況且總體樣本中，有百分之五十以上的人表示無任何看法，為何沒有列入計算？」

「就算如此，結果是正確的，多數的人希望你們離開。」

「這是立意抽樣，充滿你個人的主觀看法，無法推論普遍的事實。」

Ｊａｍｅｓ聽了，冷笑一聲，「你的那群流浪的孩子們，是否接受過正式的教育？正常的情況來講，這個年紀的孩子，在這個城市中，每個孩子都在上學，努力的求取知識，

而她們卻在做非法童工。我退個一萬步好了，如果你們願意搬離這，我會好心的安排她們去一些慈善組織。」

「如果我說不呢？」

「嘿，別敬酒不吃吃罰酒。你那群小孩之中，有個茶髮姑娘吧？她在城裡做色情交易，你知道嗎？」

神木握緊了拳頭，「少胡說，她只是賣花而已。」

「我們掌握了確實的人證，她裸露身體，給特定的人觀看，並且收取金錢。」

「別太過分喔，ｆｕｃｋ　ｍａｎ～」神木衝了過去，卻被他的保鑣們給擋了下來。

「我給你們三天的時間，最好趕快搬出去。」Ｊａｍｅｓ轉身，插著口袋，「我看你們那群，都是文盲吧？難怪只能用這種下賤的方式養活自己。」他冷冷打量著小綠，接著，目光轉移到了神木身上，「至於你，呸，就更可恥了，靠這些小女孩吃飯。」他吐了一口口水，揚長而去。

小綠拉著我的衣服，又更緊了，神木摸摸她的頭，安慰她，一切都沒事。

「今天的事，別告訴大家，可以嗎？」小綠乖乖的點點頭。

不久，小女孩們回來了，神木告訴她們，我有點事情，必須遠行，小女孩們不疑有他，畢竟我常常會消失個兩三天，海水太鹹了，乾旱的日子，我會去潮濕的地方吸收水分。小綠一臉不安，緊張的想說些什麼，我則比了「噓」的手勢。

夜晚，當小女孩們都睡了，就是我即將起程的時刻。茶髮和往常一樣，替我準備便當，她知道我會回來，我每次都沒讓她失望，帶回了很多香菇。

「路上小心！」她搖著手，笑靨依舊。

神木走了幾步，想到些什麼，又走了回來，「我可以問妳一件事情嗎？」

　　「怎麼了嗎？」她的眼眸十分清澈，蠶絲般頭髮，一束束垂在乾淨的額頭上，好像沒有一絲隱瞞。

　　「那天小綠不是幫妳顧攤子嗎？」

　　「嗯。」

　　「妳上哪去了呢？」

　　「我 …… 去賺外快。」她的眼神開始閃爍。

　　「這樣啊，」神木摸摸下巴，開始脫衣服。

　　「你幹嘛？」她大驚，但是神木沒有鳥她，繼續脫褲子，「夠了！」她用手摀住臉。

　　「看著我。」神木拿著內褲，站在她面前，等待茶髮慢慢的，顫抖的移開小手。「沒什麼好丟臉的，」神木說，「現在在你面前的，是沒有任何強迫、利誘、威脅、屈服，最真實的神木喔。」神木挺起碩大的胸肌，走近茶髮。

　　「你幹嘛 …… 給我看 ……」茶髮滿臉通紅，有些淚滴，在美麗的眼睛裡轉啊轉。

　　「因為妳是高貴的，北鼻，所以我想給妳看。」神木搭著她的肩膀，「妳不用負擔些什麼，也不用證明些什麼，妳有不想說的話，就不要說，不想做的事，就不要做。因為妳是高貴的，高貴的就像一株含羞草，想隱藏的時候，就隱藏，想綻放的時候，就綻放。」

　　「好了，我該走了。」神木鬆開了她的肩膀，轉身離去。

　　「神木！」茶髮大喊。

　　「幹嘛？」

　　「你不穿衣服嗎？天氣很冷的。」

　　「現在的我是綻放狀態。」神木愉悅的說。神木走回了

142

初始之地，小機車橫躺在岸邊，我吃力的抬起它，撲撲窣窣的，掉下許多沙塵。

　　來到這裡，已經過了多久了呢？那儀表版停留２０００公里的位置，我突然想起過往所在的國度。我被撞飛，然後被綁了起來，被踢了ｇｇ，然後和一群小女孩共同生存。

　　「也許，是時候該走了。」我端起龍頭，抹去了沙塵，發動它，它哀鳴著，閃爍了幾下燈光，隨即被海潮聲掩蓋了。「你也在夾縫中掙扎著啊……」神木自言自語，輕輕撫摸著它，那坐墊已殘破不堪，露出的海綿還有些被海鳥啄裂的痕跡。

　　「幹！」神木扯開了它的踩發桿，使勁力氣的踩了下去，「你就這點程度而已嗎？」連踩了好幾下，「你這樣還配當我的座騎？」我氣喘吁吁，但仍不願停下來，「讓我看看你的ｌｉｆｅ！」我迅速的踩著，一不小心，握著的手把輕輕一扭，油門微開，小機車「磅」的一聲，放射出光芒。「哈哈哈哈～～～」神木光著屁屁坐了上去，騎著她，照亮了黑暗的海。

　　清晨，小女孩們還在睡夢中，Ｊａｍｅｓ·ｈｏｍｅ已經帶人悄悄的包圍廢墟。他大搖大擺的走進去，小黑被不尋常的腳步聲驚醒，一堆黑色的皮鞋已經來到她們床前，她趕緊叫醒她的姊妹們。

　　「那個變態在哪？」Ｊａｍｅｓ問。

　　「你是誰？我聽不懂你在說什麼。」小黑站了起來，梟般眼神，沒有一絲恐懼。

　　「他……不在這裡啦……」反倒是剛睡醒的小灰，懵懵懂懂的給了答案。「拜託不要吵好嗎？我還想繼續睡……」小灰說，倒頭又埋回溫暖的被窩裡。

「通通抓起來！」Ｊａｍｅｓ下達了命令，黑衣大漢們立刻一個一個，把小女孩們拖了出來，壯壯試圖反抗，被打了好幾巴掌，嘴角滲出血來，小灰開開始尖叫，但隨即被黑衣男子掩住了口鼻。茶髮憤怒的拉扯對方的手，試圖奪回小灰，但是抓著腳根，倒立了起來，廢墟之中，充滿少女們淒厲的叫喊。

　　「住手，不然我就......」小黑不知何時已潛到Ｊａｍｅｓ身旁，拿著藏在懷裡的小刀，抵著他。

　　Ｊａｍｅｓ嘿嘿的冷笑著，拍走了她的刀，抓著她的頭直接撞向牆壁，「小妹妹，這東西很危險的，你媽媽沒教過你不能拿嗎？」他走過去，抓起她的頭髮，小黑張口努力的呼吸著，「不要反抗大人，知道嗎？」

　　小綠衝了過去，抱住他的腿，咿咿啊啊的懇求著。

　　「對了，我都忘了你們是沒人要的孩子，怪可憐的。」Ｊａｍｅｓ露出同情的眼神，「妳看看妳，連說話都不會呀......把她們帶出去，傷口擦乾淨，等等遇到媒體的時候，就說她們被變態的男子囚禁，因為長時間的虐待，所以精神都錯亂了，而我們好心的拯救這些可憐的孩子們。」Ｊａｍｅｓ拿起白布巾，開始擦拭自己的手，「小女孩們呀，妳們不可以說話喔，要像這個小朋友一樣，乖乖的。不然呢，叔叔我可是會很生氣的，很生氣的不知道會做出什麼事唷。」Ｊａｍｅｓ一邊笑著，一邊露出嫌惡的臉。

　　黑衣人把小女孩們壓了出去，外頭，一個巨大的工程車已經停在外面了，上面懸著一顆大鐵球。小黑彷彿察覺了什麼事，「不要！！」她大喊，Ｊａｍｅｓ呵呵的笑了，拿起剛剛擦過的紙巾，塞住了她的小嘴。

　　「小妹妹，妳不要叫，這個房子拆掉以後，會變成很棒

的飯店喔，到時候呢，就會有很多人來這裡玩，很棒吧，對不對？」Ｊａｍｅｓ揮揮手，彷彿巨人般的工程車，緩緩的啟動，那顆大鐵球，不安分的搖擺起來。「天賜良機！！」Ｊａｍｅｓ‧ｈｏｍｅ興奮的大喊。

　　就在這個ｍｏｍｅｎｔ，一個小小的引擎聲，從遠方響起。那是一輛非常骯髒的小機車，不過，上面卻沒有坐人，只見那聲音，越來越近。「搭搭搭……」越來越近，「搭搭搭搭……」越來越近……「搭搭搭搭搭搭搭搭搭搭……」搭搭的馬蹄聲，是美麗的錯誤，一個一八三公分，充滿變態氣息的男子，站在那上頭，一隻腳踩著坐墊，一隻腳踏著油門，只見他單腳微微一旋，小機車速度更加的快了。

　　「你個老機掰咧！」小機車衝破了防線，逼近了，Ｊａｍｅｓ驚慌了，沒命的奔逃。

　　「快，把他攔下來來！」黑衣人們紛紛抽出了棍棒，神木也抓住ｇｇ，拉長了自己的木質部。有十個人圍了上來，神木不得不用拇指踩了煞車，持著ｇｇ刀，和他們展開對峙。

　　「把他打下來！」Ｊａｍｅｓ躲在後頭發號施令，神木朝他的方向撇了一眼，看見了受傷的小黑。憤怒的變態之心，讓神木漸漸的無法再被那十個人圍住。我甩了一個尾，蹦的跳了起來，和無數個棒棒砍殺在一起，黑衣人的棒棒雖多，但並無法阻止神木，神木像劈西瓜一樣，一個一個瞄準他們的頭。「呀～～～～」神木手起刀落，人車一體，一時之間，沙塵遍野，當中有幾個厲害的傢伙，拿著棒棒猛打我的小機車。那些傢伙如同蒼蠅般，追擊著小機車，神木一個不穩，摔了下來，黑衣人們眼見機不可失，圍上來就是一陣痛ｐ。

他們打得沉了，且毫不留情，每一下都確實發出了重擊人體的聲音，直到沙塵散去，散去了沙塵，黑衣人這才咦的一聲，發現不對，原來，他們打的是坐墊。神木已經抓著ｇｇ刀，潛伏在他們背後，我毫不客氣的往他們下盤砍去，順著刀路旋了上來，就像在拔蘿蔔一樣，一個一個，拔起了他們的腳根，霎時間，黑衣人「啊啊」、「喔喔」的磅飛了起來，無數的皮鞋在空中飄散著。小女孩們看的呆了，其中一支不偏不倚的，砸向了Ｊａｍｅｓ·ｈｏｍｅ。

「唉唷！」他來不及閃躲，硬生生被飛鞋砸中。

小灰開心的拍起了手。「活該！活該！」

Ｊａｍｅｓ氣極了，大吼：「快，還在愣什麼？拆了他們房子！」他命令工程車司機，拉下了槓桿，大鐵球被抬的老高，劇烈的搖晃起來。神木趕緊爬上了機車，往鐵球飛駛過去，就在這個ｍｏｍｅｎｔ，鐵球已迅速的接近，我們的家了……神木一躍而起，舉起ｇｇ刀，跳向了那鐵球，「轟」的一聲，小機車失去平衡，滑倒在小徑邊。而鐵球已經在神木面前了，我用力的揮下ｇｇ刀，木質部緩緩碰觸著鐵塊，那一瞬間，已在我瞳孔中定格了。我聽見碎裂的聲音，有一些木屑掠過耳際，木質部終究是木質部啊，ｇｇ硬生生的斷成了許多片段，神木回過神後，鐵球已經冷冰冰的黏在身上了。然後，我和那個，名為家的地方，一起被埋葬在沙石和粉塵裡。

那十分安靜，我依稀見到小綠憂傷的臉頰，她含著淚光，彷彿想說些什麼，但我已經聽不見了。

「哈哈哈哈！！」Ｊａｍｅｓ·ｈｏｍｅ發出勝利的歡呼，「沒了吧！沒了吧！妳們的家沒了吧～～」鐵球停了下來，小黑、壯壯想衝到那堆殘破的碎片，但是已經被鼻青臉

腫的黑衣人拉住了，ｆｕｃｋ　ｍａｎ，果然我下手還是太輕了。

　　「神木～～～～～～～～～～～～～～」茶髮無力的哭喊著。

　　「妳們都看到摟，是他自己白目，跳進去的，不關我的事。」Ｊａｍｅｓ得意的笑著。

　　小綠將手捂著臉，淚水從縫隙中流了下來，小灰則呆呆的，彷彿還不知道發生什麼事。天空裡落下悲傷的雨滴，淋濕了茶色的頭髮，麥色的肌膚，棗黑的瞳孔，灰色的眼珠子，以及逐漸被褪去棕色，那淡黃色的小辮子，又更加淡黃了。

　　「起來！神木！」小灰突然喊了一句，「你給我起來！」小灰拼命的喊著，「起來呀！」這讓Ｊａｍｅｓ笑的更開心了。

　　「你這個大騙子～起來呀......」她喊的嗓子都啞了，但回應她的，只要飄散的土塵，以及，一朵小香菇，一朵小香菇從石堆裡冒了出來。小黑看見了，急忙跟著一起大喊，「起來！起來呀！」壯壯也跟著一起，「起來！神木！！！」小香菇慢慢地，變大了，撐起了石堆，從那縫隙之中，探出頭來，慢慢地，變大。小綠用力的咬了黑衣人的手，掙扎了出來，跑到了香菇面前，她舉起雙手，張開手心，香菇彷彿聽懂她的話，越長越大，越長越大，彷彿是什麼奇妙的儀式似的。

　　等到香菇大到不能在大，衝破了樹冠，壓過了工程車，那柔軟的菌傘，溫和的替大家擋起了雨。從菌褶中，散出了胞子，無數的胞子覆蓋了人們的視線，肩膀上、額頭上。Ｊａｍｅｓ的禿頭上長出了一根香菇，黑衣人的肛門也冒出了一朵，然後鐵球上，一根接著一根，爬滿了美味的香菇。那

147

些胞子，刻意的避開了小女孩，長了滿坑滿谷。

　　工程車塞滿了香菇，不動了，大人們沒命的奔逃。神木從大香菇底下爬了出來，拍拍身上的灰塵，「抱歉哪，我好像搞砸了。」神木說，望著已經成為石堆的廢墟，「不過，沒關係嘛，不管去哪，只要有人在的地方，就會有家。」神木愉悅的說。

　　Ｙｏ，ｂｒｏｔｈｅｒ，這是一個頗為中二的故事。Ｂｕｔ呢，她既虛偽又帶著真實，神木認為，這世界並不存在著真理。沒有是非，也看不出善惡，不過可以確定的一點是，就算我只有一個人，也不代表我的想法就是錯的。

　　努力的表達出來吧，ｔｏｍｏｙｏ，因為你是自由的。

　　　　　　👨

※ 發信站：批踢踢實業坊 (ptt.cc)
→ teddygoodgoo: 嗨！ 神父！
Ｈｉ！
推 johnny811025:1
推 teddygoodgoo: 神父我恨你！ 我看完前 10 頁，突然發現後面還有 50 頁 ..
推 gain: 神木的梗到底鋪了多久啊
→ teddygoodgoo: 是 80 頁 ..
噓 AceChen21:Ｅ　Ｎ　Ｄ
推 jrtime:end 我有罪
推 lance8537: 喔喔喔　被你搶先發文了
推 jeanvanjohn: 推神父！

噓 Pietro: 我竟然看完了

推 williamlook: 我剛剛看了什麼東西 ..

→ Raogo:end

推 melzard: 我剛剛到底看了什麼 ...

→ g6m3kimo: 真是不好意思啊 ～ 累積太久了一次射出

推 Verola: 我看了什麼東西啊 XDD

推 BS1017: 神父我有罪，我不該認真看完這篇

推 y22710616: 神父 我有罪

推 chi12345678: 我究竟看了殺小 ?!　還是來首 SPARKLING
DAYDREAM 壓壓驚

推 roy047:　！

推 superkevin3: 神木 我有罪

劍球少女

Kendama Girl

烏克蘭抗爭

　　神父，烏克蘭是東歐的一個國家，長期陷入了親俄和親歐
的抉擇中，烏克蘭總統片面終止和和歐盟的貿易協定，並走親
俄路線，引發一連串反政府示威遊行，結果總統逃到俄羅斯，
俄羅斯還趁機出兵烏克蘭的領土克里米亞。

　　神父，這樣的結果其實並不完美，你對於烏克蘭的現況怎
麼看呢？

國際情勢專家　敬上

UKRAINE

烏克蘭是東歐的一個國家，因地緣和歷史背景，
長期陷入親歐和親俄的抉擇中。

CRIMEA

烏克蘭總統片面終止和歐盟的貿易協定，並走親俄路線，
引發一連串反政府示威遊行，結果總統逃到俄羅斯，
俄羅斯還趁機出兵烏克蘭的領土克里米亞。

烏克蘭人民為什麼要抗爭呢？

就像肚子餓要吃晚餐一樣，
人們也會尋求
更好的民主和自由。

　　Ｙｏ，ｂｒｏｔｈｅｒ，公民反抗和法律其實並不相違背。

　　儘管公民反抗是非常危險的，但是這危險乃是容自於自由本身的危險當中，我們必須認知到，危險的並不是反抗，危險的其實自由。

　　自由是危險的。

　　而人，理當自由。

　　很多人或許會對身為一個民主國家的烏克蘭發生動亂，感到疑惑，這就和明明是個神父卻讓你感到變態一般，對於民主及變態，只有一個解釋，那就是他不會完全是「你期待的樣子」。

　　有些變態會在遠處默默的打手槍，有些卻邊打邊射向你，並不是所有的變態都像神父一樣，溫婉而且靜謐燃燒，流著口水的、揮舞汽油彈的、拿著聖經砸爆你的頭的、將自己的氣味染在你身上，強迫你必須服從一以自身的自由侵犯你的自由。

　　那就像走路草進化成臭臭花一樣，變得沒有那麼可愛，神父必須說，民主也是如此，當你認為「這樣就可以」的時候，有一群人就會沾著屎出現在你面前。

　　「因為可以投票，所以根本就沒有反抗的理由。」Ｂｒｏｔｈｅｒ，現下，我給你一張票，讓你投進票孔裡，然後呢，當你投完的時候，我叫你舔我的懶趴，你會答應嗎？

首先你那張票的意義是什麼，是結婚證書嗎？簽了以後，就要給我做牛做馬一輩子，服從我，而且不得反悔——「你知道嗎？我給了你選擇的機會了喔！」

一個是美江，一個是ｇａｙ，美江和ｇａｙ交互旋轉著，像是一個圓盤，ｙｏ，ｂｒｏｔｈｅｒ，不管你轉幾次，結果是什麼，還是興奮不起來。

你到底是要結婚呢？還是簽本票？你到底是進去呢？還是要出來ㄋ？

不對吧，ｂｒｏｔｈｅｒ，當我締結著契約的時候，我兩是平等的，純粹是因為我愛著你，而你也愛著我的緣故，我從眾多之人找到獨特可愛的妳，當你無法再愛我的時候，那這個契約等於失效，當我提起筆，必然是誠實的，我的側腹並沒有被抵著刀子，我的眼睛並沒有被蒙蔽，我一字一句都看得清楚，包括妳的眼眸，包括妳過往的種種，包括未來......這都不會是，我會成為奴隸的證明。

「威脅米國最大的不幸，不是奴隸制，而是黑人出現在此土地上的瞬間。」—ｂｙ法國政治思想家托克維爾。

大家不要激動，小托我認識很久了，他並不是一個會種族歧視的人，他是一個智者，他完美的預言了林肯：「一群黑人代表來見他，他試著勸他們，去中美洲建立殖民地。」以及傑佛遜：「這些人是自由的，寫在命運之書上，沒有比此更確定，兩個自由的種族不能生活在同一個政府內，這也是肯定的。」

Ｂｒｏｔｈｅｒ，所謂的不幸，並不是被解放，而是被解放之後，還不能被認同，不能被歸類成「平等的人」，反而必須感激那些解放他們的，容忍他們的，親吻他們的腳趾，感謝恩賜。

Ｙｏ，神父已經完美地解釋了烏克蘭的種種，不知道你有發覺嗎？ｂｒｏｔｈｅｒ。

謝謝俄國，賜與我們天然氣，謝謝歐盟，挽救我們的精液，喔不，是經濟；謝謝尤申科他發了國家８０％財政預算給我們；謝謝亞努科維奇，他是個電工，加入了俄國共產黨，想替我們償還一百七十億美元的帳單；謝謝季莫申科，她和普京握手，又和歐盟簽約，最後出獄後又和我們站在一起。

要謝的人太多了，但是我們無法謝謝我們自己。

我們無法謝謝我們的鼻子，替我們呼吸，無法謝謝腦袋，輔助我們下決定；無法謝謝雙手，撥開叢棘；無法謝謝我們的雙腳，忍受刺骨的寒冷，在冰天雪地中走下去。

依靠著強者，總覺自己不為自己而生，佇立在貧瘠的土地，然後眺望遠方一把自己想像成一隻候鳥，期盼歸去。所以你的土地總是劣的，你的水總是餿的，你的腳下開了朵美麗的花，卻不知情，你的身軀早已發了霉，你那僵直的手腳就和你幻想的家鄉一樣沒力。

這世上，根本沒有家鄉，也沒有國家，每個人都是流浪者，英國人乘著五月花號，漂流到亞美利堅，南島居民散去其他的島，馬雅帝國並沒有滅絕，所有人都在快閃，在地球的這個時間，如果有一個地方，一群人凝聚了共識，那麼，便是個國，便有個家了。只是早來晚來的分別而已。

這就是小托說的ｃｏｎｓｅｎｓｕｓ　ｕｎｉｖｅｒｓ　ａｌｉｓ。承認，不論你是先來的，後來的，原本就存在的，你們必須承認彼此，在現在這個土地；如果不能，那這個家就會分崩離析，無關多數和少數，男與女，種族和膚色。承認就像看見路邊一棵臺灣欒樹，你許可他聳立在你身旁，許可他綻放乳黃色的小花，當你這麼許可而且徐徐經過，你就

會發現寬尾鳳蝶在你身盼飛舞；如不能，你想砍去檫樹，自然也會失去鳳蝶，當你一個接著一個，砍去身旁的東西，最後，你就會發現只剩下自己孤獨一個人。

這是小叮噹的獨裁者按鈕，鳳蝶和樹或許是溫馴的，但人與人之間卻沒有那麼簡單，人彼此會互相揣摩心計，會懷疑，會預設對方的想法，有些人會害怕消失，於是就讓對方先消失，然後有些人會選擇自行消失。

烏克蘭中烏克蘭族佔７７.８％，俄羅斯族佔１７.３％，少數民族佔４.９％，先不提上述兩者，你知道的，神父擅於從冷屁中尋求答案，來瞧瞧克里米亞韃靼人吧。

韃靼人原有二十萬人，故鄉就在克里米亞半島，被史達林指稱和納粹有勾結，於是強制他們遷徙到中亞和西伯利亞，這包含了哈薩克和烏茲別克，他們持續俄化這個地方，他們家鄉變成一個要塞，沙皇的度假勝地，他們一邊遷徙著一邊死去，大概有２０％脫倒在路中，等到他們到達不同的目的地，就被送去勞改營。

好不容易，他們能回家了，那家鄉卻佔滿了烏克蘭人和俄羅斯人。現在，一群人佔了克里米亞的議會，一個叫做阿可塞昂諾夫的白痴自稱共和國首領，希望俄羅斯「確保克里米亞領土的和平」，然後，普丁欣然同意，就要把軍隊開過來了。

幹你娘，這是在演哪齣？

抱歉，Ｇｏｄ　ｂｌｅｓｓ　ｍｅ，神父必須先冷靜一下。烏克蘭先是選了賤亞努科維奇，然後用橙色革命推翻成了蠢尤申科，找了奸提莫申科當總理，蠢和奸反目，國家蕭條，又回到了賤的手上，然後又進行了抗爭，這當中短短不

到十年，寡頭一那些長期把持國家財和政的人，恣意的玩弄民主，貪污腐敗，各國的首腦黑手介入，會窮會破，原因在此。

俄國、寡頭和政客，把烏克蘭當作快樂王子，將寶石叼進了自己的巢裡，等到王子再也沒有寶石的時候，就連剩下的石頭臉孔，也要被鑿去大半，這是個酷刑，每一隻鳥都認為「烏克蘭是我們的」，卻不曾給這高貴的王子什麼，只留下一堆鳥屎。

一九三二年大飢荒是如此，現在，亦是這樣。

王子滿心歡喜的迎接鳥兒到來，鳥兒説，牠會完成王子的心願，但是王子永遠也不知道寶石到底飛去了哪裡，王子不能動，也不能説，只能安慰自己，要等待。

戰爭之間，法律無言，窮困之餘，政府無聲，烏克蘭的動亂是自由之下的產物，是被壓抑著的自由之下的產物，是對抗不公不義的產物，但是，他卻沒有成功。因為他不夠優。

他不夠優到操著俄羅斯語窮困的東邊人，可以信服他們不會被消失；不夠優到不用靠五十歲的老妞來撐場面，不夠優到對面那群鎮暴警察的背部不會燒起來；不夠優到想出依偎歐豬國家以外的答案。

〰️

如果克里琴科真的想競選烏克蘭總統，他就必須去明白公民抗爭的真諦，不是ＫＯ了對手就能拿下冠軍這麼簡單，你必須擁抱對手，你必須扶起，你必須讓他感受到真誠，你必須承認對方，互相屬於彼此，必須在你即將宣布協議成功，亞努科維奇承諾年底舉行總統大選的時候，阻止旁邊那

個二十六歲的小夥子搶走你的麥克風，煽動民眾要亞努立刻下臺。

漢娜・顎蘭曾經在「共和危機」中，提醒了那麼一個片段：「從那一時刻起，他們不再是孤立的個體，從遠處看已是一股力量，其行動是榜樣，其語言會被傾聽。」

小娜很懂這個，不過他並沒有說的很明白，神父在這裡加以註釋，從遠處看已是一股力量，那代表我們不需嘶吼和喧鬧，僅是沉默著就能展現力量，那就像天空中看到的龐大積雲，讓當權者感到壓力，卻不會淋濕任何人的衣服，因此成為榜樣。

當我們的語言被傾聽的時候，就達成了目的，集結以後就散去，直到下一個不公不義，吸引我們再度踏上過往的腳步，這並非任何黨派，也不屬於任何一股勢力，就像是復仇者聯盟一樣。

我們戴著面具，推開對著我們的槍砲，輕巧的越過那些武裝的人們，踏上高牆（有些人甚至會滑倒，但是另一個會把這個小傢伙拉起來），當我們聲音確實的傳達出去，傳遞了回來，才會看到那五光十色，煙火綻放，在這面具底下藏著的是信念，而非火藥，脫掉了面具是如此不同，不過眼中的風景一致。

是表演者也是欣賞者，是一種藝術，公民的藝術。

課本裡，教我們制度，教我們三民主義，卻沒告訴我們如何去抗爭，如何在夾縫裡，取得平衡，如何在違法之中不違法，如何讓別人信服，而不讓信念被掩蓋，如何讓自由的危險沒有那麼危險，如何拾取畫布作畫，而不噴濺在無關人的臉上，如何親吻土地，使自己堅強，如何開拓視野，而不被外物所逼惑。

如何成為一個，高尚的變態。

當你看見我桌上泛黃的衛生紙，你就明白我精力無窮；當你瞄到了吾胸襟上的汗水，你就知道，此刻無法再靠近了。真相已經被打在總督府的牆上，泛著綠光，這濕濕的氣息，不只是抗爭也是種保護，保護我們共同的契約，填補那些少數中的多數所遺漏的，多數中的少數所忽略的。

Consensus　universalis.

Now，神父來說個淡故事：

話說有天神父睡的正熟，突然被一股「嚓嚓」聲吵醒，似乎有個人，正在轉動臥室的門把。那金屬摩擦的十分刺耳，貪睡的神父，只得揉揉眼皮，離開溫暖的被窩。

當我打開門的時候，是的，就跟各位猜的一樣，一位小女孩出現在我面前，她正將她的手舉的高高的，想搆著那個門把。她專心的撥弄門把，一直到她那像竹雞般的眼睛，發現我的存在。然後直挺挺的站著，張開了小嘴，紫色的小掛揮呀揮的，她穿著一件乾淨的和服。

神父把門關上，吁了一口氣，再把門打開。小女孩不見了。

「嗯嗯，應該是座敷童子什麼的。」神父下了一個結論，又倒頭回去睡。

接連安靜了幾天，這一晚，我忘了把門闔緊，隙縫裡吹來一絲絲風，沒多久，把門給推開了，它一緊一閉的，發出擾人的聲響。

「God……」神父自言自語，準備把門給用力關上去，就在這個moment，一個紅色小球滾了進來。神父想把

它撿起，卻好似被什麼力量拉住一樣，仔細一看，球上纏著一條絲線。雖然絲線是那麼的緊，但是神父怎能輕易放過呢，我手臂稍一使勁，硬是將球拉起，絲線的後頭纏著的是一個槌子，咦，這不就劍球嗎？

神父摸摸鬍子，思考它的來歷，一隻雪白的小手卻出現在地板上，在黑暗中，摩摩蹭蹭的，看起來十分著急。

「莫非在找這個劍球嗎？」神父像拉劍球一樣，拉著那隻小手，稍一用力，就拉出了一個小女孩，正是前幾天相遇的那位。

「Hey，小妹妹，妳在找這個東西嗎？」神父邊轉著劍球說。

小女孩低頭咕噥了幾句。

「妳說什麼呀？」我湊近了她一些，這讓她更緊張了。

「那個 …… 不是那樣玩的。」

「喔喔，那要怎麼玩呢？」我將劍球遞給她。

「要這樣，」小女孩輕輕一揮，小紅球就像有生命般，旋躍起來，接著安安穩穩的停在槌子的側邊，「要這樣、這樣，然後這樣。」她換了手勢，將槌子倒了過來，食指和拇指緊捏著槌柄的中點，熟練的擺弄著劍球，紅色的小球跳上跳下，一會兒停在側邊，一會兒留在柄末，接連了幾次，小女孩俐落的劃了個圓弧，小球就聽話的，直挺挺的沒入槌上的尖刺，就好像星星回到了赫歇爾的袖子裡。

神父看著看著，不禁ｂｏｇｉ了。

「妳好厲害呀！」神父讚嘆著，「妳叫什麼名字？」

「小皿。那你呢？」

「我是名為變態的神父．」

這時房裡的時針合在一起，午夜０點，鐺鐺的響個不

停。

「我該走了。」小皿說，那慧黠的眼睛消失在半掩的門扉裡。

當我再度打開門的時候，眼前出現的卻是熟悉的房間牆壁。

「她是怎麼出現的？」神父摸著鬍鬚，陷入長考。

至此以後，神父都會試著把門關上，再打開，可惜小皿和她的劍球並不再出現，正當我慢慢把她淡忘的時候⋯⋯

「神父、神父。」

朦朦朧朧，我感覺棉被上有些沉重。

「神父！」

我將棉被拉近了一些，蓋住頭。

「變態神父！」

「咚」的一聲，我的腦袋被敲了一下，神父這才清醒了過來，小皿正端坐在我床邊，手上還拿著劍球。

「夠了喔。」我阻止她再敲第二下。

「有什麼事嗎？」

「是這樣的，我睡不太著呢。」小皿說。

「嗯嗯。睡不著的話，努力的睡就會睡的著了。」神父再度拉起棉被，雖然劍球很好玩，小女孩很可愛，但是 sleep time 果然還是最重要的。

房間裡安靜了一下下。就在這個 moment，我發現被窩裡有東西在蠕動，而且還是個很溫暖的小東西，我側過身，想看看是怎麼回事。

「撲哈！」小皿從棉被裡鑽了出來，粉嫩的小臉，和我四目相對，「說個故事給我聽。」清澈的眼眸，沒有一絲畏懼。

「好吧，你想聽什麼故事？」神父被直白的她給懾服了，稍微起了身，離她遠些。

「我想聽像桃太郎那樣的故事。」

神父摸了鬍子，想了想，「那就來說美江的故事好了。」

「她是誰？她是一個勇士嗎？」

「Ｏｈ～ｎｏ～她是一個大魔王，想把桃太郎烤來吃。」

「她很厲害嗎？」

「非常的厲害，她還拿著勝利寶劍呢 ......」神父開始隨意的說起這個胡亂編織的故事，不過小皿倒是聽的津津有味，不時「然後呢、然後呢」的問個不停。「美江最後斬斷了桃太郎的鎖鏈，最後桃屁郎，桃呆郎，武大郎都出來了，他們一起打敗了邪惡的美江。」神父說的累了，塞了一個莫名所以的結局。

「我覺得美江很可憐，」小皿嘆了一口氣，「她這麼厲害 ......應該不會輸給桃太郎的。」

小皿沉浸在這北蘭的故事中，她好像很喜歡美江這個角色。但是神父已經闔上了眼睛，只覺得身邊的小皿香香的，床也香香的，我像是桃樂斯身旁那隻膽小的獅子，安詳的進入夢鄉。

從此以後，小皿就時常拜訪神父的ｒｏｏｍ，她就像是從天降下來的一樣，有時候我們說說故事，玩玩劍球，日子倒也十分開心，不過神父越睡越晚了，廢文也越發越少了。

「然後美江她，脫下桃太郎的褲子，開始打他的屁屁。」今晚，神父也開始說著美江的故事。

「為什麼美江要打他屁屁？我覺得她並沒有那麼邪惡呀。」小皿說，「為什麼他們不能和平相處呢？」

「別忘了，桃太郎也很討厭美江。他們就像是北極和南

極，羞於承認彼此。」神父說，「所以，才會成為敵人。」

「神父，太難了，我不懂。」

「呵呵呵，沒關係，我們來玩劍球吧。」

小皿點點頭，拿出了劍球，這時我發現，槌子上有些燒焦的痕跡。

她玩的仍然是那樣的熟練，這回她手端著球，拋起槌子，穩穩的將它接住。

「神父，換你。」她笑盈盈的將劍球遞給我，持著球的小手，指間紅通通的，指關節有些浮腫。

我也試著拋起槌子，想用球接住，不過失敗了。

「這招叫什麼？還挺難的呢。」

「這招叫 .... 飛行機。」小皿說。

「飛行機呀，還真是厲害呢！」神父再次嘗試，不過一不小心，又失敗了，球連同槌子給重重摔在地上，發出好大的聲響。

「抱歉抱歉。」神父撿起它，搔搔頭，還給小皿。
她的臉色卻有點奇怪。她不發一語，抓過劍球，轉身迅速離去，神父正打算叫住她，但是門「嘭」的一聲，給用力的關上了。

「糟糕，我惹她生氣了嗎？」

接連幾天，我見不著小皿的蹤影。

然後，在一個夜晚裡，我做了一個夢，那是充滿焦臭味、悲傷、吵雜、奇異的夢。我漂浮在空中，既寒冷又熾熱，空氣中塞滿油脂和煙硝的氣味，我俯瞰著地面，它們正熊熊燃燒著，那一次又一次的巨大聲響，好似雷鳴，儘管我試著摀住耳朵，仍然抵擋不住那聲音侵襲我的心臟，壓迫著我，令人作嘔。閃光一陣又一陣，一些火屑劃過我的臉邊，明明是

夜晚，卻明亮的跟白天一樣。

地上有些黑黑的人影正在爬動，卻像是靜物一般，緩慢的令人難以察覺，有一架飛機穿透了我，是如此巨大，它爬過了那些人影，像一隻飛蛾一樣，窸窸窣窣的，落下許多黑色的焦炭。然後又是一陣希臘之火，那是羅斯人的慘劇，我聽不到軟弱的嘶吼聲，風驅著我更接近地面，地上一具具，黑色的碎塊，有小孩的形狀，女人的形狀，男人的形狀，老人的形狀，其實我根本分不清楚，只知道，他們再也不會動了。

大火持續燃燒著，飛機爬升遠去，當那些房子燒到再也不能燒的時候，就頹圮，成為了一抔土，惟獨那些人形，在神父的腦海裡，揮之不去。

當我想起小皿最後深沉的眼色，神父就醒來了，我躺在床上，被褥已被汗水浸濕，神父的房間，溫度高的異常，明明是在這樣近春的涼夜中。

「噹～噹～噹～」指針再度指向 0 點。

我明白了是怎麼一回事，我有好像有個任務，不去完成不行。

明白了就想尿尿，我起床，走近門邊，手觸摸門把的剎那，立即縮了，我看著手上浮腫的紅疤，那疤，和小皿的一模一樣，那門把，燙的跟火爐一般。我勉強打開門，紅色的焰火撲面而來，神父撥開了火光，看見了小皿，她處在一個廣場之中，像是地獄般的廣場，躺在地上的人（如果還能稱之為人的話），腳綻開的，手像貓咪一樣舉起，小皿跪在他身旁，骯髒的臉上，爬滿了許多淚。

「燒毀～～～～～」她大叫，「燒毀！！！！！！！」

她舉著劍球，朝遠方的飛行機揮舞。神父看著她那瘋

163

狂，無助的樣子，點起了一根菸，在濃郁的一氧化碳中，吐了更多的一氧化碳。

「斷開魂結！！！斷開鎖鏈！！！！」小皿追著飛機，越跑越遠了，她的頭髮散亂著，眼中布滿仇恨，就像是丑時的橋姬，她緊咬著下唇，滲出血絲，憤怒已讓她看不清周遭的事物，包括神父。

一間離她不遠的房子，被火舔舐的搖搖欲墜，小皿卻渾渾不覺的趨向它，眼看那黑色的樑木嘆息一聲，就要倒下了。就在這個ｍｏｍｅｎｔ，神父丟了菸，用時速一百公里的速度，往小皿奔去，在那飄散的星子與火柱之間，用背把小皿隔了開來。

神父的背熊熊燃燒著。

「嘿，小皿，劍球不是那樣玩的。」神父說。

小皿驚慌的看著我，臉龐又恢復了往常的平靜，她好像醒了過來，開始喃喃自語，「爸爸......沒了......媽媽也沒了.......神父，這是我的錯嗎？因為我很邪惡，所以、所以，那些飛機才要才轟炸我們。」

「不，這不是妳的錯。」神父抹去了她的淚痕，小臉被神父的手弄髒了，畫出了黑色的黑線，彷彿被煙燻過了一樣。

「這是一種自然現象。」神父說，拍拍背上的火焰，「當每個人都認為自己是對的時候，就要想辦法把對方抹成錯的那一方。這就是為什麼美江會失敗，桃太郎會失敗的原因，他們，都沒有錯，也不邪惡。真正的邪惡，是他們拿起武器，刺的對方滿身窟窿的時候。」

「神父......我......」神父將食指放在她的嘴唇上，比了一個「噓」的手勢。

「小皿，我們一起為死去的人們祈禱吧！」我拉起她的小手，將她們包在神父溫暖細緻的雙手中，盈滿變態的氣息。

「Ｌｏｖｅ　ｙｏｕｒ　ｐａｒｅｎｔｓ．」

「神父，我不會唸......」

「沒關係，我唸就好了，反正是我編的。」

「Ｌｏｖｅ　ｙｏｕｒ　ｃｈｉｌｄ．」

「樂、樂浮......」儘管這樣，小皿仍然試圖一起發聲。

「Ｌｏｖｅ　ｙｏｕｒ　ｆｅｌｌｏｗ，ａｎｄ　ｌｏ
ｖｅ　ｙｏｕｒｓｅｌｆ．」

「Ｔｈｏｕ　ｓｈａｌｔ　ｎｏｔ　ｋｉｌｌ，ｓｈａ
ｌｔ　ｎｏｔ　ｐａｓｓ．」

「Ｂｅｃａｕｓｅ，ｂｅｃａｕｓｅ，」

「Ｉ‘ｍ　ｗａｉｔｉｎｇ　ｆｏｒ　ｙｏｕ．」

「樂福ｕ。」小皿接了後續幾個字，神父笑了。

我們在火光中，一起埋了她父母的屍首。

「小皿，要不要玩劍球？」

「可是......已經燒壞了。」

神父舉起食指，「嘖嘖」了兩聲，「這個劍球呢，看起來燒壞了，」神父拿起她燒焦的劍球，「其實呢，她還保有著生命，因為啊......」神父把那些碳化的部分，小心的用指甲摳起，原本枯黑的地方，露出了木頭的香氣，「這些堅強的木質部，犧牲了自己，保護了這個珍貴的劍球。」

碳屑散去，劍球又完好的浮現出來，神父將槌子橫擺著，就像端著酒杯那樣，然後輕巧的一拋－這回，小球順利的停在木槌的面上。

「小皿，帶你去一個地方好嗎？一個一樣吵鬧、紛亂、

165

對立，但是可以安心的玩劍球的地方。」

「好啊。」

神父呵呵的笑著，然後將劍球還給小皿，從口袋裡拿出一台玩具小火車，往地上一砸，「乓」的一聲，冒出了一陣煙霧，小火車變成一台超大的橘色火車，上頭標誌著「ＥＭＵ－１００」，一個歪國少女開了車門，邊咳嗽，邊對神父破口大罵。

「麻煩載我們到二〇一四年的臺灣，艾瑪優。」

原來她是在艾瑪優篇登場的艾瑪優啊，於是神父就和少女們展開了另一段美好的旅程。

Ｙｏ，ｂｒｏｔｈｅｒ，我想這個故事可能是ｓｈｅ　ｇｏ的，ｂｕｔ，或許烏克蘭和布丁，可以從中獲得一些啟示，對於那個即將想入俄的克里米亞半島，是不是所謂民主的抗爭中，缺少了一些關懷和同理呢？以致於讓俄羅斯裔的烏克蘭人們，缺少了安全感，而產生懷疑，對於布丁，這個軟蛋，他必須思考的是，克里米亞人真的認為自己是屬於俄羅斯的嗎？還是只是因為，一群寒冷的人們，到鄰居那裡借火，發現鄰居的火又暖又熱，而坐了下來，忘了回家。

布丁，ｙｏｕ　ｓｈａｌｌ　ｎｏｔ　ｃｏｖｅｔ啊……

別忘了那些曾被俄羅斯迫害和背叛的韃靼人，他們是不可能屈服你的，難道，你能向贊同克里米亞獨立那樣，贊同他們在克里米亞獨立嗎？你無法說服任何人的。

要知道，這個時代，能說服人的，不是強大和利誘，那都只是一時的，無法永久，因為，人的本性是自由的。

能說服人，使人自然而然的聚在一起，只有ｌｏｖｅ

and mercy呀，tomoyo。

〰

※ 發信站：批踢踢實業坊 (ptt.cc)
推 tyrande: 神父 早
Good mornong～
推 a1122334424: 先推
推 Kreen: 我居然全部看完了～
真的嗎？你沒有end嗎？brother。
推 amethyst1101: 神父寫太長了，雖然我有看完
推 XXXXGAY: 今天的神父比較長
推 palajuice: 好久不見了
辛苦你了，brother。
推 GLAMOROCK: 神父 ～～
推 cutesuper: 靠北 我居然看完了 王子那段我很喜歡 不過真
實故事 鳥
→ cutesuper: 有和王子共存亡
推 bewith: 神父今天寫的比較長 不過我還是有看完啊
推 k04121226: 我看了快 30 分鐘 小皿一定是個好女孩
推 dan310546: 神父你一定要那麼有禮貌嗎 沒有實力的談判
有什麼意義呢
→ dan310546: 用什麼保護談判的結果呢
你說的也沒錯，brother。
推 yearlin: 神父早安
推 spark0409: 神父，為什麼你都可以遇到小女孩？
神父微笑不語。

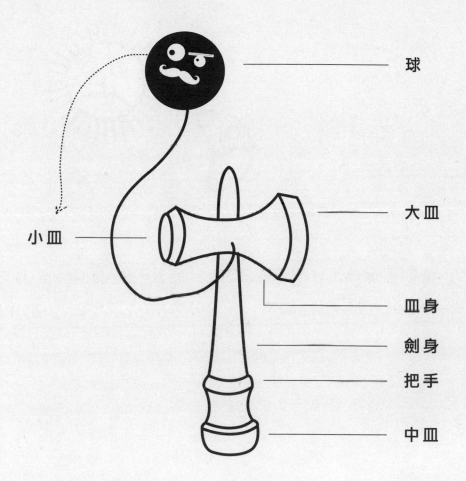

球

大皿

小皿

皿身

劍身

把手

中皿

島民你該知道

圓仔

Ing - Young

貓熊在臺灣

神父，妓者為什麼要一直報圓仔的新聞呢？整天洗版真的很煩，不過就是隻支那賤畜，這隻ｐａｎｄａ還是用中藥材的名義進來的，真想把牠煮來吃掉。有沒有這隻小畜生到底哪裡重要的八卦？

臺灣黑熊　　敬上

173

Yo，brother，這就是生命啊。

神父剛剛一直盯著畫面，我看見圓仔不安分地動著，被媽媽叼過來、舔過去，牠掙扎著從隙縫裡探出頭來，然後，又被媽媽粗大的手掌給抱回襁褓中。

這時就在想，圓仔和黃色小鴨有什麼不同呢？

他們倆人什麼也沒做，一個隨水漂浮、一個鼾聲中震盪，兩者都是一樣的東西，在鏡頭前，他們被話語包圍，被人指點，被當作一個免費的贈品，隨處丟擲在人的視線中。

不同的是，包著圓仔的那一款，打開來總是特別多的噓聲。

是牠的父母的關係吧，牠們都是支那賤畜，我們的敵人，遙記得團團和圓圓來的那一天，坊間開始出現熱潮，四處都有團團圓圓的影子，他們的版面，他們的圖像，甚至是雕塑......我記得他們還被塗黑成臺灣黑熊。

Panda一直是很好用的，用以建立形象，聯絡國際間的感情，作為一個統戰的工具，牠更是有無比的力量，要知道，看起來可愛、無害的東西，才是最強的，我們看到傑森拿著電鋸緩緩接近，會感受到無比的威脅，但是當一隻貓熊拿著竹子盈盈而來，我們是會揪心而卸下心防的，還好，這種武器的智慧並不高，牠們並不懂得政治，不懂得國家，不懂得用竹子來戳別人的下體，牠們只會吃和爬，然後從樹

上跌下來，咬著斷掉的樹枝出氣。

　　你知道嗎？最早的貓熊，其實是連爺爺帶回來的。在二〇〇六年，他帶回來的其實是一個ｍｅｓｓａｇｅ，他說２６要送我們兩隻貓熊，他們的人民投票選了兩個名字，團團和圓圓，但是阿扁拒絕了，認為這是統戰命名，根據聯合報當時的民調，有六成五的民眾認為這和國家主權無關，１.９趴的民眾認為這會對臺灣的主權造成傷害，有些保育團體大聲的疾呼，說養那些貓熊的錢，不如拿來保育本土的生態動物。

　　呵，各位ｂｒｏｔｈｅｒ，你們是不是認為這１.９趴的人很不理性呢？

　　當你這樣想的時候，那是有點問題的，如果團團圓圓被送了過來，臺灣全體一百趴的人舉雙手支持，沒有任何人反對，大家都說團團敲可愛ｄｅｒ～圓圓好讚喔！那麼就可怕了，臺灣人民不是昇華成無瑕的天使，就是成為淫亂的羔羊，無論是哪一種，都和理性絕緣，真正的理性來自於疑慮，因為懷疑而思考，因為思考而聯想到任何發想，每一個發想，都有其意義，這不但是理性，還是人性。

　　圓圓的母親叫做雷雷，在四川號稱「英雄之母」，她斷了一隻手掌，因為在她還是小熊貓的時候，就被發現在一座山上，營養不良，肋骨清晰可見，而一隻手被竹子扎傷，命在旦夕．她堅強的活了下來，並且用一隻手，帶大了圓圓，她通常一邊抱著小圓圓，一邊沒有手，只好靠著他人餵食，其實她只要丟圓圓在一邊，自己覓食就好了，但是她沒有這麼做，母貓熊抱著小貓熊是貓熊的天性。

　　我看著鏡頭前的圓圓撫弄著圓仔的樣子，她也是個稱職的母親，雖然她玩弄圓仔的樣子有點粗暴，不過，別忘了，

他們是熊，是野生動物。

在自然界裡，少了母親的ｔｏｕｃｈ，才是最悲慘的事。

二〇〇八年，英九引進了貓熊後，圓圓在這個異鄉之地，生活了五年，有褒有貶，有信任的，有懷疑的，有萬人空巷的時候，亦有乏人問津之時。然後她生了圓仔，圓仔在出生時驚天動地，她的玉照被媒體當作武器，四處放射可愛又可怖的 α 射線，她的一顰一笑惹來了各處社群鄉民的對立。

但是圓仔和她的奶奶、媽媽一樣，遺傳了堅強的性格和傳統。

那就是努力的活著。

漸漸的，她那嬌柔的姿態，感化了那些利用、憎惡、盲從，把他們的目光從不正常的杯子貓咪式，以及誇大的恐懼驚慌式，漸漸地回歸到一個「圓」點。

Ｙｏ，ｂｒｏｔｈｅｒ，那就是生命最原本的樣子，你和我都曾經擁有的樣子，當神父打到這裡的時候，眼前的ｌｉｖｅ影片突然變得有點模糊，只見趴在地上的圓仔緩緩起身，她的眼珠發出寶藍色的光芒。

「Ｏｈ～～～」神父舉起袖子，遮住自己的臉，那光芒實在太過耀眼。

當我再度張開眼睛的時候，一個有著墨色頭髮的少女，出現在我的面前，她的唇和鼻子像是被染了粉雪似的，是珊瑚般的顏色。

神父大感驚奇，她突然張開雙手，做了一個驚嚇表情。

「趴！」可愛的叫了一聲，那模樣似曾相似，好像剛剛

才在ｌｉｖｅ上看過。

「可以說中文嗎？」神父冷冷的回應。

「神父神父！」她說，「我可以問你一個問題嗎？」

「什麼問題呢？」

她坐在我的桌子上，指著螢幕前一排紅字，「這些人為什麼要噓我呢？」

「這個嘛....」

「然後、然後呀，」她指著另一排白色的文字，「這些人為什麼要推我呢？」

神父搖搖頭，「我不知道耶。」

「嗯嗯！」她寶藍色的眼珠左右轉動，很快的，又提出了新的問題，「這個，支那賤畜是什麼意思呢？」

「呃，就是從支那那裡來的可愛動物。」

「所以那是指我囉？」她將小手微曲，彎向自己。

「應該是吧。」

「支那賤畜、支那賤畜～」她高興地說，然後頓了頓，歪著頭，想了一下，「可是我出生在臺灣呢！」她又問，「好像有點奇怪。」

她嘟著嘴思考，樣子十分可愛，神父注意她有一對圓圓的耳朵。

「臺灣、支那，」她將手擺到一邊，接著又擺向另一邊，「臺灣、支那，臺灣、支那，臺灣、支那，臺灣、支那......」左右擺個不停。

「神父，我到底來自哪裡呢？我，是誰呢？」

神父欣賞著她煩惱的樣子，她屈著身子，把自己包住，寬鬆的衣服不經意的，露出雪白的雙腿。神父點了一根菸，吁了一口，然後敲起鍵盤，「來來，妳看看。」我開了ｗｉ ｋｉ，打了貓熊兩個字。

「這是我嗎？」

「算是吧，你是脊索動物門、哺乳綱、食肉目、熊科裡的大貓熊屬。」

「好長 ......」少女開始苦惱。

「妳是在距今三百萬年的更新世出現，那時，沒有支那這個概念，臺灣也還在形成中，人類也只會喔喔喔、ㄚㄚㄚ的叫呢。」

她睜大了眼睛，神父吞了吞口水，心虛地繼續說下去，「然後呢，妳的牙齒開始慢慢出現變化，開始吃起竹子，適應了亞熱帶生活。於是呢，就變成現在這樣了。」神父看著她微微隆起的胸脯，「只是沒想到，這麼快又產生了新的進化。」

「那我是 ...... 貓熊？」

「這個嘛 ......」神父呆了一下，接著又敲了柏拉圖三個字，「貓熊其實是一個理型，就好比有一隻純粹完美的貓熊，牠有很多屬性，其他的貓熊都在模仿牠。牠們都有相同和不同的地方，不過相同的地方，是我們很容易就能感知到的，牠就像是一種回憶。牠們都在回憶和那隻大貓熊相處的樣子，然後呢，慢慢地趨近牠。妳，也是其中一個，支那也是，臺灣也是，在某個世界裡，有一隻金光燦爛的貓熊，一塊柔和支那，美麗的臺灣之類。」

「那、那個超強的理型長什麼樣子呢？」

「這個嘛 ...... 應該沒人看過吧。」

「或者也許有看過，不過忘了而已。」

「神父，好難喔，我不懂。」少女又露出苦惱的神情，看著那噘著的粉色的嘴唇，真的是一種樂趣。

「好吧，我告訴妳一個秘密，其實我看過一個真正的理型。」

「真的嗎？」

「是的，那是比臺灣、支那、貓熊還要強大的理型啊......」

「我可以看嗎？」

「那可是最強的理型啊！妳確定要看嗎？」

「我要看！」

「那，妳把眼睛閉起來。」神父說，不知不覺，成為了她的口吻。

就在這個ｍｏｍｅｎｔ，神父慢慢接近她，接近那粉嫩的鼻子，珊瑚色的雙唇，那是近到不能再近的距離。

「妳可以張開眼睛了。」神父微笑地說。

「咦～～～～～～」她張開那寶藍色的眼珠子，被眼前的光景嚇呆了。

「不要害怕！」神父抓住她抽蓄的肩膀，「看著我的眼睛！裡面有什麼？」

「什、什麼也沒看到丫！」她害羞的臉頰發紅，我感受到她不安的溫度。

「不要緊張！再靠近一點！」

她顫抖的，又將粉嫩的鼻子貼近了一些。

「再靠近一點！」

這時我們的距離，只要再一咪咪，雙唇就要輕觸在一起了。

「不要移開視線！」

她輕輕的吁了一口氣，仔細的看著神父變態的眼神。

「我、我看到了！」

「妳看到什麼？」

「有藍色的眼睛 ......」

「還有呢？」

「還有 ..... 還有 .....」

「呀！不行了。」她禁不住濃密的變態氣息，掙脫了神父束縛，「這、這個實在是太強了 ..... 那個到底是什麼呢？好像有看到，又好像沒有。」她攤在桌上不住的喘氣，小小軟軟的身體，一起一伏。

「那就是妳啊，圓仔。」

「圓，仔？」

神父呵呵地笑了。

「那是我嗎？」

「沒錯，那就是妳，圓仔，妳是這個世界上，獨一無二，最強大的圓仔唷！」

「圓仔～～～～～～～～～～～～～～～」神父舉起雙手，開始大叫，「圓仔～～～～～～～～～～～～～～～」圓仔也叫了。

「趴！」她的姿勢依然十分可愛。

Yo，brother，我想，你應該也有和圓仔一樣的問題吧？來自哪裡，從哪裡來，叫什麼名字，住在什麼地方，擁有什麼，沒有什麼，和誰比較像，和誰比較不像？

你的歸屬。

你是脊索動物門、哺乳綱、靈長目，人科 .....

你是尋求意義的動物。

你屬於你自己，tomoyo。

180

※ 發信站：批踢踢實業坊 (ptt.cc)

推 mikeneko: 知世就是力量

推 qooqoogb: 文筆好不是你的錯

推 arcred:.......... 熊貓你也行

推 kairi5217: 幹 是神父啊 ~~~~~~~~~~~~~~~~~~~~~~~~~~~
~~

推 twchhmcs36: 什麼東西啦 XDDDDDDDDDDDDDDDDDDD

推 wotupset: 啊門

→ abxtpml56: 這就是神父的厲害 XDD 超愛看 DER

推 ijjkk: 推圓仔也推神父 >///< 今天看實況的時候真的覺得
很溫馨 ~~

推 franktai1993: 太神啦 !!!!!!!!!!!!!!!!!!!!!!!!!!!!!!!!

推 yes78529: 赦免我

推 yukimura0420: 神父原來你有戀獸癖 !!!!!!!XDDDDDDDDD
DDDDDDDD

推 studentkeich: 在意淫之下藏著許多大道理

推 hyzen: 神木 我有罪

噓 vivi760911: 圓仔的眼睛是黑色的，變成人成寶藍色。

推 joke610291:Father，say yo~

推 toyog: 神父 !!!! 這篇我看到感動到眼淚快流出來了

推 BingBaKing: 你在意淫圓仔？

推 HermesKing: 哥決定以後推圓仔惹 O_Q

→ HermesKing: 不過記者一直爆真的很讓人賭爛欸

噓 satyrs05:END

推 lokiishere: 利金變態

181

推 ying0502: 最末段好變態 ><

推 r557844689: 你在用變態文章深意啥

推 immoi: 這篇其實還滿有深意的...重要的不是你祖先從哪裡來，而是你現

→ immoi: 在認同哪裡...

推 kyphosis: 有畫面 XD

推 kiddleaf: 好強的變態 XDDDD

推 Xhocer: 這你也能掰，不愧是神父 XDDDD

推 Taidalmc: 居然意淫一隻畜生

推 kinomon: 靠北我居然看完了。 好啦我承認之前噓文是因為看太多圓仔

推 PePePeace: 原來你對圓仔有遐想 !! 不愧是變態的神父

推 uhmeiouramu: 神木你從下午五點寫到現在嗎？

推 a901999: 請問神父 每次我看到圓仔的新聞都想吃熊掌神父我病了嗎？

推 gsuper: 結論極好

噓 Zeldaman: 太變態了 不噓不行

→ kuma5566: 為什麼神父每篇都在性騷擾小女孩！！！

推 pikakami: 神父對貓熊的特別教學 .avi

→ basketkdash: 鄉民開始狂噓是因為有一陣子圓仔文多到跟廢文一樣吧 ..

噓 ssss61204: 你能把廢文打這麼長 , 真不簡單 !!!!!!!!!!!!!!

推 hck646: 最後一段有感動到 ...

推 jkasc28s: 有感動到 QAQ

臺北城
Taipei City
連勝文參選臺北市長

神父，臺北市長的選舉快到了，看到候選人勝文一直說他多委屈，連愛妻蔡依珊只是去參加公益活動，也被罵，感覺好像我們都是壞人似的。

最近看到他上新聞面對面的專訪，一副溫良恭儉讓的模樣，主持人最後問他有什麼想說的，他竟然對著鏡頭喊：依珊，My sweet, I love you. 真是看得我拳頭都硬了。更讓我生氣的是，家裡的婆婆媽媽都在替他叫屈，彷彿母性都被點燃了，讓我有口難言。神父大大可以說他幾句，讓他清醒嗎？

臺北人　敬上

二〇一四臺北市長選舉。

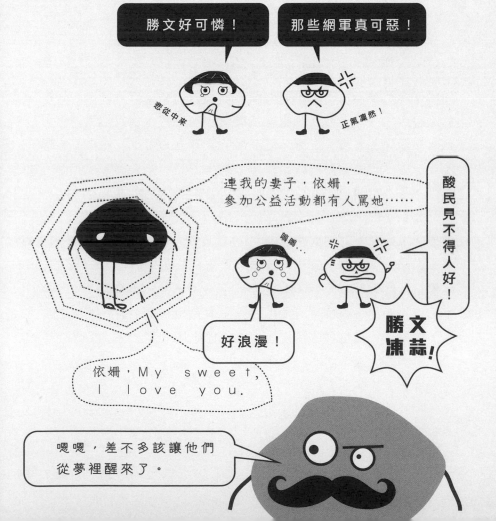

　　Yo，勝文brother，今天看你在電視裡侃侃而談，確實不賴，不愧是上過八堂金融課程的專業人士，眼神充滿自信，態度十分誠懇，既幽默又溫腥，看來脫口秀大師的課收到了成果。But，one question，神父問你one question就好。

　　你的風險在哪裡？

　　你説要幫去上海的臺北人解決問題，説全世界最多臺北人的地方，就是上海，他們的子子孫孫可能在臺北就讀，但是他們還是臺北人，不能拋棄他們，你説可以透過一些管道和平臺，這是你比一般候選人優勢的地方，甚至自豪的説起海基會，say「oh~我當然沒有那麼厲害，畢竟他是一個官方組織。」言下之意，似乎你的非官方力量雖不中亦不遠矣，暫且不酸你要選的是上海市長，還是海基會理事，不過你説身為一個臺北市長，要有處理兩岸事務的能力。

　　暫且不酸你是否是要選總統，請問你是要解決什麼樣的問題？用什麼樣的管道呢？

　　話鋒一轉，你又講到你這種作名聲的，怎麼會容許利益團體或財團的什麼東西，在這裡上下其手，神父不禁笑了，事實上，有種名聲確實可能如此，那就是金錢的名聲，概念股的名聲，一種特殊的橋，我幫你喬的名聲，至於去上海多半是哪些臺北人？Oh，我想在這就不多説了，我想並不是每個臺北人都能去上海make money的。

　　你説中國的法令並沒有開放像你這樣的資金可以進去，事實上，臺灣似乎也沒完全開放，不過已經有不少中資披著

港資的外衣在臺北市條條大路設據點了。聊到這，你又下了個但書，我的合夥人沒有中國大陸籍，頓了一會兒，又加了一句，香港的不算。

　　In fact，當個money maker並沒有錯，如果有錢能賺，大家一起賺可不是美事一椿？問題就在這了，這也是潔民brother在友臺一直滔滔不絕的複雜事兒，天底下哪有穩賺不賠的？

　　我想是有的，那就是你，勝文，你在混亂與不安之中取得了利益，縱使那些理不盲、情不濫的股民，服膺這場合法賭博的規則，神父還是必須要說，you，並不是在make money，show your ability，而是依靠別人的脆弱而讓自己看起來充滿活力。

　　It's fake，brother。

　　這並不是一個領導者該做的事，看起來公平的規則，但你卻能多掌握到一點，你所謂的人情，你所謂的事故，你所謂的名聲，敦使你避開風險，而讓其他人曝露在風險之中，這是犧牲他人所換來的，晦色的秘密。

　　為此得利的總是同一群人，而魔鬼就藏在細節裡，你還沒聊到你的臺北控股公司，將整個大臺北的資產證券化，銀行、客運、捷運、土地、自來水，換算成白花花的銀子，而你是老闆亦是掮客，你說你能幫臺北市賺大錢，真是太好了，太棒了，把我們所有人的資源去做你穩賺不賠的生意，以這為幌子，還要在吸收更多的民間資金。
你的風險在哪裡？

　　告訴我們臺北控股公司賠光了會怎樣？告訴我們賺錢的會是哪些人？上海人？臺北人？上海天龍人？上海自來水來自海上，臺北連勝文勝連北臺，告訴我們勝利的時候你要給

187

些什麼讓我們看起來像是人生勝利組？是蓋些甜美ｓｗｅｅ
ｔｙ的氣派建築，一百間帝寶，一百張的帝寶折扣卷？我他
媽連三萬塊的管理費都付不起啊！

　　告訴我們告訴你能實現這偉大夢想的軍師，中國國家開
發銀行和環宇投資出資各半的開宇諮詢公司，支那人對臺灣
的基礎建設多有興趣？告訴我們你如何提升青年人的自信，
你賺了錢以後，擁抱我們的母親、妻子、姊姊、妹妹，告訴
她們你的天下都是女人打出來的，拍了照以後善用公帑，辦
些餐會、旅遊、園遊會，在巴士上幸福嚐些巧克力和荔枝，
告訴她們選舉的時候還會有高檔的貴婦下午茶？

　　告訴我們勝利的光景是南京東路上聚滿緬懷中華民國首
都的南京人，還是北京的臺北路上出現緬懷中華民國首都的
臺北人？告訴我們任賢齊和陶吉吉在舞臺上唱著散播希望的
種子，舞臺下搞樂團的熱血青年連把吉他都買不起，憂鬱的
到河岸留言點杯咖啡。

　　告訴依珊，我愛她，Ｉ　ｌｏｖｅ　ｙｏｕ，告訴她我
在乳癌防治公益現場親吻她的事，然後喝了餿水油的苑綺莫
名所的得到了直腸癌三期，我們的健保很榮幸的邀請了中資
來臺的幹部和不能叫他中國人的中國ｓｔｕｄｅｎｔ。
Ｈｏｗ　ｓｗｅｅｔ．

　　告訴妳衣衫為什麼不整，所以才受盡了委屈，滿是煎熬
的愚民上頭，公子與王主悄悄的避開了風險，公益活動下新
聞的罵聲，其實只是你所愛的媒體人一個小小的陷阱：「蔡
依珊不碰選舉　藉公益活動曝光」。

　　人們不反對公益，反對的是ｗｏｒｋｉｎｇ　ｓｔａｙ
的白菜葉和滷肉捲，太骯髒了會弄髒白色的衣裙。

　　如果你真想改變什麼，就必須去看你不想看的政治，偶

偷咩，如果你真的想做些什麼，就別只在選舉的時候來臺北找工作，力ツ丼，別只躲在某種艦隊或盔甲之中，高唱偉大的理想或嚷嚷著史達林格勒的戰爭。

告訴我們，打輸了會怎樣？

山和水會回來嗎？自由和民主可以保住嗎？我們在抗爭不公不義的時候，會得到教訓嗎？還是躺在青島東路上的我們，會有一群失去支那熱錢的同胞來驅逐我們？

請不要 t e l l　u s，我保證一張股票都沒賣。

Yo，b r o t h e r，早期臺北，是一座湖，名為凱達格蘭的山胞與鹿，奔跑在林野之間，然後湖水褪去，山胞被漢化了。我不確定鄭成功是否有在劍潭丟把寶劍，不過豐沛的淡水河和大漢溪交匯，造就了一府二鹿三艋舺的艋舺，大稻埕的唐船攜來攜往臺灣的茶葉和樟腦，名為馬偕的神職人員在這裡傳教，然後在淡水建立了醫院，法國人砲轟北臺，同樣擁有西方的面孔，侵略者和救助者，馬偕是後者，得到了劉銘傳的稱許。

劉銘傳鋪設了中國人懼怕的鐵路和電燈，雖然只是幾座零碎的支架，但電報線開始傳遞四方，光緒年間，建立了臺北城；甲午年，被日本人拆了，只留下幾座城門遺跡。

但是日本人建了臺灣總督府。

一群在日本本土漂流過來的技師，在這陌生的街頭嘗試了被否定的前衛藍圖，西門紅樓，迪化街、剝皮寮，巴洛克式的風味，山牆頂端的四葉紋，日本人、西洋人、臺灣人，在蘇芳色的磚牆下來來往往，然後沒落了，臺灣光復，日本

神社被焚燒、拆除，埋藏於街角幽深之處，依稀可見倉稻魂命的身影在廢墟中跳躍、閃爍，但過往那些保食神的豐收慶典，已被一聲令下而收往深處。

至今，西本願寺的鐘不再響起，淤積的河口也無法再度遠航，艋舺沒落了，被五光十色的寶斗里填塞，曾經繁華轉往了他處，只餘下酒瓶和槍聲，不變的是龍山寺的莊嚴。

一九七一年翡翠水庫建好了，碧山國小沉入了水底成為了臺北的亞特蘭提斯，而我們有了乾淨的飲水。

不久，也有了民主選出的市長，掃黑掃黃蓋了捷運，記得那個免費試乘的日子，空前的盛況，被嫌棄的小毛病之多，和郝龍斌的花博差不多，但是馬英九拆了龍山寺前最熱鬧的區域，埋了水煎包，蓋了沒人要去的地下圓環。

他慢跑著，人群跟隨著他而去，有他在的地方就有鎂光燈，但那地下街裡貧乏的只剩下算命館，為不小心闖進的飯島愛道盡天機。

我們後來又重新有了剝皮寮，不過擺放著是電影的道具，和老松國小的風琴，寫著奉茶的茶壺，提起來並不能倒出水，那是拍照用的。我們也有了大稻埕的電影，不過真實的大稻埕現在已成了碼頭公園，月圓的時候，船會開，你可以一邊聽著電音舞曲，一邊聞著淡水河的臭味。

儘管如此，我們仍然感謝，感謝老天賜與我們這所在之地，初一十五，我們會奉上貢品和湯菜，保留一份用以祭祀原民的地基祖，我們知道有失必有得，一朝風起，必有一處火熄滅，對於那些曾經的光明與犧牲，讓現在和將來都彌足珍貴，我們絕對不會滿足於現狀，但也不會忘記過往先人的懊悔。

這是ｅｖｅｎｔｓｔａｒ也永遠無法媲美的光輝。

所謂的英雄，是勇於承受風險的人，而不是手中握有金錢而權力，卻由臺北市的公民們付出代價。你必須為自己的行動承擔損失，而不是交給別人去掩飾繁榮穩定的假象。你必須在那燦爛微笑的嬰兒前面，確認自己是冷血而獨立的個體。

這個靜謐的Ｔａｉｐｅｉ　ｃｉｔｙ，在過去，沒有城市能和它一樣；在未來，也不會有，ｔｏｍｏｙｏ．

〰

※ 發信站：批踢踢實業坊 (ptt.cc)

推 shihfva: 神父，您　說　得　太　好　了。

推 FantasyRyu: Ｙooooooooooooooooooooooooo 鉅作必推

推 dinosaurkin: 是神父！

推 kylie720: 悲傷的未來，希望還有救

推 wakeup1990: 先推再看

推 adifdtd: 臺北連勝文勝連北臺　虧你想得到 XD

推 hereafter: 神父早安

推 tmwolf: 神父，蘿莉呢？

正在產出中，可能要等待預產期，ｂｒｏｔｈｅｒ。

推 KamijoToma: 神父都很早 PO 文的感覺耶

推 nonfly: 神父必推

推 Mikuni: 神父推！！

推 jay991122: XXXXXXXXXX 文章真的不錯噎　雖然全形英文很惱人

推 JOJOCK: 神戶 ~~~~~yooooooooooo

Kobe～～～～～

推 dan310546: 神父是太早起還是太晚睡呢

當然是後者了，brother，good night。

推 nysky: 連勝文走內線套利的行為早就違法了,只是牠在香港套利

→ nysky: 臺灣政府管不到

→ almod: 每到選舉就要看他們這種演得很爛的戲 應該去上個表演課啊

推 disciple2: 神父!!!

推 yosichan: 神父，我現在北海道，天氣很好，是個適合禱告的日子

→ g6m3kimo: 我在寧靜的臺北市，我們一起來禱告吧，brother

推 chien533: 推神父

推 psku: 神父～～～～～～

推 tym7482: 這個風險的問題真是太中肯了

推 hope4ever: 推神父 但意境有點高 要花比較多時間讀

推 Zeroyeu: 神父，我有罪，還沒讓勝丼榨出食用油給全民食用 QQ

推 kungfutofu: 神父早安

推 cherita: 入世救國神父

推 jeanvanjohn: 神父，我有罪~^^

推 aoi: 神父 Oyasumi

推 CUP0912: 推

推 tim0922: 神父 我有罪!!!

推 s122274848: YO~

推 ldstar: 神父 你有罪

推 star123: 說臺北史那段太美了。實在驚艷。

推 jeffu: 神父必推

推 kennethlin: 神父 早安

推 studentkeich: 神父 沒蘿莉的話我可是不會推文的喔

推 HOMEWA: 神父 我餓了

推 lokiishere: 神父 我要告解！

推 antx: 早，神父

推 flamer: 神父早啊

推 sendicmimic: 啊門～

推 mp2420: 神父這篇失去了往常的平靜，比較激動~~XDDDDDDDDD

193

臺灣山娘

U.caerules

臺灣前途由誰決定？

　　Ｆａｔｈｅｒ，郝柏村最近説「我不反對臺灣前途由臺灣人民決定，但是政治是務實的」，又説「回顧臺灣歷史，臺灣前途從來不是臺灣人民自己決定的」。最後他的結論是「臺灣前途就是中華民國前途，而中華民國前途應由全體中國人決定」。

　　為什麼那些人要一直説這種話呢？

　　難道臺灣人一生都沒有辦法獨立自主嗎？

憤怒的臺灣人　　敬上

郝Ｘ村

" 我不反對臺灣前途由臺灣人民決定，
但是政治是務實的。

回顧臺灣歷史，
臺灣前途從來不是臺灣人民自己決定的。

臺灣前途就是中華民國前途，
而中華民國前途應由全體中國人決定！ "

神父，他這樣說對嗎？

神父竟然說髒話！

這是典型的訴諸傳統和不當結論，
就讓神父來突破這個郝柏村困境
Fucking How
Dilemma.

Yo，brother，這是荒謬。

郝柏村以「臺灣前途由臺灣人民決定，這個在民主常態上是正確的」，作為糖衣，再輔以現實險惡的環境（國際情勢與政治現實），以過往歷史說明臺灣人並不是一個自由人。既然不是自由的人，而現實顛簸，那麼，現在和未來，也就不用自己決定了，因為過去你們並沒有自己決定過。

這就是典型的郝柏村困境（Fucking How Dilemma）。

下雨了，我們望著窗外的雨滴，自屋簷傾瀉而下，然後我們拿起傘走出屋外，避開潮濕，保持肩膀的乾爽，撐傘即是一種選擇，根據我們自身對於風險的評估所做出的選擇，我們不會說是雨水選擇的，是老天爺代替我們做出選擇。

當在繈褓中的嬰兒，他們沒有說話的能力，他們必須藉由父母或醫生的攙扶才得以移動四肢，在這個時候，任何人都可以替我們做決定，包括鄰居的阿姨會走過來彈我們的gg，我們無法反抗，亦不能明確表達思緒，只能服膺大人們的規則。

然而我們長大了，擁有身體的自主權，我們不需要經過別人的操控，而能生存，我們能撫摸自己的頭髮，亦能仰望藍天，我們不會說，過往的不能自主，導致現在、未來，都不應自主。

除非我們是鮮肉牛，ｂｒｏｔｈｅｒ。除非我們一出生就被決定屠宰的命運，除非我們成長是為了他人盤中的殘食，除非中國就是我們至高無上的意義，除非臺灣的存在就是為了成就中華民國，然後被中國統一。

即使如此，我們仍不會滿足。

無論是何種理性主義，無一不在強調人的自決，無論是何種悲觀主義，沒有不強調解放與慰藉，就算是亞瑟‧叔本華口中「意志與表象的世界」，他也不會輕易的服膺一個不動的動者，他甚至輕蔑的去否定祂的存在。

我們四周無不存在著郝柏村困境，被一個假的前提影響，進而否定自己選擇的權利，將最好的方案戲稱為理想，並且將他永遠的束之高閣，父母以此制約子女，上司依此約束員工，長輩用這洗腦下輩，維持現狀一直是他們共通的臺詞，然而現狀卻一直在改變。

他們先背叛了自己，然後希望你也一起背叛。

作為一個舊時代的人，與既得利益者，郝柏村會維持他的困境是理所當然，然而某些人，既不活在謝天謝地謝皇恩的黃金時代，本身亦是個無實質成就的魯蛇，卻將自己加之在這枷鎖之中，而以理性自居，實是不理性之極致。

事實上，全世界沒有比臺灣更適合獨立的國家，臺灣有自己的軍隊和政體，亦有不同於大陸的民主和公民權，已有顯著的區別性，若以柏村的困境思維來看，中國人亦無法決定中國人的前途，又怎能替臺灣決定前途呢？

到頭來，是誰在決定誰的前途呢？是毛澤東、蔣介石、郝柏村亦或是海上的熱帶氣旋？當國家被視為少數人的私有物，妥協的現況變成不能妥協的萬年價值，才是真正走上絕路。

在兩千三百萬人尚未進行選擇之前，就納入莫須有的十三億六千萬的選擇，在經濟與談判學上，這無疑是一種自殺，因為資源分配與公平正義，是以大多數人的利益和需求為主，以香港為例，八十萬人在香港算是多數，但是在中國來說卻是極少數，真普選一事，對香港有利，卻違反了中華人民共和國之利益，因此至今不能成功。

臺灣在過去，西、荷、鄭、清、日，乃至於中華民國，都被當作鮮肉牛對待，所惠對象皆以其國，而非人民，是以所砍之樹林，運往海外以蓋神社；所捕之鹿皮，以交易謀取少數人之利益；所治之人民，或送去外國打不相干之戰爭，或服莫須有的勞役，於此塊土地上，或有開發與建設，或能得其溫飽，或有短暫的安定，然其目的在於給工蟻一滴露水，讓其能繼續生產下去。

成就特定的人們，成就他人的願景，成就不屬於自己的成就，這就是殖民。

然中華民國畢竟是特殊的，國共內戰失敗，逃往臺灣，所有之領土僅為臺澎金馬，因此不得不改變其政體經營方向，蔣介石時期好似明鄭，所得之利益為反攻大陸，其動機亦與臺灣人民脫節，在此時期，臺灣前途的確不為臺灣人決定。蔣經國時期，反攻大陸目的日消，固守為本，視臺灣為主要資本，善加經營，然所得之利益雖不輸往大陸，卻分配不均，製造社會階級，本省、外省加以區隔，若在公平競爭的條件下，自當無人怨懟，然經濟發展所得之果實，本省人勞動與所得不成正比，機會亦無法和外省人相當，雖說社會

福利的觀念下，後來之人無產亦無地緣，政府理應照顧弱勢，然各項措施如１８趴等，明顯超越社會福利之範疇，而達種姓制度之領域，不符合公平正義的結果，即造成了倒轉歧視─政府過度保護的對象反而影響其正常發展，成為內部殖民之表徵，兩者雖都是臺灣人，卻對臺灣本土有不同認知。

小蔣所言：「我也是臺灣人，」其後補上一句：「當然也是中國人。」正是在這矛盾之下的產物，也是族群融合必然的階段。

然而蔣經國畢竟不曾把臺灣的前途交給中國決定過，應該說，來臺灣而保有中國意識者，是自然的，是一群特殊的中國人，他們沒辦法完全當個臺灣人，也沒辦法成為對岸的中國人，畢竟這些人奪去自己原有的國土和家產，甚至進而想要消滅自己僅存的棲身之處。

因此所謂臺灣前途即中華民國之前途，中華民國前途由全體中國人決定的謬誤是：中華民國早已在一九四九年被中國人決定了，中國人不要中華民國，而選擇中華人民共和國，中華民國被中國人徹底放棄，且被視為流寇追打，輾轉至臺灣產生的結果即是：臺灣前途即中華民國之前途，中華民國的前途，由全體臺灣人決定。

這就是所謂郝柏村等人，不願面對的真相，他們害怕再被放棄一次。

然而，我們不能忘記，中華民國最原始的構想，民有、民治、民享，將族放在國之上，正如將人放在國之下，同樣荒謬，為了種族的利益而放棄國家的利益，為了國家的利益而犧牲人民的利益，都是本末倒置的事，各種不同種族構成了國家，國家是為了人民而存在。

我們不能忘記胡適之的眼淚，當他搭上那一班飛機，跟隨了蔣介石而去，當他走下飛機，踏上臺灣這塊土地，就沉痛的跪了下來。沒有人跟他一起過來，那些他所摯愛的，跟他懷抱同樣夢想的人，德先生，賽先生，都沒有過來。胡適之畢生追求自由，追求一個真正民主的中華民國，為此，不惜與老蔣唱反調，還想在臺灣籌組一個反對黨，他的一生在圍剿聲中度過，在批判聲中死去。

「我們東方這些老文明中沒有多少精神成份。一個文明容忍像婦女纏足那樣慘無人道的習慣到一千多年之久，而差不多沒有一聲抗議，還有什麼精神文明可說？一個文明容忍『種姓制度』（ｔｈｅ　ｃａｓｔｅ　ｓｙｓｔｅｍ）到幾千年之久，還有多大精神可說？一個文明把人生看作苦痛而不值得過的，把貧窮和行乞看作美德，把疾病看作天禍，又有什麼精神價值可說？」如果你看的懂中文，如果你看的懂這個被稱為「下賤的中國人」所講的話，你就會知道，他所反對的，並不是中國字，並不是中國的血統，並不是中華文化，而是，奴性。

「要是天公換了卿與我，
　該把這糊塗的世界一齊都打破。
　再磨再鍊再調和，
　好依著你我的安排，
　把世界重新造過。」

—《Ｒｕｂａｉｙａｔ》

胡適是對的，中華民國如今也成為了一個民主國家，然而必須遵從三民主義，民主卻是理想，認同中華民族，卻不

能自己做決定。

　　我想這連一個泛中華民國的臺灣人，也會對此言論抱持疑惑，孫逸仙所謂民族主義，從他對世界主義的反動可以看出端倪，世界主義在當時是新的趨勢（也許在今天也是），他主張人的博愛，所有人應不侷限於國族，視人類為群體，關心每一個族群和文化，基本上和孫先生所主張之世界大同十分相像，然而孫逸仙從模糊的「暫且不宜」到後來直指世界主義為「列強的陰謀」。

　　「強盛的國家和有力量的民族已經雄佔全球，無論什麼國家和什麼民族的利益，都被他們壟斷。他們想永遠維持這種壟斷的地位，再不准弱小民族復興，所以天天鼓吹世界主義，謂民族主義的範圍太狹隘。其實他們主張的世界主義，就是變相的帝國主義與變相的侵略主義......」由此可見，孫文也是個不願被摸頭的人，他主張先將自己的民族恢復自由平等的地位，才配講世界主義，賞了當時知識青年一個耳光，從「世界的中國」到「中國的臺灣」，惟講求一件事，「我們是世界的公民」、「我們是中國人」，到底是誰的世界，誰的中國？如果是少數人的世界，常委們的中國，那麼這些華麗的詞藻不過就是個騙術而已。

　　中華民國至一九一一年推翻滿清，歷經北伐、國共內戰、對日抗戰，在大陸終其所有都在戰雨飄搖中度過，在歷史上，不由分說，是個強韌的國家，儘管被打得失了大半泰土，狼狽的逃向一座從日本手中襲來的孤島，竟也在砲擊聲中生存了下來，成就了華人魂牽夢縈的民主自由。

　　既然成就了民主，邁向了自由，那麼國家的定義就只有一個，從屬於人民的意識之生命體，眾多意識聚合成的共同意識，誠如微小的細胞構成了組織，組織成了器官，器官

維繫成了個體，個體不會由另一個個體決定其前途、生死，因其細胞並不生長在該個體上，如一細胞意欲脫離一個個體而生，除了意識必須脫離之外，其從該個體享有之養分與痛楚，皆必須放棄，方能為另一個獨立的個體之存在。

自然的定律完美的解釋了許多悖論，對於統一理論者而言，其意識脫離而從於中國，但其細胞卻不能分割，欺騙其他組織和細胞其實我們屬於另一個個體，而愚弄、盲信、背叛，將一個微小細胞的意識概括成所有細胞的意識，是悖論之一。

對於已經獨立的理論者而言，中華民國自中國脫離而成另一個個體，雖身體分離，殘存的意識卻嚮往另一個個體之中，身體明明已經獨立運作，並具備所有獨立思考行動的條件，但部分的細胞卻命令、暗中運作往另一個個體靠攏，並催眠自己並不屬於一個個體，在這種情況下，身體想向左走，一隻腳卻往右，動彈不得，意識無法支配整個個體，部分個體也不從屬於真正的意識，其悖論之二。

對於蘭嶼、高雄為什麼不獨立的理論者而言，任何土地上的人民，皆有權利自從屬之另一地獨立，無論是魁北克之於加拿大、蘇格蘭之於英格蘭、加泰隆尼亞之於西班牙，凝聚一地之共同意識者，皆能談獨立，即是說，高雄人若認為高雄之意識大於臺灣之意識，而能以自身之實力維繫其經濟、軍事、外交，非長成百年大樹，一株柔嫩小草即可，非長出劇毒以致敵人於死—長出刺來即可，非花枝震顫如牡丹，綻出小花，隨風搖擺即可，縱使沒有花苞、花萼，盤據

的老根與艷麗的花瓣，哪怕僅僅是一葉之變態，即能獨獨然立於天地之間，吸飽露水，面向大樹，蟲獸見其小刺而避，不敢踩踏之。

前提是，你對於意識的定義是什麼，如果你的意識只是耍嘴皮子的工具，不是高雄人、不是蘭嶼人，只是反對臺灣獨立的六八九，假定他人的意志，去反對積聚已久的意識，說臺灣能獨立嗎？臺北能獨立嗎？大安區能獨立嗎？大安區的夜店能獨立嗎？大安森林公園能獨立嗎？大安區永康街鹽酥雞攤上的豬血糕，可以獨立嗎？

一個凝聚多時的意識，反倒跟一塊豬血糕差不多，依照此邏輯，全世界的任何獨立運動，都沒有發生的必要性，但是他還是發生了，愛沙尼亞離開蘇聯，帛琉脫離美國，捷克與斯洛維尼亞天鵝絨的分離，這些國家都沒碎裂成一片又一片的豬血糕。

三種悖論，皆告訴我們，現在的中華民國，擁有不完全的靈魂，是個不完全的個體，是朵未知花名的花，在中華人民共和國所把持的中國鏡子裡，中華民國的花瓣正一點一滴的被其吸去。

偉大的中華民族呵。

所謂族群，即具血緣關係的一群人，長期居住於同一個地方，而產生共同的價值、語言、符號，進而產生出聯繫情感的「牽絆」。然根據Ａｎｄｅｒｓｏｎ的觀點，族群，不過是一種想像，是一種政治和文化架構下的「想像共同體」。

非常明顯，在臺灣，在中華民國，存在著兩種想像，一種是對中國的想像，一種是臺灣的想像，中國的想像是「中華民國的中國」，想像的國土大到不能再大，故鄉熟悉到不

能再熟悉。然而，現實是每一個中國人都與你殷勤的握手，高興的說「同胞喔」，卻要求你和他們一樣，不能自己做決定，現實是一代接著一代都在臺灣出生長大，你們卻還要求他做一個中國人。

我們都知道，現實險峻，而我們力量微薄，中國拿著飛彈對著我們，國際上並不認同中華民國，只有中華人民共和國，在中華民國體制下保有臺灣人的意識，是最安全也最有保險的做法，我們能和平的生活，亦能擁有有限的自尊，這是現實之中懷抱著想像，在逆境之中伺機崛起。

然而某些人卻擅於揮刀自宮，將這百年來積聚的珍貴棄之如敝屣，我想，你們自己也有感覺到吧，什麼叫做臺灣人，什麼叫做中國人，懷抱臺灣的意識在臺灣生活，所種的米是香的，釀的酒是醇的，人心中自有一股希望，懷抱中國的意識在臺灣生活，米是餿的，酒也無味，人人都活在一片愁雲慘霧之中。

當昔日的威權成為一種權威，當沒去過的地方成為一種過去，那麼人就會成為無根的浮萍，惆悵的在水中漂來漂去，但你們必須知道，你們並不是孤獨的，你們的四周有睡蓮，開滿荷花與芙蓉，這偌大的水池，早已深深的扎根於地。

如果你們曾是失根的人，那麼便能再次擁有根，如果看著失去的根而想再失去第二次，那麼連同已經失去的跟即將失去的根，都同樣的不會再回來了。

認同臺灣，不代表得拋去中華，認同中華，並不表示得向中國靠攏，文化是跟隨人而移動的，人憑依土地而生，就算中華民國成為了臺灣民主共和國，肉形石就會失去色澤，繁體字便會失去光彩嗎？你心中璀璨的中華文化，就不能以一個臺灣人的身分擁有而自豪？

那只不過是一個又一個奴化的主義，所編織的恐懼罷了。

　　　　　　🥸

　　力量主義者，傾向將臺灣與中國比喻成兔子和獅子，要擁有獅子的力量，才能談兔子的生存，要增強自己的軍事和經濟實力，才能擁有臺灣的意識，這般陳腔濫調的說辭，恰巧中了郝柏村的陷阱，兔子不可能會長出獅子的牙齒，臺灣的領土與人口，亦不能成長如中國的戰備和軍力，現實並不如童話，如要喝完一窖的葡萄酒，吃完堆積如山的麵包，將混在一起的糖和鹽巴分開，你才能叫自己的名字，天底下還有比這更荒謬的事嗎？

　　真正的答案是，你辦不到，於是兔子安靜的被獅子吃掉，沒有掙扎也沒有晃動。

　　現實主義者，執著於中國的武力威脅，看到任何臺灣獨立的言論，隨即以「你想死啊？」、「想要送死自己去，我可不幹」、「只敢在鍵盤嘴砲，當兵了沒？」……等等言論，認為臺獨是一群掀亂的份子，想要破壞大家平靜的生活，這正合了郝柏村的胃口，當這些恐懼成為了被害的妄想，進一步擴大到了每一個提及臺灣意識的言，臺灣反倒成為不能說的名字，成為跩哥‧馬份口中的「那個人」，明明是令人喜愛的東西，卻成為人人避之唯恐不及的妖魔鬼怪。

　　如果臺灣能獨立，亦能保有和平，何樂而不為之？

　　但是「奴性」告訴我們，這不可能，所以我連一丁點意願朝這方面想，都不願意，反倒讓恐懼佔據了我們的心，而竊人以利，擴大否定那些不該否定的事，如果現在不能臺

205

獨，那麼不能擁有臺獨的想法是怎麼回事？難不成中共的雷達可以探測你的感知，中共的飛彈可以殲滅你腦內的革命嗎？

　　現實是什麼？現實就是在臺海危機之中，我們投下了神聖的一票給李登輝，在文攻武嚇之中，阿扁成為了總統，現實就是我們現在要舉辦選舉，而中國將這視為理所當然的事，沒有一個趙紫陽被軟禁，沒有一個學生被鎮壓，王丹在這看電視吃著泡麵。

　　現實就是你想成為一塊兔子肉，你就會被吃掉，而你想成為一隻活著的兔子，就要豎起你的毛，分析你優勢和劣勢，設想如何逃出這個困境。

　　你可以營造出一個危險的氣氛，讓對方感覺不太對勁，咬下去好像會少三根牙齒。你可以創造出一種友善的氛圍，讓對方覺得不吃你，好像也無所謂，你可以不是一隻兔子，而是一棵樹，理所當然的長在那裡，還能摩擦獅子的毛，不會有一頭獅子去攻擊一棵樹，因為他們知道彼此是如何的不同，彼此都是理所當然的存在。

　　若老想著成為獅子身上的一部份，就會被消化，排出剩餘。

　　習近平說：「尊重蒙古的獨立與領土完整。」

　　現實就是想在夾縫中求生存，你必須得先有生存的意志才行。

　　現實主義者、力量主義者，囿於ｆｕｃｋｉｎｇ　ｈｏｗ　ｄｉｌｅｍｍａ而不自知，聰明反被聰明誤，反成為被他人利用的對象，明明有最折衷安全的辦法，有充滿和平與無限可能性之未來，卻選擇交出自己的選擇權利、尊嚴和信心，活在憂傷之中而成為理性的囚徒，在現狀之中選擇悲劇

性的想像。

認清現實吧。

民主不能當飯吃，卻必須當空氣來吸。臺灣，是中國十三億六千萬對民主的想像，他們以此望梅止渴，自我安慰，看著臺灣的自由，就好像自己也長了雙翅膀，看著臺灣的困頓，就如同搆不著的葡萄「看吧，民主也沒啥麼了不起。」

因此，什麼也沒做的臺灣只是在那裡就產生了好處，中國人民因為中華民國而想像自己也是民主的，中國的統治者就不用擔心他們會爭取真正屬於自己的民主。

他們是不會認同臺灣獨立的，因為這戳破了自己的想像，好比飛鳥離開了自己的眼界，怎麼能放任著你自由而我忍受那不自由？他們也不會想真的統一，怎能射傷那翅膀而使得自己夢碎？這是很有趣的現象，不管飛鳥飛到哪，仍改變不了不自由的事實；不管飛鳥是死是活，自己不肯努力的東西就永遠得不到。

中國人亦如同陷入ｆｕｃｋｉｎｇ　ｈｏｗ　ｄｉｌｅｍｍａ的臺灣人，放著一個雙贏的選項不走，承認臺灣和自己是不同的，我們從來不曾自決過，我們應該公民覺醒，爭取屬於自己的民主，反而選擇墮入顢頇，認同政府所構築的輕薄的假象，理性的不斷複述：「臺灣是中國神聖而不可分割的一部分。」然後得到中國持續的自由倒退，臺灣不斷的向下沉淪，不理性的結果。

這就是博大精深的中華文化之精隨一同甘共苦的精神。

神父必須再次強調，ｆｕｃｋｉｎｇ　ｈｏｗ　ｄｉｌｅｍｍａ，述説的正是一個困境，兩個群體不論是妥協或

者合作，得出一個最好的結論使彼此擁有希望，而如果互相猜忌或背叛，則得出一個理性的意淫，使自己和他人面臨絕望，一起不知道為什麼而被奴役。Ｆｕｃｋｉｎｇ　ｈｏｗ　ｄｉｌｅｍｍａ有什麼好處？答案是完全沒有好處，少數統治者看起來是得利的，其實自己和家人也同樣的不自由，少數既得利益者看起來是富有的，實際上仍然共同享有無國界的無尊嚴。但是，ｆｕｃｋｉｎｇ　ｈｏｗ　ｄｉｌｅｍｍａ卻是如此的吸引人，宛若毒品一樣，行屍走肉的浪漫。

　　因為當一個什麼也不想的奴隸很容易，當一個充滿想像的自由人卻很辛苦。

　　臺灣的想像，其實很簡單，就是兩千三百萬的想像，兩千三百萬人在想什麼，我想還沒得到結論，住在這裡，活在這裡，承載著各式各樣的文化，各種不同的人，這個想像，很可怕，連中國的想像也能涵蓋進去，我亦不認為中國的想像就是條絕路，想像自己是活在臺灣的中國人，或者是活在中國影子下的臺灣人，都不是壞事，這或許只是個層級問題，你想要愛與隸屬，而我想要自我實現。

　　但若如此輕易的決定其中一個想像為絕路，那就真的走上了絕路。

　　神父的想像是臺灣民主共和國，但終究只是兩千三百萬個裡面其中一個想，而我的想像也是很強的，在我的想像裡，中華民族並不會消失，蘭嶼並不會被分割，沒有人會死掉，中國人可以來拜訪，服貿也能簽下去，在那圓桌上面，我們確認彼我是如此的不同。

　　所有人都能作夢，也所有人都能回憶，而我自己的前途，由我自己決定。

Ｙｏ，ｂｒｏｔｈｅｒ，我想看到這，你的左腦恐怕累了，但接下來，便要使用右腦，進入神父的另一個領域，你得決定一下是否要看下去才行，ｍａｙｂｅ你能站起來，俯視一下電腦，就像俯視花牌的對手一樣，讓自己思緒更加輕鬆一些。

　　Ｎｏｗ，神父要說一個故事：

　　話說神父的流浪歲月，總是會遇到意想不到的事，這就是自由的好處，你不會知道餓著肚子的自己會看見什麼。

　　這一天時逢仲秋，神父到了馬場町公園，拾了一碗白飯，夾配肉香，看著遠方多汁的肉塊同翠綠的青椒串在一起，讓人聯想起過往冤魂，被串在一起丟往淡水河的畫面。神父聞飽肉香，嚐了最後一滴米飯，選了首Ｕｎｄｅｒ　Ｐｒｅｓｓｕｒ放進卡夾裡。

　　登等登了登等，躺在石桌上給明月晒了一會兒。等到醒來的時候，月亮已經從左眼滑過了右眼，人群已像煙一樣散去，地上殘留的碎炭，吸吮著月光，流出寶石般的光澤。偌大的公園裡，只剩下我和我的單車發呆，神父抹抹嘴巴，趕緊將家當一包接著一包，掛了上去，小心的維持單車的平衡。

　　「Ｆａｔｈｅｒ？」

　　一陣鬆軟聲音從頭頂上傳來，神父抬頭一看，原來是一個小女孩，她正坐在公園的石碑前，馬場町的「町」字下面，焦茶色的頭髮，在街燈的照映下格外醒目。

　　「你是ｆａｔｈｅｒ嗎？」

　　「Ｏｈ……」

她膝蓋連接小腿上的位置，有一抹鮮明的傷痕，神父看得呆了。

她一溜煙的從斜坡上跳了下來，如果神父沒看錯的話，她還在空中轉體了三周半，然後雙腳穩穩的站在地面上。

「小妹妹，你這樣未免太危險了吧？」神父不禁為她捏了一把冷汗。

「哈哈，不怕，不怕。」她將小臉湊進了我的鬍渣，「根據占卜的結果，今天晚上ｆａｔｈｅｒ應該會出現在這裡。」

「那妳就錯啦～」神父說，「我每天晚上都在這裡的說，小妹妹。」

「所以你不是ｆａｔｈｅｒ囉？」小女孩露出失望的表情。

「也不用那麼失望嘛。」神父摸了摸骯髒的鬍鬚，「你是用什麼東西來占卜的呢？」

「這個。」小女孩拿出一副牌，上面有各式各樣的花樣，神父拿起其中一張，仔細的端詳著，上面有一個小孩和一頭毛茸茸的大熊，他們背對背，頭碰著頭，互相依靠著站立。

「這張牌的意思象徵著心情的不安，這張牌代表今天做什麼事都會不順......」她一張接著一張細說著。

神父打斷了她，「只計算未來的事，不覺得無聊嘛？」

她抬起頭，張大了梧鼠般的眼睛。

「不如我們用這個來玩遊戲吧？」神父說，一邊挪動壯碩的身軀，爬上了她剛剛佇立的地方。

「嘿！」神父拾了一些凋謝的花瓣，朝下灑去。

「你幹嘛呀？」小女孩拂去臉上的枯花，有些不明所以。

「Ｙｏ，猜猜看我現在想表達的是哪張牌吧！」神父指

著她手上拿著的五張牌。

「我又沒有說要玩 ......」小女孩咕噥著，不過還是仔細的搜尋手中的牌。

「我知道了，是這張！」她拿起一張，站在書堆上灑東西的小人，下面有黃衣的少女開心的接著。

「不錯嘛。」雖然只是瞥了一眼，隨意擺出的樣子，不過小女孩的反應還挺快的。

「妳叫什麼名字啊？」

「我叫做小冰。」她一邊說著，無暇的眼睛直盯著我，神父的味蕾顫動了一下，就像是不小心嚐到了滷汁中的茴香一樣，這小小的餘韻，持續了許久。

「那麼，小冰，就換你出題吧。」

於是我們玩紙牌遊戲玩了一個ｎｉｇｈｔ。

神父欣賞著少女為了紙牌做的每一個動作，她穿了一件黑白色的褲裙，一會兒舉起手指放在頭上，模仿一隻小牛，鑽來鑽去，一會兒對著路燈，手放在臉前面，假裝很亮的樣子，神父看著她的裙擺飄呀飄的，忍不住呵呵的笑了。

「為什麼你一直猜錯呀！」小冰氣喘吁吁的說，粉嫩的臉蛋微微漲紅。

「事實上是這樣的，以這張牌來說，妳的腿必須再張開一點。」神父將腿張成 Ｍ 字型，「像這樣。」

「你這變態！」小冰踢了我的下面以後，就消失在堤防的盡頭。

這一夜很快就過去了，神父含著淚珠醒來，蛋蛋的疼痛仍未褪去，我爬出水泥管，公園已經綴滿了陽光，澄色的大樹舒展著臂膀，不知名的雜草被風輕輕的揉，晌午的馬場町，就像隻溫馴的貓，我似乎可以感覺到牠半瞇著眼睛。

昨夜的喧囂被藏在垃圾袋中，神父將未飽和的大垃圾袋壓得扁些，擠出一些ｓｐａｃｅ，然後把較小袋的垃圾倒入其中。嗯，這樣我就得到一個小垃圾袋了。

　　「Ｆａｔｈｅｒ，你在幹嘛呀？」小冰雙手抱著裙子，出現在堤防上，「Ｆａｔｈｅｒ～」

　　神父懶洋洋的看了她一眼，又低下頭繼續做事。

　　「你在生氣嗎？」

　　「不，我沒有在生氣，只是哀傷。蛋蛋的哀傷。」

　　「那我跟你道歉。」她靈活的跳了下來，在空中翻騰了一周半，是個難度係數１．２的動作。「對不起。」她深深的向我掬了個躬，神父被這毫不做作的直率給打動了。

　　「沒關係，不過妳的技術還真好啊～這樣咻！的跳下來，然後這樣咚咚咚的轉了一圈，一點事也沒有。」

　　「因為我有在練跳水啦！」小冰被稱讚了，顯得有些不好意思，「我的夢想是，替臺灣拿下金牌，出國爭光。然後希望ｆａｔｈｅｒ能在電視上看到我的樣子……」說著說著，她的目光望向了遠方，那純淨的視線穿透了神父，我知道，她口中的ｆａｔｈｅｒ指的並不是我。

　　「妳ｆａｔｈｅｒ不在妳身邊嗎？」

　　「嗯，我小時候父母就分開了，我和ｆａｔｈｅｒ就失去了聯繫，現在我已經慢慢的想不起他的樣子了。」這下換小冰哀傷了起來。

　　「他一定在某個地方安靜的生活著。」神父說，「我覺得，你們有天會再相見的。」

　　「嗯！」小冰的臉龐恢復了神采。

　　「對了，你現在在做什麼呀，ｆａｔｈｅｒ？」她看了我手中的垃圾袋，好奇的問。

「我正在製作一項產品，把這些小垃圾袋的垃圾倒進去大垃圾袋中，再把空的小垃圾袋洗乾淨、曬乾，折好，便宜的賣給附近的婆婆媽媽們。因為臺北市有隨袋徵收的政策，限定人們只能使用特定的垃圾袋，於是神父就靠這個來賺二手的錢。」

　　「這是違法的吧！」

　　「是啊，這是違法的。跟連勝文的金衛ｔｄｒ差不多。」神父拿起其中一個，在公園的水龍頭下洗了起來。「妳不覺得人就像一個垃圾袋嗎？生下來，就是為了容納各種污穢，集滿了，被丟棄在垃圾車裡。好不容易傾洩了心中的不滿，再一次的被洗乾淨，不過仍然會被送到其他人手上，再一次的被玷汙，拋去。」

　　「垃圾袋的命運呵～」說著說著，神父唱起歌來。

　　「Ｆａｔｈｅｒ，太難了，我不懂。」她稀薄的眉頭緊緊皺在一起。

　　「Ｄｏｎ'ｔ　ｍｉｎｄ～Ｄｏｎ'ｔ　ｍｉｎｄ～」神父微笑的說，繼續整理垃圾袋，小冰則從口袋裡拿出一堆牌，隨意的把玩。

　　「Ｆａｔｈｅｒ～」

　　「嗯？」

　　「如果有一天，我和我的ｆａｔｈｅｒ見了面，他還認的出我來嗎？」

　　「這個嘛……」神父停下手邊的工作，「抽張牌看看如何？」

　　小冰點點頭，閉上眼睛，從牌堆中捏了一張。「呀！」翻開牌的時候，她忍不住驚叫了一聲，那是一隻穿衣服的黑色烏鴉，手上還拿著金色的十字架。

「這是⋯⋯一張不好的牌嗎？」

「不，我看很好吶，聽說烏鴉最會認人了。」神父一邊說，一邊學著烏鴉嘎嘎叫個不停，把她給逗樂了，我們嘻嘻哈哈的度過愉快的午後。

第二天，小冰又準時的在公園出現。「Ｆａ～ｔｈｅｒ～」她對著空無一人的公園叫著，神父隨即從草堆中探出頭來。

「妳又來啦。」

她興沖沖的跑來，空氣中散發一股食物的香氣。

「Ｆａｔｈｅｒ，你在幹嘛呢？」

「Ｏｈ～我在找今天的晚餐。」我指著插在河邊的釣竿，肚子卻咕嚕咕嚕的叫了。

「哈哈，你一定沒釣到魚吧？」

「哼哼。」神父不置可否。

「要不要吃這個？我營養午餐剩下的點心。」她搖了搖手中的袋子，原來，香味就是從這飄出來的。

「既然妳這麼說，我就勉為其難的收下了。」神父迅雷不及掩耳的搶過袋子，以防她又要作怪。

「Ｆａｔｈｅｒ你這個大笨蛋！」

「是什錦天婦羅呀！」我打開袋子，毫不客氣的吃了起來。

「好吃嗎？」

「普通。」神父將天婦羅塞入嘴裡，欣賞她滿臉慍色。

「拿來，不給你吃了。」

「這可不行，神說了，不可浪費食物。」神父快速的嚼完最後一塊，打了一個嗝。

「這不是白白要給你吃的！」小冰生氣的直跺地，「你

214

要答應我一個條件～」

「好，妳說吧。」神父很乾脆的回答她，讓她有點反應不過來.

「等等等......等我想到了在告訴你！」她說，神父哈哈大笑.

夜色慢慢籠罩著天空，風漸漸涼了，像是被奪走時針的錶，我們兩安靜了下來以後，只有搖晃的釣竿和一顆接著一顆掉出的星塵，在閃爍。

「吶，ｆａｔｈｅｒ。」

「嗯？」

「我跟你說喔，我被學校選為跳水隊的隊員了。」

「是嗎？還真厲害。」

「一點也不厲害，學校裡根本沒人會跳水，我會一點，所以就被選上了。」

「那還是很厲害啊～比別人多會一點，就會讓妳變得特別。」神父說，搔搔頭，又想到一個例子，「就像是冬天一樣，她硬是比其他的季節，還要讓天更快黑，然後就會讓人不知不覺的想到『噢，這就是冬天呀！』的感覺。」說到「的感覺」時，我順勢望了她一眼，她將她焦茶色的頭髮，梳到了耳根後面，神父笑咪咪的欣賞她耳朵柔嫩的紋路。

「但是我覺得這樣並不夠，憑我現在的技巧，太差勁了，這樣是沒辦法拿金牌的。」她凝視著河水，認真的說。

「冷死了，我要走啦。」小冰收拾起裝過天婦羅的袋子，和我揮手道別。

不知何時，我們已建立起情誼，她每天都會帶著營養午餐來到公園，施捨給神父。聽到那聲熟悉的「ｆａｔｈｅ
ｒ」，我都會下意識的回過頭來，像是巴夫洛夫所飼養的一

條犬，不曉得是在期待那點心，還是那個人。噢，多麼可愛的巴夫洛夫。

這一次，我又拆開了她的袋子，裡面是粉紅色的兔包子，剝開來，是甜蜜的綠豆餡，我津津有味的吃著，卻注意到小冰頭低低的，好像有什麼心事。

「Ｆａｔｈｅｒ，我可能不會再跳水了。」好半天，她才說話。

「花生什麼訴惹？」神父嘴裡塞滿滿滿的包子，隨意的問道。

「我跟你說喔！」小冰張大了眼睛，來了勁，「我們隊上來了一個中國籍的教練，他說臺灣的跳水界已經沒救了，連參加國際比賽都推不出選手，只能勉強找個裁判掛名，要不然，連名字都要消失，他說他好心來幫我們，要我們好好努力，多向中國選手看齊，以一個中國人為榮。」說到這，她小巧的嘴噘了起來。

「然後呢？」神父說，隱隱嗅到一股不安分的氣息。

「然後我就說，誰跟你是中國人？教練就生氣了。」

「哈哈哈！」

「他說除非我跟他道歉，不然他就不要再教我。Ｆａｔｈｅｒ，我該怎麼辦？」小冰像朵洩氣的荷花，感覺就要吐出蓮子。

「呃，其實他說的也沒錯。」神父說，「也許你該去道個歉。」

「為啥？我又不是中國人。」她瞇著眼睛，看著我，頗不以為然。

「重點不在這，難道妳真的想放棄跳水嗎？」

「我......」

「有時候妥協也是必要的。」神父嚥下被嚼碎的白兔，「就像這些小包子，他們看起來很可愛，對吧？」我將一些分給了她，然後再從她懷裡把剛給她的拿走。

　　「怎麼樣？妳會覺得可惜嗎？」

　　小冰搖搖頭。

　　「這我原本就要給你的，一點也不覺得可惜。」「沒錯，只要心裡不在意，其他人說什麼也就不打緊了。」

　　「但是 …… 我真的是中國人嗎？」

　　神父微笑不語。

　　我看著她瘦小但是飽滿的身軀，隱隱約約有兩個靈魂正在交會，先前的靈魂大了一些，幾乎要吞沒了另一個，但是微小的那個掙扎著，拚命的想要自己不被消滅，但是那終究是種假命題，從頭到尾的靈魂，只有一個，那就是她自己。

　　「看到墓碑的時候，我會想起祖先。」神父說，「看到一個童話故事，我也會想起祖先。但是穴兔是穴兔，家兔是家兔。你的家在哪呢？小兔子。」

　　我摸摸她的頭，她則不服氣的把我的手給頂開了。

　　「當然是臺灣！」

　　神父撤開了手指，望著皎潔的月光，總是來的那麼突然，明明剛剛，還能看見落日餘暉，灑在小小的兔包子上。

　　「夜光何德，死而又育？厥利維何，而顧菟在腹。」神父吟到，揀起一個，準備再吃，這次卻被小冰給奪了過去，她喜孜孜的吃下那個兔包子，露出得意的眼神。

　　「這是我的！」

　　「那麼，就隨意囉～」神父雙手一擺，假裝很無奈的樣子。

　　天涼了，她稍著她的微笑而去，下次見面的時候，還會

是頹喪的臉嗎？神父欣賞公園裡各式各樣人的表情，卻沒有一個像她那樣晴朗的令人深刻。她就像是初晨時天邊那一朵雲，染了點薄光，去留不由己，而我只能在這裡，安靜等待著。

「Ｆａｔｈｅｒ！不好了～」這天她驚慌的跑了過來，她不由分說，拉著我的手就跑，「快！快跟我來！」我們行到了一棵大樹下，還沒接近，就已經聽到了呀呀的刺耳鳴叫。和那難聽的叫聲不相稱的，是一地紺藍，一隻ｂｉｒｄ躺在自己散亂的羽毛中，奮力的掙扎。

「這隻小鳥剛剛在跟貓打架，好像受傷了。怎麼辦？ｆａｔｈｅｒ。」小冰拉拉我的袖子，露出求助的眼神。

「是山娘啊～」神父手湊了過去，那隻ｂｉｒｄ儘管受了傷，桃紅色的嘴喙仍然做勢朝我啄來，清亮的瞳孔點在一片蒼黃之中，顯得十分精悍，牠頭部的羽毛是黑色的，直至牠的胸，像是騎士的頭罩般，更讓藏在裡頭的雙目更為耀眼。

「山娘？」

「嗯，又叫做臺灣藍鵲，是一種典型的不知感恩之鳥。他什麼都吃，蟲啊、老鼠啊、蜥蜴啊，還有木瓜，什麼都敢攻擊，地域性非常的強，不過沒想到竟敢跟貓打架，真是蠢蛋。」說到這，神父的手冷不防給這隻小山娘給咬了一下。

「幹！」

小冰瞅了我一眼。

「我是說ＧＯＤ，呵呵。」

「看來牠也想跟我打架的樣子。」我與牠對視，殘破的身軀，卻依然擁有炯炯的目光。

「別鬧了，ｆａｔｈｅｒ，快救救牠。」

「妳看翅膀已經折成那樣，恐怕好不起來了。」我吹吹發燙的手指。

「你還記得嗎？你欠我一個條件喔！」她扳起了面孔，神父只得在一片「啊啊」、「喔喔」的慘叫聲中，展開救援這隻憤怒鳥的使命。

「Ｆａｔｈｅｒ，小心點，不要弄傷牠！」小冰在一旁下指揮，雖然說的容易，不過要在不傷害牠的前提下制住牠，勢必得讓自己多受點傷才行，神父抓起牠銳利的腳爪，順著牠的羽毛往後收，固定在長長的尾羽後頭。

「真美啊......」牠的尾羽紺與藍相間，穿插著點點的白，就像隻小孔雀，讓人忍不住讚嘆。

小山娘似乎察覺了我的意圖，不過只是不悅的發出幾聲低鳴。

「啊嘶～」神父將另一隻手撫在牠的胸前，輕輕的摩擦著，並且慢慢揮發出變態的氣息，儘管充滿了不安，但她還是順從在神父的手下，深邃的眼睛半瞇著，看起來十分的舒服。

「Ｏｈ......ｇｏｏｄ　ｇｉｒｌ．」神父說，然後輕輕的把她放在紙箱裡。

「你怎麼知道牠是母的呀？」小冰忍不住插了嘴。

「就像我知道妳一樣，對於少女，我可是很敏感的。」

「你你你！少亂說！」她圓潤的小臉閃現了一絲暈紅。

神父將這兩隻少女帶回了馬場町，拿出滴管，吮了一些糖水，湊近紙箱裡的小ｂｉｒｄ，但是她卻怎麼也不肯喝。

「讓我來吧～」小冰接過滴管，輕觸了觸她的下巴，小山娘彷彿有靈性似的，聽話的湊了過去，咬起了滴管，胸脯一起一伏，喝的十分起勁。

「好可愛喔～」小冰高興的說，一邊餵，一邊散發出母愛的光輝，就像是懷抱著耶穌的瑪利亞，舔著手上的糖水，彷彿流露出來的聖殤，冰冷的公園登時產生了溫度，神父在旁看著，不知不覺，也吸吮起自己的大拇指。

「好好照顧的話，她一定會好起來的，然後展開翅膀，再次在天空飛翔～」她說，此時她幼小的臉，浮現希望的神采。

「但願如此。」神父看著那被折彎而且已經變形的翅膀，說道。

一人一鳥，不久就建立了感情。在細心的照顧下，小山娘很快的就能跳出紙箱，她的羽翼漸豐，胃口也很好，小冰不知哪找來了許多麵包蟲，一點一點夾著餵，有時候甚至會不小心掉幾條在給神父的點心裡。

「屎蛆！」那蠕動的囧樣，嚇得我驚叫，不過也只能含淚水吃下去，其實味道還滿不錯的。

～

我記得那段偶爾不小心吃蟲的日子，也記得那隻鳥是怎麼走的。

那是一個晦暗的早晨，沒有陽光，通常我們看到慘白的天空，就會這麼想，但事實上，伸出手指依然能看的見自己的指紋。

我縫著衣服，將一個畫上十字架的口袋，縫在一個長滿鬍渣的小人上，蓋住他長滿毛的下體，當我縫了第五件的時候，小冰就來了。我們約好在公園見面，她說，她想看這隻青鳥飛起來的樣子。

小山娘看到她來，隨即從紙箱拍拍翅膀，跳到了她的肩膀上，這一天近秋，早晨有點涼，她挨著她，將暖澎的翅膀挨近她的小臉，她們享受彼此的溫度，一切如此平和。我也鬆了一口氣，看起來，她們的狀況都還不錯。

　　「Ｆａｔｈｅｒ，你在幹嘛呀？」

　　「我在做家庭代工啊～」

　　她好奇的湊了過來，「哈哈哈哈！好奇怪的衣服！」她笑的眼角溢出了淚水。

　　「會嗎？」我拿起衣服，左看看，右看看，還挺好的啊。

　　「這可是個不簡單的東西。」我不服氣的說，「應該可以賣個好價錢。」

　　「鬼才會買哩～」她頻頻試著眼上的淚水，神父此時套上了衣服，不過太小了，肥肉整塊露了出來，她又笑了一會兒。

　　「來，送妳一件，祝今天的飛行順利。」

　　「我才不要呢！丟臉死了。」她大聲吐嘈，氣氛也變得輕鬆了許多。

　　我們走到了當初發現小山娘的地方，準備要放她飛行，經過了好些天的休息，她的傷口癒合了，羽毛也長回來，小冰捧著她的翅膀，卻還有些猶豫。

　　「放她飛吧。」神父說，小冰鬆開了手，朝天空拋去－－

　　小山娘展開羽翼，朱紅的腳掌，美麗的臂膀，藍的、白的，垂的長長的尾羽，她就像是勇敢的天使，逆光飛翔。

　　就在這個ｍｏｍｅｎｔ，她像斷了線的風箏，墜落到地上。我和小冰急忙跑了過去，她忍著痛在地上掙扎著，就像那天一樣。

　　「再一次 ...... 一定可以的 ......」

「我們已經試了好幾次了。」神父說，「她恐怕無法飛了。」

「你亂說！」她抱起了她，貼近自己的臉，有一些淚珠，滾過了湛藍色的羽根，如同蓮葉上的纖毛，始終止不住水滴的滑落。

我們又試了一次，但是又失敗了。小山娘「嘎嘎」的叫著，看起來十分痛苦。

「不要再試了。」我拾起疲累的小山娘，順著羽毛，收住了她的腳，但這一次，我的手沒有放在她的胸上，而是游移在頸邊。

「我們說好了，這次再失敗的話，就要結束她的生命。妳頭轉過去吧。」神父背向她，手裡可以感覺到小山娘跳動的脈搏，只要一下，就可以結束了，沒有痛苦的。

「不要！」小冰拼命捶打我的背，「我們可以養她！我還可以找很多、很多的麵包蟲！她可以過的好好的！」

神父緩緩的轉過來，憂傷的說道：「她是一隻臺灣藍鵲，她是一隻驕傲的臺灣藍鵲，她自由而且充滿了野性，不應該被任何人飼養，她不屬於任何一人，她只屬於她自己。」

小冰聽了，呆呆的放下了手。

「你去吃大便！你去吃大便啦！！」她歇斯底里的大叫，跑到了河堤邊，神父嚇了一跳，她從來不會說這麼粗魯的話。不過沒多久，她就安靜了下來，她蹲著，緊緊抱住自己，將臉埋在膝蓋裡。

面對著無語的新店溪，一切似乎都被接受了，我感覺腹中有些東西正在翻攪，最後，我閉上眼睛，輕輕的，使上了力氣，放出一個濕屁。

「啊，對了，我想到了一個好方法。」神父說著說著，

就鬆開手。小山娘掙脫了，一蹦一跳的來到她的身邊。

「你這個大笨蛋！Ｆａｔｈｅｒ，你是大笨蛋！」小冰又對著河水叫了起來，但此刻，她的聲音混雜了喜悅和淚水。

接著，我用我的破鐵馬，載著小冰騎在中山北路上，她手裡拿著一個小紙箱，裡頭裝著國寶級的小山娘，我這搖搖欲墜的車子，如今載著兩個尊貴的生命，通常只會放著棉被的說。

小冰依然對我的話語不明就理，不過心裡十分高興，我想，是因為她又能和她的朋友在一起了，面對呼呼吹來的風，以及佔據了整條路的計程車和小客車，大概又是老爺酒店前面，那群衣著光鮮的人們招來的吧，神父嘴裡唸唸有辭，一邊晃過了好幾個條通。

神父一邊騎著，一邊加快齒輪的旋律，在各種夾縫裡尋求出口。

「小天使？」

「對啊，小天使。」在風中她這麼問著，然後我自然而然的回答，「我們去找小天使吧，祂一定能打破這愚蠢的前提。」

小冰還想多問些什麼，不過我沒有理她，讓呼呼吹起的風掩埋她的問題。

我們行到了美術館旁，神父將車停在橋下後，就帶她到一個隧道裡．越是充滿藝術氣息的地方，越鮮為人知，這隧道又是藏在藝術品中的藝術，瞧瞧，那麼大的地方，居然連個人影都沒有，肯定是個藝術了。

我和小冰走進了這個長長隧道，它是由糾結的藤蔓串成上面，還開了一些撫子色的花，但它並不如宮崎駿的電影裡

那樣森幽嫻靜，有些花的顏色只染了一半，就無力的垂軟了下來，在地上那些腐爛的，就好像是消化的剩餘，走的更深些，落下的水珠又涼又黏，不由的令人懷疑是否身在某人的腸壁裡。

小冰抱著箱子，走了幾步，就得停下來看看裡頭的小山娘，她倒是安靜了，一路顛簸，卻不吵不鬧，也許是累了吧。

我們停在一個寫著「天使生活館」的招牌前，「就是這兒了。」神父說。

「可是ｆａｔｈｅｒ，上面還有往前指標耶，應該要繼續走吧？」

「哼哼，那是掩人耳目的做法。」我摸著上頭斑黃的字樣，「ｌｏｏｋ　ａｔ　ｔｈｉｓ」，殷勤而熱切的摩擦著，小冰一臉疑惑，就連箱裡的山娘，也忍不住探出頭來。

「啊……」我重複相同的動作，表情也變得吃力起來，斗大的汗珠自額頭上滑落，我們所在的一切，也慢慢有了改變。隧道旁的荊棘，突然動了起來，像是被挹注了生命似的，從兩旁分開，神父越發的興奮了，荊棘也像是有所回應，當我提高了節奏，它也就分的越開了。

「嘶……」

最終，出現了一個小穴，「我們快進去吧。」神父氣喘吁吁的說。

我們一行人鑽了進去，神父壯碩的身軀，佔滿了整個穴，不得不低頭往前爬行，小冰也彎了腰，但是走沒幾步，就把箱子弄倒了。

「嘎嘎！」小山娘跳了出來，紺藍的羽毛落了一地，她一邊叫，一邊啄神父的屁股。

「幹！」

「Ｆａｔｈｅｒ？」

「我是說，ＧＯＤ，呵呵。」

我忍著痛，繼續向前爬行，慢慢的，我可以微微蹲起，背也能挺直了，等到我像直立人那樣站起的時候，目的地也就到了。

那是一個不可思議的房間，地上堆著五顏六色的落葉，有一些松果懸在天花板上，四周的瓶瓶罐罐，則插滿了鮮花，神父用腳拂去一地的葡萄鼠葉，毛茸茸的地毯就露了出來。

「這裡有人嗎？」小冰緊張的問。

「應該算是有吧！」神父說，打開長滿青苔的木門，走了進去。

迎面而來的，是一陣木頭的香氣，裡頭是個臥室，散發著神聖的氣息，小冰一不留神，踢到了一個劍球，神父將劍球撿了起來，插在一旁的藥罐裡，那上面還擺著直笛。接著，我做了一個保持安靜的手勢，指著不遠處一床鼓鼓的棉被。棉被一起一伏，傳來甜甜的酣聲，那棉被厚的異常，足足有三層左右，看來，裡頭包裹著的人應該很怕冷。一旁的小山娘則叼起不屬於自己的白色羽根，循著地板望去，這樣的潔白，堆疊了許多，似乎顯示它們的主人是個不凡的人物。

「小天使大人。」神父忍住笑，放慢自己的呼吸，悄悄的捱近了祂身邊。

「小天使大人～」神父稍微提高了音量，但是叫了幾次，都沒有反應。

「喂，小天使，幹活了！」神父一腳往棉被踢去，那一團登時發出了可愛的叫聲，祂拉下棉被，抖抖柿色的頭髮，大大的眼睛，一臉茫然。

「踢屁啊～混蛋！」小天使罵道。

「抱歉抱歉，因為您怎麼叫都叫不醒呢。」

小天使聽了，瞪了神父一眼，好像有什麼話想說，但還是爬了起來，走到一個有水槽的房間，清洗祂的臉。小冰驚訝的看著這一切，聽著另一頭傳來嘩啦嘩啦的水聲，覺得這一切都不太像真實。

「Ｆａｔｈｅｒ，這裡是你的房子嗎？」

「勉強算是吧。」神父說。

「這裡是我很久以前發現的秘密地點。」

「那你為什麼不住在這呢？」

「Ｏｈ，因為我喜歡流浪的感覺，而且平常，我是不被允許來這的。」

小冰正想要繼續問下去，但是小天使已經梳洗好，邊擦著頭髮邊走了出來。

「你這個大木頭，又帶來一個麻煩的小傢伙。」小天使打量著眼前的少女，「請問妳有什麼願望嗎？」祂沒好氣的說。

「請問祢真的是天使嗎？」

「是呀～」祂鼓動背後的一對小翅膀，這是人類不曾有的部位，小山娘看了，在一旁喧囂了起來。

「別緊張，小東西，」祂低下頭對著她說話，好像能聽懂鳥語似的，「妳也和我一樣，有對不能飛的翅膀呢～」

「天使姊姊，可不可以請祢幫幫她，治好她的翅膀呢？」小冰說。

祂瞇著眼睛，仔細的打量著她，「應該可以，不過要付出點代價。」

「是什麼代價？只要是我能做的，我都會盡力去做。」

226

小冰露出堅定的眼神。

「恐怕沒那麼簡單呢～」

「小天使大人，且慢，」神父忍不住打了岔，並且從口袋裡掏出一枚十元銅板，「用這個如何呢？」

「你不能每次都用十元銅板！」小天使見了，突然生起氣來，一掌拍掉了我手中的硬幣，「你－不－能－」她氣的直發抖，聲音高了幾個分貝，神父無奈的搗住耳朵。

「那好吧，祢說說要什麼代價。」

「這個……我也不知道呢。」她咬咬下唇，顯得十分為難，「要試過才知道。」

神父嗅到了一絲不尋常的氣息，轉過去對小冰說，「我看還是算了，也許這個代價，不是妳能承受的。」

「不行！」她看著箱子裡的夥伴，「我們說好了，要讓她能飛起來。而且你不是說了嗎？她是一隻驕傲的臺灣藍鵲！」

神父嘆了一口氣，回過來對小天使說，「不能由我來代替嗎？」

「不行！你身上已經沒有擁有價值的東西了。」

我看了看一身孓然的自己，這話說倒是令人難以反駁。

「天使姊姊，我已經決定好了。」她走近了祂，儘管仍帶著一絲膽怯，但還是往前走了，那份勇敢，就好像是仙女座走近了海神。她將手中的小鳥遞給了她，顫抖地說：「請給她自由。」

小天使接過小鳥，隨即化成了一團藍白色火焰，靜謐的燃燒著，當她再次將火傳遞與她，琉璃一樣的焰火，隨即遍滿她全身，小冰忍不住「啊」的叫了一聲，但說也奇怪，一點也不感到灼熱或痛楚。

神父如同置身在小獵犬號上，凝視著聖愛爾摩之火，我的耳中彷彿聽見了雷雨聲，我們身處的這個樹洞，原本就一點也不乾燥。那火星子，漸漸的散了，藍色的灰燼裡，飛出另一抹紺藍，小山娘的翅膀，更加緊密且結實，她拖著長長的尾巴，在我們身邊旋繞，這美麗的尤物啊，如今，已不再捨得墜下來了。

　　「飛起來了！飛起來了！」小冰高興地拍手大叫，她的頭髮還在熊熊燃燒著。神父趕緊走過去，拍熄她頭上的火焰，她稚嫩的側臉，溫柔的眼眸，始終盯著她所摯愛的朋友，但是青鳥啊，只是飛幾圈，低鳴幾聲，就從樹窟裡飛走了。

　　小冰緩緩的放下舉起的手，目送她離去。

　　「呿，真是個不知感恩的傢伙。」神父咕噥了一句。

　　我們出了樹洞，小天使在後頭揮手道別，她打了一個大呵欠，當作臨別紀念。神父摩擦招牌，荊棘靠攏，又回復原來的形貌. 小冰仍然緊抱空蕩蕩的箱子，我擔心的看著她，那「代價」到底是什麼呢？

　　她向我微笑，看起來一點事也沒有。

　　「我送妳回家吧！」神父說。

　　我踩起踏板，從中山北騎到中山南，她靠著我的背，一路上都不太說話。我們騎到了自由廣場，停了下來，這段路騎太久了，讓我的腿好酸。

　　「妳下來，我們休息一下。」神父說，但是她好像沒有聽見似的，「妳先下來，我頂不住了。」

　　小冰始終不肯下來，我往後座看去，她的眼淚像是潰堤似的，直從臉頰滑落。

　　「Ｆａｔｈｅｒ，我……好痛……」

　　神父不禁慌了，費了九牛二虎之力，好不容易，才停妥

228

了車，把她給搬了下來。

「妳怎麼啦？」我焦急的問。

「我的腿好痛，站不起來了。」她說，神父擺直了她的小腿，輕輕的彎了彎。

「這裡嗎？」

「不是。」她搖搖頭，指了指自己恥骨，神父伸手過去，捏了一下。

「嗚嗚......」她那濕潤的眼睛又擠出了一些淚水。

「看來是縫匠肌出了問題。」

「什、什麼是縫匠肌？」

「古代的裁縫師總是腳踩著縫紉機，日復一日，大腿附近的肌肉特別發達，人們就稱呼這條肌肉為縫匠肌。」

「如果壞掉了會怎樣？」

神父搖搖頭，嘆了一口氣，「那恐怕就不能當裁縫師了。」

小冰聽到這，撐著自己想站起來，但卻像斷了線的人偶，又跌坐了下去，在股間即將碰撞地面的時刻，神父將她攔腰抱起，這時已顧不了什麼人倫禮節。

我叫了一臺計程車，將她送往醫院，她的腿不能動了，我在心裡默念了這些字好幾次，並且感受到自己為她所編織的故事，是多麼荒誕可笑。我始終不敢看她，不過卻隱約感覺到她在盯著我，像是盯著一個犯了錯的孩子，明明，我的年歲比她大上一輪才是。

我別過頭去，假裝看著窗外，紅燈了，催促著車子停下來，有一個媽媽推著稚子，十分吃力的走在斑馬線上，推車的輪子很小，她的肚子微凸，好像又懷了一胎。黃燈即將轉成綠燈，那母親和另一頭街角，還差了點距離，我屏住呼吸，

看著小輪子卡在人行道間的落差上，她踩了那個小推車的後稍，終於把兒子斜斜的推了上去，一陣晃蕩，我們的車子開始發動，我看著她和她的背影，幸好，她已攜著兩個生命平安離去。

「先生，到了。」司機說，我從內褲裡取出兩張老舊的鈔票給他，然後抱起小冰，找了台輪椅放上去。

一路上，凹凸不平，我小心翼翼的推著，看著她雪白的頸子，突然浮現了她長大後的錯覺，該不會，往後她都得被這樣推著吧？

進了急診室，招呼我們的，是一位長得很像猴子的醫生，他微笑的安慰小冰，說要先做個檢查，要她放輕鬆，但是神父已從那皮笑肉不笑的表情，看出端倪。

「醫生，到底她的情況怎麼樣？」我把他拉到一邊的小角落問。

「邀受喔，她整個大腿的肌腱都斷了。」

望著遠去的擔架床，神父整個心都涼了。

「那有辦法治好嗎？」

「我想是這樣啦，一定要開刀，然後術後再做複健，之後我們再看情況。」

「最壞的情況會怎樣？」

「我想是這樣啦，也許可能不能走路，不過那是最壞的情況，機會一半一半。」這位醫生咧著嘴，拍拍我的背，「我想是這樣啦，也不用太擔心，我們一定會盡力幫她，現在坐輪椅的不是很多嗎～」

神父瞪了他一眼，離開了急診室，只覺得這醫生真是白目．我想起小冰述說自己跳水夢的畫面，她說她要拿金牌，要給她的ｆａｔｈｅｒ看。想到這，腦袋就一片空白，栽在

一旁的盆栽邊緣。

　　早知道就不要帶她去見小天使了，早知道就不要管那隻臺灣藍鵲，早知道代價這麼沉重，就不能讓她犧牲自己的自由換取別人的自由。

　　「Ｆａｔｈｅｒ，自由，是什麼呢？」在加護病房裡，她突然問了一句。

　　「自由啊～就像腦殼裡養了七隻蝴蝶，有一隻青色的，穿過透明的腦膜，往外飛去，但是我們看不見她，這就是自由了。」

　　她瞅了我一眼，好像對這個回答不太滿意。

　　「我該走了。」神父說，「等一下妳媽媽會過來，要加油喔！會好起來的。」這話說的連自己都感到心虛，我無法面對這個小女孩，我教她的事，說不定一切都是個謬論。

　　「我不後悔喔。」她看著我的背影，好像猜透了我的心思。

　　「謝謝你，ｆａｔｈｅｒ。」她說。

　　神父在櫃檯結清了手術費，就像隻鬥敗的犬離開了，內褲裡已經不存在半毛錢，我只好用走的。天慢慢黑了，失了魂的鬼魅，回到了大腿和恥骨之地。

　　生鏽的鐵馬在那裡等著我，他太舊了，沒人想偷。我點了一根菸，望著那牌樓，應該有什麼，是腐朽的我能做的，應該有什麼才對。

　　「喂，小天使。」神父拄著兩條腫脹的大腿，再一次敲開了天使的大門。

　　「幹幹幹幹幹……幹嘛呀！！」她慌張的放下手中的針線，張開雙手，把桌上的白色羽毛，都靠攏在一起。

　　「我還想問妳這個問題呢。」

她用小小的身子企圖擋住我的目光，不過線呀、毛的，都掉了一地。

　　「因為人家最近在換毛嘛！掉了一堆，很可惜，所以就拿來做枕頭。」她漲紅了臉，「你有意見嗎？」

　　「不不不，我哪會有什麼意見呢。」神父恭敬的說。

　　「我想請妳實現我一個願望。」

　　她狐疑的看了我一眼，「我不是說了嗎？你身上已經沒有任何擁有價值的東西了。」她哼了一聲。

　　「但是現在我已經有了一個純潔的代價。」

　　「喔？是什麼？你說說看。」

　　「永遠不能和心中所愛的人相見面。妳覺得怎麼樣？」

　　小天使微笑了一下，碰觸我的肩膀，於是神父熊熊燃燒了起來，沐浴在藍白色的火焰中，蒸得我十分舒服，原來，這就是奉獻自己的感覺。

　　我和小天使，一起在針尖上跳舞。

　　小女孩被送到醫院裡，已經逾一個月。她剛開完刀沒多久，醫生吩咐她，還不能隨便起床走動，她已經玩了一整個下午的牌，不過，她始終找不到最喜歡的那一張，拿著金色十字架的黑色烏鴉。她覺得很無聊，醫生說手術很成功，再過幾個禮拜就能回家了，拜媽媽給她保的醫療險之賜，她擁有一張大床，還有一臺電視，不用跟其他人擠在一起。醫生偶爾會過來跟她聊天，她都會很高興的說起，在公園遇到一個流浪漢的故事，但是她已經很久沒看到他了。

　　「他會不會還在公園等我呢？」小女孩自言自語。

　　「我覺得是這樣啦，他說不定是個變態，想要把妳拐走。」醫生說。

　　「才不是呢！我們還說了很多有關夢想的事。」小女孩

大聲反駁。

「醫生，你有什麼夢想嗎？」

「我想想，」他抓抓頭，「我想幫助更多像妳這樣病人。」

「你少騙了啦！」

「嘿嘿，被妳發現了。」

「其實我想當市長。」

醫生哈哈大笑，小女孩卻很認真的告訴他，夢想一定要努力的去實現。她望著棉被，小心的挪動裡頭的雙腿，雖然給繃帶纏的緊緊的，不過已經能靈活的動了，她滿足的擺了幾下，然後按下遙控器，打開了電視。

「現在為您轉播的，是海峽杯的女子跳水比賽。」體育主播字正腔圓的說著，然後畫面帶到了有著高聳跳水臺的游泳池，「這是一年一度的跳水盛事，現在進場的，是北京來的選手......」

小女孩仔細盯著畫面，想要觀察選手每一個動作，好把他們學起來。

「為什麼我不能進場啊！」場邊突然傳來一陣騷動，中斷了正在轉播中的比賽，「我有穿泳衣啊！」一個男子和工作人員起了爭執，鏡頭急忙帶了過去。

「先生，問題不在這裡......」

「我有穿泳衣，快讓我進去。」男子指了指身上的 T 恤，上頭有個鮮明的十字架，小女孩突然覺得十分熟悉。

「但是你沒穿褲子啊！」工作人員衝上去，想把他架起來，但是那男子卻滑溜溜的，怎麼抓也抓不住，一下子就穿破了封鎖，跑進了選手區，女子選手們紛紛發出尖叫。

男子光著屁屁爬上了跳水臺，鏡頭還來不及打上馬賽

克，他已經站在上頭了。

　　「我要將這一跳，獻給一個善良的小女孩。」「順便跟她說聲再見。」他說，然後採取了臂立式。

　　群眾一陣嘩然，警察也一個接著一個爬了上去，但是已經來不及了，鏡頭帶近了他，給了一個大特寫，男子的大鬍子，清楚的浮現在大眾面前。

　　「Ｆａｔｈｅｒ！」小女孩忍不住驚呼，只見那男子彷彿聽到了似的，倒立的他，頭緩緩的偏向鏡頭。

　　「我不是ｆａｔｈｅｒ，我是名為變態的神父。」

　　「臺灣獨立萬歲！」男子大叫一聲，手一擺，肥肉抖動，用一種愚蠢的姿勢往下墜去，幸好，馬賽克及時遮住了他的大〇〇。

　　「這壓根兒根本就是褻瀆跳水這項神聖的運動！」主播拿起麥克風大罵。

　　男子在空中，並沒有做出任何動作，只是屁屁往上翹，在接近水面的時刻，頭和手指仍沒有準確的插入，眼看就要跌個狗吃屎了。

　　「您們看看，這傢伙根本不會跳水呀！」

　　說時遲，那時快，男子弓起的身子，突然奮力擺動，將下半身對準水面，就在這個ｍｏｍｅｎｔ，「嘩啦嘩啦！嘩啦！嘩啦啦啦啦啦啦啦啦啦啦啦啦啦啦啦啦啦〜〜〜〜〜〜」大〇〇激起了無比的水花。

　　那主播再也無法說話了，因為那水花實在大的誇張，幾乎要把游泳池裡所有的水，都給射爆了出來，水流呈現飛瀑怒濤之勢，仰起了數十丈之高，宛若天龍飛昇，錢塘江的大潮，喔不，應該說是颱風夜中的花東海岸，來的貼切許多。水衝上了高樓，連主播臺也無法倖免，主播吃了些水，發

不出聲，觀眾席上的人們哀嚎著，止不住的水至泳池蔓延開來，很快的，連攝影機都給沖滿了，一陣激流後，畫面黑暗，電視也斷了訊息，只能進廣告。

　　Ｙｏ，ｂｒｏｔｈｅｒ，真是場大災難啊。

　　事實上，根據Ｅｒｉｋ　Ｅｒｉｋｓｏｎ[8]的觀點，「心理社會化」其實分了許多階段，在小嬰兒半開眼睛，好奇的看著這個世界開始，儘管視網膜可能尚未發育完全，儘管他的ｅｙｅｓ，所看到的景象是模糊的，但他已經在信任與不信任之間，互相衝突、拉扯，而天人交戰，當他終於信任這個世界，得到了ｍｅｒｃｙ、溫柔和安全感，那麼，他就會進入下一個階段。

　　他並不會刻意的去探索這個世界，你知道的，在黑暗的襁褓中，就像在媽媽的子宮裡，是十分舒適的，他不用費勁的去感受，除非你逗弄他，給他一個奶嘴，他才會有所回應，啊啊的哀叫著，慢慢成長，你知道的，小孩子放著不管，也會自然而然的長大，不過呢，會有那麼一瞬，那麼一個偶然，他才明白，這是怎麼回事。

　　當他撒開五指，覺得奇怪，怎麼他的手指會動呢？這個手指，是誰的手指呢？感到疑惑，當他跌倒了，突然失去身體的支撐，而不再進行摩洛反射（Ｍｏｒｏ　Ｒｅｆｌｅｘ）摸摸自己的臉頰，感到痛楚。

　　這是誰的臉呢？這股疼痛，又來自什麼地方？

　　「叩、叩。」

　　他突然明白了，這是我的臉啊，這是我的手，這是我的痛，這是我。

8　德裔心理學家愛利克 · 艾瑞克森。

我是我。

他會臉紅紅的，他終於懂了，當他明白這一件事，他會感到無比的羞慚。

為什麼，到現在，才明白這一件事，這一件，無比重要的事，自己才是自己的主人，這件理所當然的事，他開始哭了，這是你不知道的事。

Ａｕｔｏｎｏｍｙ　ａｎｄ　ｓｈａｍｅ。

Ｙｏ，你聽到了嗎？

「叩、叩。」

幸福的青鳥已經來敲你的窗。

「叩、叩。」

去打開窗子吧。

你會看到一隻，驕傲又充滿自信的，臺灣藍鵲，ｔｏｍｏｙｏ。

᷌

※ 發信站：批踢踢實業坊 (ptt.cc)

推 tyrande: 神父 午安 好久沒看到神父文

推 hankwanghow: 我靠 首推

看完應該可以喝下午茶了，ｂｒｏｔｈｅｒ。

推 uhmeiouramu: 幹 123 頁怎麼看啦 幹

推 dirubest: 123 頁 ...

挑戰看看，ｂｒｏｔｈｅｒ。

推 kanec: 神父 !!!!!!! 小女孩跟水準都回來惹 !!!!!!!!!! 我有罪

推 Jason0813: 幹。 我是說 God. XDDDDDD

推 octopus4406: 神父！！

236

推 ejnfu: 看到一半放棄… 我有罪。你們之中誰認為自己有完全看完，可以噓我

可是會噓到我耶，ｂｒｏｔｈｅｒ。

推 Zazzi: 寫論文嗎

推 rin0sin: 太長了，看到 30-40 頁先停一下，吃個午餐回來繼續

推 jackervator: 神父回來了

推 PKboy: 為什麼前面是社會學論文後面變成小說了？？？？？

這就是神父筆法的精采之處啊～ｂｒｏｔｈｅｒ。

→ shizukuasn: … 這是剛剛打的嗎

不要這樣嘛，ｂｒｏｔｈｅｒ。

推 jay19910413: 看完會哭，我說真的

Ｏｈ！這真是最美好的禮物啊～

依照這個邏輯來說，沒錯！

推 KingKingCold: Ｆｕｃｋｉｎｇ　Ｈｏｗ　Ｄｉｌｅｍｍａ

推 sendicmimic: 我跪了半天讀這篇，然後報警。

推 ButterChung: 靠杯 看了一段才發現還一大堆 神父啊 原諒我用手機

推 aMBer1260: 神父三頁了！！我一直滑、一直滑、一直滑

我回推文也是一直按呢，ｂｒｏｔｈｅｒ。

推 beabigegg: 前面很正常 後面小說害我為小女孩的貞操擔心了

推 NightBird: 百推內看完！看到小天使還以為會出現玩夠了沒的梗 XDD

推 ZJScott: 看完了 菜逼巴難得能推神父文 這跟之前臺灣共和國那篇差

→ ZJScott: 不多 都會一直哭著看完

→ ZJScott: 不過神父還是很會拿捏人的崩潰線 快受不了時就穿插變態點

沒想到連臺灣民主共和國篇你都看完了，真是感謝啊！ｂｒｏｔｈｅｒ。

推 pin0511: 有感動到…但神父太爆氣啦神長耶

推 king0522: 神父我看了 85 頁才 end，快點出書啦 !(敲碗

推 Xima: 你為什麼可以讓我表演出眼淚流出來又縮回去數次的神奇魔術？

推 Fanicom: 一頓下午茶 配一個變態神父 ╱_>＼

ｙｏ～

推 star123: 看完頓感人生充實

推 yuhu: 感恩神父 臺灣獨立萬歲 ~

萬歲 ～

推 ru8vmp: 上次文章被嗆太短，爆氣了，哈哈哈

推 qtzero: 這長度 … 我有罪

推 urreed: 拜讀完大作 然後收藏

推 joey19870429: 神父你可以出書嗎？真的太精采了！

推 henry1915: 感恩神父 讚嘆神父

推 HornyDragon: ...... 幹，今天的神父怎麼這麼長。

推 shiounio: 好好的一篇 ｙｏ文，卻被冗長的故事打亂雖然故事還騙了我些淚珠

推 zx2767842: 神父 ~~~ 每偏都寫到心坎裡啊 ><

推 k04121226: 神父，我看了一個小時啊 有小女孩的神父文真是太棒了

我也是這麼認為ｄｅｒ。

推 TARONHSAU: 幹，神父你在寫論文喔

推 officeyuli: 突然發現小天使是以前故事出現那個被十元買
走的那個

推 ariadne: 長長的 看完才發現腿毛都打結了

推 Mrchoco: 之前誰嗆神父太短的出來負責！

推 a34567: 你害我在日本的電車上落淚了 :(

推 homer0403: 民主不能當飯吃，卻必須當空氣來吸

推 indietaiwan: 史詩鉅作 !!!!

推 ienari: 神父我看到 10% 改天再來看

→ ienari: 神父你在寫論文還是寫小説嗎？ 今天怎麼這麼長
啊

推 este1a: 邊笑邊掉眼淚

推 skugin: 看完左腦後放棄

現在放棄的話，比賽就暫停了，b r o t h e r。

推 kixer2005: Fuck 壞伯伯

推 mike1212: 看完惹 QQ，神父平常都住在草叢裡是吧 ...

推 wakenpig: 説好的兩百頁呢

推 aaxine: 看好久 QQ 神父是學哲學的吧 !!

我是學習，變態學，b r o t h e r。

推 Lincolnicht: 幹終於讀完了

推 ococ1212: 搞得我也想當神父了

推 ray771208: 從中午看到晚餐 好文共賞

推 fish005: 這麼常有好像很有內涵 ... 只能推了

推 RWAllenL: 小天使是之前賣木炭還啥的那個嗎？XD

好記憶，b r o t h e r。

推 sb710031: 神父 !! XD

推 panda816: 神父你是想出書嗎

推 yangsofunny: 幹 臺灣獨立萬歲 Q_Q

推 WaveTy: 認真看完了，感動的 Father

推 waeting: 好背背一個月領多少退休俸？還敢在那邊屁！

推 likeway: 居然看完了 ... 神父這個故事就是在說臺灣人吧！

推 jackjack0040: 我心動了，小冰可以送我嗎

推 unknowaabb: 小説部分好帥，被感動到！

推 adalyn: father 我看完惹 ~~

推 w5723865: 神父我有罪

推 sdd123g: 看完啦 朝聖

推 mocca000: 幹 今日又被神父救贖了 謝謝你神父

推 buncle123: 神父！我看完了，這故事能改編成劇本該有多
好

推 k862479k: 每次看完神父文章總會省思某些事情 我想懺
悔 神木

讓年輕的來！

綠色之船

Green Boat

青年失業率高

神父，你好，我是一個剛出社會的學生，平時
喜歡看一些評論，最近看到職場雜誌的編輯臧
聲遠説的：年輕人對夢幻工作和血汗工作有
很錯誤的憧憬，例如貨運司機月薪六萬
沒人要做，只想坐辦公室吹冷氣，
都是一堆媽寶。我聽了覺得
憤怒，但是又不知道該
怎麼反駁，年輕人
真的是媽寶嗎？

新鮮的肝　敬上

臧 X 遠

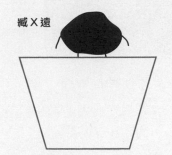

現在年輕人都對「夢幻的工作」
和「血汗的工作」有誤解……
對工作有錯誤憧憬。

例如貨運司機月薪六萬居然沒人要做！
只想吹冷氣領22K！
真是一群媽寶！

哪像德國人……

GET OUT!

來聽聽神父怎麼說！

年輕人真的都是媽寶嗎？

Yo，brother，我們的船，是綠色的。

Edward de bono[9] 曾經提出一種有趣的觀點，他替人們的思維戴上六頂不同顏色的帽子，分別是黑色的帽子、白色的帽子、黃色的帽子、紅色的帽子、藍色的帽子以及綠色的帽子。

黑色的帽子孕藏負面的情感，但它並不代表悲觀，而是看著悲觀思考。這件事安全嗎？他有什麼缺點？最壞的情況是？黑帽是一種批判，但屬於冷靜的批判，他就像一頂禮帽，高高的，將各種失敗藏在其中，戴禮帽的人我們會覺得他很有禮貌，but 你很難會想親近他，過高的禮帽，很容易就放棄。

與黑色思考帽相似的，或者可以說相對，是白色思考帽。他們一樣是禮帽，但是黑色傾向拒絕多一些，白色則靠近接收多一些，白色的禮帽裡是空曠的，他放著許多客觀的事實還有數據，他告訴我們已經知道了哪些，哪些是還必須去知道的。但是這麼樣的一個白色紳士，中立的足以說服任何人，可他自己的想法就薄弱了，如果白色的禮帽戴的太高，便會只充斥著數據和現實。白色的禮帽企圖以一般大眾的感觸為優先，看似重視他人的感覺，但是光這樣仍然不夠，因為每一個人都是獨特的。

紅色思考帽是熱情的，代表情感上的直覺；綠色思考帽

---

9 愛德華・德・波諾 (1933~)，1960 年代末期提出「水平思考」方式，改變了日常人採用「垂直思考」方式容易出現的問題。1980 年代中期提出「6 Thinking Hats」（六頂思考帽子）思考法至今被廣泛採用。

是ＰＥＡＣＥ，傾向各種創意的發想；藍色思考帽象徵冷靜，針對思維而思維；黃色思考帽積極而正面。

～

臧ｂｒｏｔｈｅｒ先是戴上了黑色的帽子，自行定義了「夢幻」和「血汗」，接著戴上了德國製的白色禮帽，讓他的論點無懈可擊，但得到的卻是一片退紅噓海。

根據一份調查顯示，德國人心中最理想的行業是醫生和護士，倒數第二的是政客，倒數第一的是銀行員和電視主持人，如果依照臧ｂｒｏｔｈｅｒ的帽帽，德國人反倒是嚮往血汗工作，鄙斥夢幻工作的好青年了。

是這樣的，ｂｒｏｔｈｅｒ，現代年輕人或許幼年過著安逸的生活，導致長大後只選擇膚淺的工作，但是質疑他們的憧憬是有問題的，憧憬並不只是待遇和蘇不蘇湖，憧憬應該是一份浪漫。

只要是魚，都會順逆著水流而行動，只有 蔣公的魚是往上漂的，人也是如此，如果在出生時能選擇含著金湯匙或鐵湯匙，小北鼻們一定會選擇前者，就算一生會充滿皺折。你也是這樣認為的吧？呵。

Ｈｅｄｏｎｉｓｍ（享樂主義）指的就是一種厭足狀態中的麻醉般的狂喜，它是種消極的快樂，如果你有幸回到古代的雅典，你並不會看到伊比鳩魯正在瘋狂的幹砲，或許你會看到他在看一本書，或者對著一棵樹說話，幻想著和蘇格拉底或者柏拉圖進行辯論。

伊比鳩魯認為快樂應該是長久的，任何一種積極的快樂——包含打砲什麼的，砲一打樂就會消失，然後人就會開

始失落，繼續尋找下一個能打的砲，如此一來永遠得不到滿足，而那樣的快樂，究竟是短暫的。

　　和　神父前篇所敍述的相同，鳩的快樂和辛的幸福，都是心靈的平靜。為求取這樣的快樂，怎樣的痛苦都值得忍受，例如一個死刑犯上了絞臺，假使他徹底悔悟，那麼他便願意忍受脖子的勒痕和無法呼吸的痛楚，因為死是一時的，藉由短暫的生命，能換取的是永恆的安寧。所以在痛苦環境長大的孩子，他們的幸福是遠大的，例如一個溫暖的家庭或者平凡的人生，在安逸中成熟的孩子，他們的幸福亦遠大，例如成為一個飛天小女警或者生態學家。

　　如果他們的願望達成，他們就能滿足自己的心靈，而如果災難般的現實迫取他們必須放棄夢想，他們就會選擇回到原本的圈圈，也就是次一等的幸福，如果他們選擇繼續努力，那麼就會是臧ｂｒｏｔｈｅｒ所看到模樣。所以並不是安逸和痛苦，只是放棄和繼續的選擇，安逸的孩子如果選擇前進，他一樣能吃苦，例如神父過去原本只要佈道到下午四點半，現在必須佈到晚上六點，甚至有時還得自行加班，但神父甘之如飴，因為我佈的範圍變廣了，年齡層更擴散了。

　　而我原本就是個過著安逸舒服生活的孩子，ｂｒｏｔｈｅｒ。當你有一個可能性，有一個能實現夢想的希望，那麼你就不會害怕吃苦，例如鮭魚就會往上游，這違反了一般魚群的天性，他們遇到了重重的險阻，只為了回到初生之地，中間可能會被熊和鳥抓來吃掉，但是一群、一群的鮭魚們，仍然會奮勇上游，找到彼此的伴侶，繁殖生子，因為下一代，就是他們的希望，他們的夢想，儘管他們到達以後已魚鰭破碎，瘦弱的不成形，儘管他們看不到小鮭魚們孵化的樣子，成長的樣子，就算死去了，他們腐去的身體依然餵養著其他

生物，這就是鮭魚的偉大。

　　因此該檢討的並不是那群魚，而是那優養化的水質。一個卡車司機就只會是個卡車司機，就算他開車的技術再好，如果業績拉不上，馬上會被換掉；賺的錢再多，只要出了一次事故，攢的錢都飛掉，更別說是性命了。有的沒健保也沒勞保，開得慢被唸，開快了被投訴，那些風險和所得的金錢相乘，其實不成正比。但，如果我努力的開，用心的學習，付出我自己，贏得老闆的尊重，得到世人的肯定，我的生活擁有了價值，那夜風與涼煙，成為了自己的文化，我不再是一個卡車司機了，而成為了黃金卡車司機，你說縱使擁有再高的風險，我難道不會想去闖蕩一番？

　　但是偏偏，沒有黃金卡車司機。所以我就走進去辦公室吹冷氣了，在超商逼著條碼，然後被說成是貪圖安逸的媽寶，家境過的不夠清寒，別忘了，無論是卡車司機還是行政助理，在你們眼中都不是夢幻的行業，他們倆的待遇和地位，都不怎樣。

　　悲哀啊，ｂｒｏｔｈｅｒ，我們的頭上，其實都不只一頂帽子，我擁有紅色的冒險，綠色的創造力，黃色的樂觀，藍色的冷靜，現今卻只能被黑與白硬是分個高低。

　　Ｂｒｏｔｈｅｒ，神父最愛的帽子其實是綠色的，但我總是裝的很藍，很他媽的藍，我隱藏自己的情感，就怕被說成是故事裡的彼得潘，正因為我能包容一切，所以別人認為就可以這樣隨便進出我的花園了，我提出問題的時候，總是被大家懷疑的看著，所以我老是收起我充滿創意的綠色帽子，以免被嘲笑戴了綠帽。我的發想，成為了幼稚，我的願望，變成了遲疑。Ｏｈ，ｂｒｏｔｈｅｒ，其實我也和你差不多，ｂｕｔ我還沒放棄，那綠色的帽帽，其實一直還在我

手裡。

　　帽子既然可以選擇，那麼答案就不會只有一個，你看看神父不就把綠色和藍色就這麼和在一起？從今以後，請叫我戴著青色帽子的男子，簡稱青男，青春的青，男子漢的男。

　　Ｎｏｗ，青男要為你說一個故事：

　　從前，有一個神父，他被嘲笑了一番以後，就漂流到一間小鎮裡。神父口袋裡的錢都被水沖走了，沒法子只好去工地打工。在工地裡，大部分是烏煙瘴氣的景象，有的人抽菸，有的人喝酒，有的人大嚼檳榔。那搭起的鷹架看起來搖搖欲墜，每個人好似都得了精神病，看起來十分快樂。

　　「Ｙａ～～你也來快樂一下吧，兄弟。」一個年莫約十五歲的騷年對我說。

　　神父則微笑地接過他的菸，拒絕了他的酒。

　　「為什麼不喝呢？不喝的話，等等上工會棟美條喔。」

　　「是這樣的，ｂｒｏｔｈｅｒ，」神父說，「我習慣在流下汗水後小酌一杯。」

　　那男孩笑了笑，一口氣將酒喝光，順手丟開了酒瓶，「這樣歐～」

　　神父和他一起上工，我們攪拌了水泥和石灰，討論著它的比例。

　　「應該是１：２」，男孩說。

　　「我覺得是１：１」神父說。

　　「你看似乎太水了。」

　　「可是１：２是工頭說的。」

　　「是嗎？」神父不屑的說，「我們來做個實驗吧。」神

父拿了兩個小桶子，取了一些水泥和石灰，仔細地計算的比例和份量。我將１：１的混成一桶，１：２的混成另一桶。

「你看看，這兩桶哪個比較好？自然是１：１」

「可是工頭說……」

「你要相信工頭呢？還是要相信眼前所看到的？要知道，到時其他人要用水泥的時候，發現有問題，要負責任的不是工頭，」「而是我。」「對了，」神父愉悅地說，「最後的結論要自己判斷，這就是恐固力的哲學。」神父頓一下，「也是所有事情的道理。」

「我知道了。」

「很好。」

「那我去跟工頭說。」騷年認真的回答，神父嘆了一口氣。

儘管如此，神父還是跟他變成要好的ｆｒｉｅｎｄ，沒有年齡差距的那種。

今天工地要搬磚頭，神父穿著吊嘎，露出碩大的肌肉，搬了一塊又一塊，磚上的石榴色的粉末溶在汗水中，我活似個戰場上廝殺的士兵。我搬了一輪，望著堆得像山高的磚塊，原本充滿自信的緊繃肌肉，不覺有點軟癱了。只見騷年將阿比倒入他的小杯中，又混了點果汁，豪邁的灌了下去，然後他搖搖晃晃的，走向磚頭堆，瘦削的肩膀，居然一肩挑起好多的磚塊。

「你怎麼辦到的？」神父大吃一驚。

騷年笑了一下，一隻手挑著磚頭，另一隻手比著「喝酒」的動作，「喝酒可以讓人筋脈活絡，比較蘇湖。」騷年說，指著一旁的鐵梯，「向上那個馬椅 [10] 啊～」

10　可兩側張開直立於地的長梯。

「螞蟻？」

「馬椅啦！那鍋我不會說！就是如果你要站在上面很長的時間，不喝酒是不行滴！」

神父「歐」的一聲，但還是深表不認同。

我們搬了一陣子，結果他的手機響了，「有渣某要送便當來惹。」他說。接著一個年約十三、四歲的小女孩，走進了工地，她留著半長不短的頭髮，嘟著的嘴就像片嬌嫩的山芙蓉。

「吼哩號勾啦！」她大吼一聲，將便當擲給騷年，撥了撥秀髮，揚長而去。神父看著她短褲下雪白的雙腿，口水不禁流了下來。

「請問這位是？」

「我妹啦，已咧銷扎某。」騷年說，一邊打開便當盒，一邊吃了起來。「噁，武告拍甲ㄟ！」儘管如此，他還是將飯一口接著一口的爬入嘴裡。

騷年的妹妹每天都會來工地送便當，我和這對兄妹不知不覺的變成了好碰友，他的妹妹叫做恬恬，目前還在讀書，騷年則輟學打工，賺取微薄的薪水養家，他們的父母則不知道跑哪去了。騷年就像是炫風管家裡的綾崎颯，過著困苦的日子，但依然十分樂觀。

「要不要我幫你申請一些補助？我認識一些社工，說不定能幫助你們。」神父說。

「不用啦！靠自己啦！」騷年總是擤擤鼻子，滿不在乎的回答。神父看著他沾滿石灰的側臉，只能默默的祈求神明保佑，保佑這個偉大的孩子。但是神總是不太長眼睛，有一天，發生了一件悲慘的事。

「嘿！少年仔！你想不想賺點外快？」那天工頭突然走

了過來，像個惡魔般低語。

「啥外快？」

「今天有人沒來，爬鷹架的少一個，你要不要上去看看？」

「多少？」

「二千塊。」工頭得意的豎起手指，讓騷年的眼睛看的發亮。

「枚走某？」

「厚！」騷年二話不說就答應了，但是神父卻十分擔憂。

「工頭ｂｒｏｔｈｅｒ，騷年還未滿十八歲，這樣上去會不會太危險了？」

「神父哩賣茶啦！」騷年一把推開我，臉上的表情甚是不悅。「就鷹架而已啊！我之前就上過惹！」他那眼神充滿自信，也有點兇猛，好像我要斷他財路似的，很不開心，神父只好噤了聲，只好退而提醒他一定要戴安全帽和繫上安全繩。

騷年終究還是上去了，為了那兩千塊，神父一邊搬著磚頭，一邊注意著騷年，騷年的動作十分靈活，他在上面行走、搬重物，就好像山壁上的小羊一樣自在，神父稍微放了心。但是就在這個ｍｏｍｅｎｔ，我發現鷹架上有一個小突起，騷年正慢慢接近它，我揮著手大吼，但是樓層實在太高，騷年似乎沒有聽到。我衝了過去，但來不及了，騷年一不小心，踢到了那個突起，瘦小的身軀擺晃著，瞬間，他腳自然的伸往另一邊，但那是一片懸空之處。

「騷年！」神父大吼，但是恍如查理·卓別林主演的黑色默片，騷年靜止在空氣中，驚愕的表情，被慢慢分解，神父無助的看著那些片段，然後「砰」的一聲，騷年墜落到地

上。他的血像豆花一樣，流了出來，腰上仍然繫著安全繩，但另一頭是斷裂的，彷彿在嘲笑著生命的脆弱。

「神......父......」騷年微弱著發出聲音，將手伸向了我，然後就不再說話了。所有人都圍了過來，不久，救護車來了，搬走了騷年，神父瞅了工頭一眼，只見他嘴巴唸唸有詞：「是他自己要上去的......是他自己要上去的......」

我通知了騷年的妹妹，我們一起去了醫院，騷年的頭上纏滿紗布，緊閉著雙眼，那瘦削的身體已支離破碎，但是我知道他還是活著的，因為氧氣罩上的水蒸氣，一明一滅的起伏著，我們在手術房外面等了這麼久，才等到了騷年。「哥～～～」恬恬伏在騷年身上哭泣，醫生說，騷年恐怕不會醒來了。我看見騷年的左手握的緊緊的，好像握住什麼重要的東西，我試著扳開他的手，但是怎麼弄也弄不開。

「恬恬，你看騷年的手有點奇怪。」神父說，她已經哭了好一會兒，身上的制服也還沒換，我企圖轉移她悲傷的心。

「我看看....」說也奇怪，當恬恬撫著騷年的手，騷年的手自然就張開了，裡面是兩張紺藍色的鈔票，皺皺的，沾了一些塵土。這下連我也流了眼淚。

我和恬恬上了幾次法庭，包商、人力派遣的嘴臉，卑鄙的令人不敢置信，他們的律師看起來就像是黃金做的古美門。我們上了天秤，但是卻不對等，我們這一端只放了羽毛，而那一邊卻是一只黑色袋子，沉澱殿的，不知裝了什麼東西。

下了法院後，我送恬恬回家，她家是一棟老舊的公寓，斑駁的缺了許多磚瓦，不過，看起來比鷹架穩多了。我打開信箱，把水電繳費單塞進口袋裡，催促恬恬去寫功課，然後

到廚房煮飯。當神父打了一顆雞蛋，準備撕開乳酪時，電鈴響起，原來是房東，他聽到恬恬的遭遇，十分擔心。

「恬恬還好嗎？我聽說他哥哥......」

「還好還好，感謝你的關心。」神父說，和他打哈哈個半天。

「對了，關於房租的事情......」

「這請放心，下個月會給你。」房東聽了，吁了一口氣，安心的走了，神父「咋」了一聲，轉身回到廚房，沒想到卻嚇了一跳，恬恬不知何時，已佇立在我身旁。

「功課寫完了嗎？」

「蝦厚啊。」

「那趕快去洗澡，等等準備吃飯。」神父被那純潔的眼神盯著，有點吃驚。

「神戶，我不想去上學惹。」

「啥？」

「我想去工作。」恬恬突然丟了一句，煞時間，騷年的臉掠過我眼前。

「妳這麼小，能做什麼？」她抿了抿芙蓉似的小嘴，不服氣的說：「我可以，附近的茶店仔有缺人，我可以去。」

神父笑了一下，「茶店仔？你知道那是做啥的？」

「知道。」

「妳明明知道還是要去？」我露出有點生氣的口吻。

「我不想欠你。」她驕傲的回答，真是太像她哥了，我的天啊，騷年～～～

「妳覺得妳去做那個，騷年會高興嗎？」

「可是......你已經幫我這麼多了。我......想靠自己。」這下她又頹喪的低下頭。

「把我當作是妳自己，」神父說，「然後呢，我們會打贏官司，騷年會醒來，妳繼續做便當。到時候，多做一個給我就行了。」神父愉悅的說。

「真的，真的很削削泥，神戶。」

「去洗澡吧，等等換我洗妳洗過的洗澡水。」恬恬聽了害羞的跑開了，神父則回到廚房，繼續剝洋蔥，我將水煮黑豆和肉末拌在一起，加了些辣椒和孜然，準備弄些墨西哥風味的晚餐。

電鈴又再度響起，神父罵了一聲幹，拿著攪拌器去應門，想不到，這回來的不是房東，而是一群穿著西裝的人，當中有個額頭閃亮的傢伙，看起來特別討厭，尤其是他還留著憎人的小鬍子。

「你好你好，敝姓柯。」他微笑的遞上他的名片。

「有事嗎？」

「是這樣的，」話還沒說完，那些穿西裝的傢伙一把推開了我，自動自發的走了進來，柯先生一邊道歉，一邊也跟著來了。他坐在沙發上，拿起一根菸，旁邊的西裝小弟趕緊幫他點火。

「坐、坐。」他微笑的示意，神父默然的坐了，他看了，很是高興。

「恬恬妹妹呢？」

「在洗澡。」

「喔～」柯先生吐了一口菸，小心的從口袋裡拿出一包錢，「我有話直說了，這邊有兩百萬，可不可以麻煩你撤回告訴？」神父將手托了托下巴，沉思了一會兒。

「這不是筆小數目喔...夠你付房租了。」柯先生淫淫的笑著說，「我想恬恬可能不會答應。」

「怎麼會呢？」

「你不是……嘖嘖。」柯先生雙手抓著自己的奶，抖了幾下，「跟她很好嗎？溫柔的跟她說一下嘛～你知道的，小妹妹都是要教育的，呵呵。」

「呵呵呵。」

「呵呵呵～」

「所以這是關說囉？」

「不是，不要講那麼難聽嘛～就我們男人ｔａｌｋ　ｔａｌｋ，哪是什麼關說？」

「這不是關說，那什麼才是關說？」

柯先生聽了，臉色一變，兩旁的小弟走近了一些，氣氛變得有點尷尬。就在這個ｍｏｍｅｎｔ，「神戶，我洗好惹～」恬恬的聲音從浴室響起，柯先生又開始微笑了，笑的人心裡發寒。

「你再好好想一想，反正你也告不贏我們，法院裡都是我的人，連院長也是。你去好好探聽探聽，我是什麼人物。」柯先生說，額頭越發閃亮。神父站了起來，撕了他僅剩的頭髮，就像在撕乳酪一樣，柯先生開始大叫，小弟們圍了上來，但是都一一的被神父幹爆了。

「你去好好探聽一下，我是什麼人物。」神父說，

「你……竟敢……」

「你聽著，這場官司如果我們輸了，我要把你的ｇｇ切下來塞到屁眼裡，不管你跑到哪裡，我都會找到你的ｇｇ。」神父說，「聽著，你的眼裡，只有錢，而我的眼裡，」神父挺著下巴，用鬍渣磨著他的額頭，「只有你的ｇｇ。」

不過，這場官司我們終究還是打輸了，柯先生運用他的影響力，讓我們輸到脫了褲子，不僅得不到任何賠償，事件

也變成騷年擅闖工地，爬上鷹架去玩而發生了意外。騷年沒有被雇用的紀錄，工地裡也沒有任何目擊者，騷年依舊躺在病床上，而神父也莫名其妙的背了一堆債務，不時有穿西裝的人來拜訪我們，直到房東將我們請了出去。

「為什麼會這樣？神戶？」恬恬沮喪的問著我，「為什麼大人們，都把過錯推給我們？明明是他們不對。」「我哥......我哥......」她哭了起來，那是悲憤的眼淚。

「都是那個柯先生！哇賣吼一細！」

「不可以，恬恬。」神父安慰她，「妳這樣做，騷年不會高興的。」

「你殿殿！這種話你要講幾次？我一定要殺了他！殺了他！殺了他！」恬恬憤怒的說，她用力的抓了自己的臉，芙蓉似的小嘴也扭曲了。她掰開我的手，消失在街頭。

隔天，她傳了簡訊給我，說她約了柯先生談判，我回撥給她，但是始終無人接聽，而且也找不到她的人。她沒有告訴我時間和地點，一切都是謎，我到了醫院去，她也不在那。這下完了，我看著騷年，他依舊在呼吸，也許他醒來時，就少了一個妹妹了。

騷年，你正在做什麼夢呢？

那是一個月黑風高的夜晚，騷年曾經工作的地方，現在工事已經停擺了，周圍拉起封鎖線。恬恬穿著和她不合身的連帽大衣，將水果刀藏在口袋裡，靜靜的等待她邀請的對象，來參加可愛少女舉辦的死亡筵席。

柯先生過來了，其實他什麼也沒做，他只是讓想說話的人閉上嘴，他沒害死騷年，他只是在幫助人，幫助那些能給他利益的人，只是不小心，讓少女感到痛苦。他點起一根菸，顯得悠閒自在，這次他沒帶小弟，也許對付一個女孩子，根

本用不著什麼力氣吧，他是一個勝利者，一個溫拿，他站在高處，俯瞰著一切。

恬恬看到他，殺紅了眼，她抓著水果刀，就衝了過去，一刀吻入了他的側腰。柯先生「啊」了一聲，倒在地上，只是「啊」了一聲而已，沒有反抗，也沒有掙扎，這讓恬恬覺得有點奇怪。她的心冷卻了，她害怕的鬆了手。柯先生的血流了出來，就像騷年當時的血一樣，柯先生說不定也很內咎，啊，要是當時，他能阻止騷年上鷹架就好了呢 ......

天邊的烏雲散去，露出皎潔的月光，恬恬這才發現，地上倒了的，不是柯先生，而是，神父。

「神戶！！！！」少女跪了下來，她狂亂的尖叫著，神父則緩緩的伸出手指，貼住她芙蓉似的嘴唇。

「我不是說了嗎？妳這樣做，騷年是不會高興的。」神父說。

「對不起 ...... 對不起 ...... 對不起 ......」少女流下了眼淚。

「放心，我沒事。」神父大口大口的吁了幾口氣，努力的坐了起來。「我可不能讓騷年的妹妹成為殺人犯啊。」神父微笑的說。

「我去叫救護車 ......」恬恬蒼白的臉上，滿是擔憂。

「先別急，我想體會一下騷年的感覺。」神父說，從聖袍底下拿出一罐阿比和一罐果汁，再取出一個小杯子，顫抖的將阿比倒入杯中，加了一點果汁。「恬恬，唱一首歌來聽聽。」

「可是 ......」

「別說了，唱一首歌吧，不然神父真的要死了。」恬恬沒法子，只好唱了一首王菲的歌曲：〈但願人長久〉。

恬恬的歌聲，是有點哭泣的調子，有點柔和的調子，圍

繞著神父的酒杯，叫醒了寂靜的工地。神父看著搖搖欲墜的鷹架，那裡頭，有一輪又大又圓滿的ｍｏｏｎ。「轉朱閣，低綺戶，照無眠。」神父愉悅的將騷年的酒一飲而盡，然後就被送醫急救了。

　　Ｙｏ，ｂｒｏｔｈｅｒ，神父認為，不論是在困苦環境中長大的孩子，還是處於安逸生活長大的孩子，只要長大了，就會是痛苦的，因為成長，就是一種痛苦。我們必須學會那些痛苦的知識，戴上痛苦的帽子，做痛苦的妥協，但這不代表，我們必須被比較，誰比較痛苦，誰比較不痛苦。

　　我們要了解彼此的痛苦，然後保有原來的那份初衷。

　　Ｔｈｅ　ｐａｉｎ　ｐａｓｓｅｓ，ｂｕｔ　ｔｈｅ　ｂｅａｕｔｙ　ｒｅｍａｉｎｓ，ｔｏｍｏｙｏ．

〰️

推 davidbright:brother 好文，很長人家不看 lol

推 dg0704: 神父必推

推 palajuice: 推！可不可以轉貼～？

推 GLAMOROCK: 神父 ...... 我被淨化了 ....T___T

推 mimimoumou: 有電影跟小說的梗，神父太強了 !!!!!

推 akmc: 厲害！

推 greedwave: 推

推 yunsworld: 看完惹，神戶

推 orz811017: 大推神木 神木文都是親身經歷的喔？

推 sealence: 推神父

推 gmoz:GOOD!

推 kayxs: 神父真得太強大了 T T

推 chench0710: father 喜歡戴綠帽

推 IronAtom: 神 food 好文

推 newglory:xd

推 loveoichi:yo~ 這位 brother~

推 mobilx: 推神父 , 你要是搞宗教一定發大財

推 k04121226: 神父 QQ

推 newjackle: 看完吧 !!!!

推 faxy: 看完推

推 n1988771126:QAQ

推 yuhurefu: 推 我們要了解彼此的痛苦 然後保有原來的初衷

推 likeway: 好殘酷的故事 ...

自由之詩

Poetry Freedom

課綱微調爭議

　　神父您好，我是一個大學生。近來，黑箱課綱微調引爆了爭議，高中生展開了抗議行動，甚至衝進了教育部，我經濟系的同學看了，很不以為然。他崇尚自由經濟，平常就喜歡說服貿、貨貿，他說現在都嘛是網路時代，自己去 Google 不就好了，課綱怎麼調你管他，這些人都沒有獨立思考能力，只會被淘汰。聽起來他說的很有道理，但是又感覺怪怪的，懇請神父開示。

　　　　　　　我不是我同學　　敬上

黑箱課綱微調引爆了爭議，高中生展開了抗議行動，
甚至衝進了教育部。

我清大經濟系的同學說，
現在都嘛是網路時代，
自己去Google不就好了，
課綱怎麼調你管他，
沒有獨立思考能力的人只會被淘汰。

神父你幹嘛站在桌子上？！

呀！

讓我來告訴你們什麼獨立思考吧！

　　Yo，brother，典型的精英論調。

　　「ｘｘｘ根本不是問題，自己去ｏｏｏ就好。」

　　沒記錯的話，天兵公園有一集，阿天因為被笑高中沒畢業，因此喝了補腦汁，大腦變得發達，突然什麼都懂了，他反過來嘲笑鳥哥，於是鳥哥也喝了一杯，兩個人開始比智商、算數學，算到牆壁上都是數字和公式，他們用各種理論對話，看起來好像很聰明，結果，兩個人喝太多，連其他人在說的平凡語言也不懂，其他人的行為看起來就像是原始人，但這也使得兩個人開始恐慌了，因為他們活在一個只有他們知道自己的世界。

　　我想你朋友可能也喝了補腦汁。

　　「洗腦課綱根本不是問題，自己去ｇｏｏｇｌｅ就好。」「黑心油根本不是問題，自己去榨油就好。」「八仙塵爆根本不是問題，自己去看理化課本就好。」這是很有趣的論調，順便賦予達爾文物種原始之名，這樣就不用寫馬丁·尼莫拉的懺悔之詩了。

　　反智，是所有智慧者都厭惡的事，也是所有求知者都可能走進的幽谷，反智的理由來自認為自己能力很強，別人也應該要很強，但真正的本質在於「懶散」。

　　遇到了問題，不去解決它，反而讓它放置ｐｌａｙ，認為受害者者應該自行吸收，如果不行，就自行爆炸吧，當這些人被貼上「白痴」的標籤死去後，問題就解決了。

　　「最後當他們開始對付我的時候，已經沒有人能站出來為我發聲了。」當這樣的行為成為一種顯學，就給了加害人

最好的藉口，消去歷史、竄改課綱，從一拖再拖，到堂而皇之的硬上，純粹是等到其他人累了，懶了，覺得就算改也無所謂的關係。

「滅六國者，六國也。」正是因為六國的冷漠，六國的事不關己，六國的高傲，「秦國不會來滅亡我。」拜託，你算是哪跟蔥啊？秦國之所以不來滅你，並不是因為你特別聰明，你特別高尚，而是你比較遠，在加害人面前，會ｇｏｏｇｌｅ的跟不會ｇｏｏｇｌｅ的並無分別，只是還沒輪到你而已。

在過去的美牛事件中，不乏這樣的論調，「美國牛根本不是問題，吃別國的牛就好了啊？」多麼有智慧的發言哪！可惜，他忘了一件事，美國牛，其實有長腦，它很聰明，進來了以後，它們懂得鑽入其他的肉塊中，和其他牛肉混在一塊，它也懂得自己改名牌，例如說自己是澳洲來的，更有甚者，它可以拉豬肉、雞肉來作伴，參在一起做成了撒尿牛丸，這樣，你就不會知道有美國牛了。

當然，有獨立思考能力的人，必定還會有法子，「那我們就不要吃肉就好了啊！」如此這般推演下去，到最後就變成「那我們去死就好了啊！」聰明，真聰明，ｌｉｋｅ美牛。

事實就是，你准許他了，默許他了，他就會變本加厲。Ｂｒｏｔｈｅｒ，今天你很會ｇｏｏｇｌｅ好了，你ｇｏｏｇｌｅ到的東西從哪來的？不就是書本嗎？不就是人家打字放上去的東西嗎？不就是人云亦云，口耳相傳的產物嗎？Ｇｏｏｇｌｅ不是一門學問，只是個搜尋器，它可以替你搜尋

許多東西，但是沒法子替你把關，ｇｏｏｇｌｅ到的東西不一定是對的，或許強者你朋友，又會獻上「獨立思考」這臉上來。

Ｏｋ，我ｇｏｏｇｌｅ「二二八」，第一欄出現的是「全球瘋傳，臺灣人不告訴你的，二二八事件」，爽，標題已出現了謬誤，臺灣人有不告訴你嗎？是有人不告訴臺灣人吧，然後臺灣人被搞得什麼都不知道。這個欄位，沒有提到中國國民黨、蔣介石，也沒有提到血腥屠殺，或許說的是事實吧，但是是被掩蓋過的事實。

然後接著是「騙你十年的二二八謊言」，一個名不見經傳的小卒寫的，這傢伙就更厲害了，他說二二八蔣介石不是元兇，一切都是阿扁亂搞，全篇只講蔣介石「寬大處理，整飭軍紀，收攬民心」，然後引述一群屠殺者是如何維持當地治安等等。

來，ｂｒｏｔｈｅｒ，這兩個給你選，給擁有「獨立思考」的你來選，哪個是對的？哪個是代表真正的「二二八」？

你也會說，神父，你騙人啊，ｇｏｏｇｌｅ到的第一、第二個根本不是這個！ｈａｈａ，不愧是擁有獨立思考的ｙｏｕ，事實上，第一個出現的是ｗｉｋｉ，第二個是「二二八紀念公園」的ｗｉｋｉ，但別忘了，ｗｉｋｉ是可以改的，而ｇｏｏｇｌｅ搜尋的計算，人氣也是考量重點，我所說的那兩篇，至少還在第一頁。

這就是我想說的，獨立思考不是橫空出世的，並不是一種基因，他要經過訓練，他是經由接觸各種素材而生，「沒有人會把知識直接端在盤子上送來。」獨立思考也是，我們在餐桌上，看著各式各樣的ｋｎｏｗｌｅｄｇｅ餐點，有美味的，有難吃的，有毒的，有臭不可聞的，我們藉由選擇

最適合自己的，而產生獨立思考，我們藉由分辨能吃的和不能吃的，來嘗試錯誤，為此，必會舔到一些腐敗的東西，我們會有一個餐巾能擦擦嘴，我們有一杯無色無味的水能漱漱口，我們會有一個「能吃的對照組」，進而比對去尋找下一個，拜託，ｂｒｏｔｈｅｒ，你以為神農嚐百草連屎都吃嗎？

課本就是這樣的一個東西，就是那一杯水，那塊餐巾，那個能吃的東西，他就像是牽狗的第一個連結，我們接觸歷史、接觸知識、接觸學問的第一道門，如果連第一道門都是髒的，那接下來你還能談什麼獨立思考？

這就像一個小女孩還在長大的時候，就被暴力給強姦了，你還能要求她對這個社會以及長大後的世界，有什麼美好期望嗎？

的確，我們長大了，我們已經學到了，我們已經越過了那惱人的河水，但是現在那條河暴漲了，我們不去思考原因，不幫忙想解決的方法，甚至連最基本的聲援，都不肯給予，反而還冷漠的對幼小的那一群說，你怎麼不ｇｏｏｇｌｅ啊？你怎麼不直接跳過來？當初，我們跳的時候，根本就沒那麼簡單，別跟我說你沒讀過蔣公看著鯉魚逆流而上。

課本，理當是最中立，最不主觀，最不被任何意識形態左右的一道門，即使他因此無關痛癢，因此索然無味，這都像是離乳食品一樣，通過了這一層，我們不再喝奶，而得以食取青菜和肉塊，這過度，讓胃變得強健，讓腸子可以適應。

我常說，要毒死一群人，下毒在一道菜裡是不夠的，要下毒在它的油，它的澱粉，你可能不吃那道菜，但煮菜一定要用油，同樣的，要讓每個人的電腦癱瘓，亦很簡單，不是寄毒在各種信件，那太慢了，直接在ｇｏｏｇｌｅ首頁下

毒，這樣大家電腦都會掛了。

　　要使一群臺灣人服從溫順，去操弄那些大人是沒用的，要從那些孩子下手。入侵ｇｏｏｇｌｅ首頁絕沒那麼簡單，怎麼改我們的課綱就這般容易？人說那些入侵了教育部的學子，非常愚笨、無知，這就是一種無知，教育部早就被一些中國統一聯盟以及兩岸統合學會老學童中出無數次啦！你怎麼不問他們是怎麼進去的？

　　他們不只進去，還在裡面尿尿，尿出來的東西還被當作聖水那樣崇拜，有像是教育部長吳思華這種人，張嘴喝著，嚷著「鮮ㄅ！鮮ㄅ！」一邊還要分一點給大家，解釋這聖水的奧妙，真是頗為呵矣。

　　這便溺的痕跡，暗藏玄機，「日本統治」改為「日本殖民統治」，「荷西治臺」改為「荷西入臺」，「多元文化發展」改為「中華文化與多元文化的發展」，無一不脫「中」、「漢」、「中華」，似乎這塊土地，只剩下中國人在居住了，我不是中國人，這裡亦不是中國，縱使我的祖先曾被冠上中國之名，但如今，我已選擇臺灣。

　　臺灣大於一切，正因為如今這樣神聖的地方，過去被蒙染了灰塵，所以我們持平來看，以臺灣的角度來看，我們講統治而不講殖民，講治而不講入，說多元而不提中華，是因為，這些國家和霸權，對臺灣來說都是一樣的，中華文化，也不過是臺灣的一部分，我們講的理性些，講的不仇恨些，怎麼日本殖民，中華民國就不算是殖民呢？難道四萬換一塊，不算是殖民嗎？難道二二八屠殺反抗的臺灣人，不是殖民嗎？難道白色恐怖，興文字獄，濫殺知識份子，不是殖民嗎？荷西入臺，中華民國何嘗不是打敗仗了然後轉入臺灣，怎麼日本、荷蘭西班牙幹的事都一樣，而中華民國變成了光

復呢？

　　從來就沒屬於他過！

　　別誤會，ｂｒｏｔｈｅｒ，我說的是「中國的中華民國」，而不是現在的「臺灣的中華民國」。

　　而現在看來，「臺灣的中華民國」似乎是不夠的，老讓一群人不死心，愛在臺灣的歷史上下其手，我看，不如早早往「臺灣的臺灣」前進吧，免得這些老壁虎在作怪。

　　這就是給你臉，然後你不要臉，給你點面子，你就想騎上頭來了。

　　要做足「轉型正義」這件事，每個東西都提一點，這是最正確的事，每個東西說得婉轉一些，而非假裝沒這回事，過度放大一個東西，抹殺其中一個，藉由抹殺他人來成就自己，這就和轉型沾不上邊，叫做愚民。

　　「濱田彌兵衛事件」就是一個很好的例子。

　　　　〰

　　「濱田彌兵衛事件」是臺灣近代史上，一個很重要的事件，其所牽涉的範圍之廣，除了歷史，在外交與經濟上，更值得細細探究，你同學是經濟系的吧？又喜歡暢談服貿、貨貿和自由經濟，那麼更不能錯過這十七世紀東亞海上商貿的角力。

　　首先是「朱印船」，是日本江戶幕府時代，自政府得到海外貿易特許的船隻，朱印船的主要貿易產品是生絲，這可說是一門賺錢的生意，擁有朱印船的商人可說是權貴中的權貴，就像勝文一樣，而濱田彌兵衛，正是一位朱印船的大老末次平藏的手下。當時荷蘭入侵澎湖不成，在明朝的默許下

轉入臺灣，荷蘭人一來，稅也跟著來，這使得原本在臺灣轉運貨物的日本人心生不滿，因為荷蘭人輸入貨物到日本是免稅的，於是他們拒繳，而被扣了一批生絲。

再來是「新港社」，他是平埔族西拉雅族四大社的其中一社，你能想像一群平埔族的人站在幕府將軍的面前是什麼樣子？德川家康的孫子可不是隨便的人都能見到的，哪怕是一國之使節，自家的重臣。不過有趣的是，德川家光還是見了這個「高山國使節團」，為什麼會如此呢？原來，這是一場外交角力戰。在濱田的使節團到之前，荷蘭的奴易茲已經先前往日本了，想不到，禮物帶了，人也到了，將軍卻沒見到，奴易茲對此耿耿於懷，他永遠難以忘記自己苦苦坐在榻榻米上等待的畫面，他一邊等一邊喝著苦澀的茶湯，一邊食著拇指般大小的和果子，一等就是好幾個月，連將軍的腳指頭都沒見到，宮殿裡焚香裊裊，將軍應該就在裡頭了，但是那侍者卻說「禮物我們收下了，然後你可以滾了。」

這一定是末次平藏搞的鬼了，還有那個濱田彌兵衛，他彷彿可以聽到他們的竊笑聲，他無奈，只能黯然的回大員，沒想到奴易茲前腳剛離開，濱田彌兵衛已經帶著新港人來日本了，濱田稱呼新港的長老一理加為「Coninck van Formasa」，他們還在將軍面前說奴易茲並非荷蘭的王，只不過一間公司養的一條狗，事實上他說的也沒錯，所謂的荷蘭代表，不過是間荷蘭東印度公司，到世界各國榨取資源的組織而已，兵不強，人無膽，滿腦子只有利益的奸商人。

「這位理加才是大員的王！」彌兵衛大聲的說著，老邁的理加聽了不禁流下來淚來，一邊說著奴易茲的鴨霸，一邊說著他們是如何入侵大員，逼男人們替他們作工，連婦女都

被奴易茲搶去做老婆。

在這邊，狗黨史觀通常會解釋為濱田彌兵衛在誘騙無知的新港人，但事實上，濱田別有所圖或許是真的，但是那新港人說的也不是假話，荷蘭人確實在虐待當地的族人，而濱田能幫他們出一口氣。

家光看到了這群異國來的人們，不禁驚呆了，他從來沒有看過皮膚黝黑、身材精壯的人，這和那些奸詐的白種人不同，他們老實又真情流露，雖然疑惑但也覺得好奇，於是，被奴役的人們打敗了奴役他們的，至少在這將軍的殿堂裡，新港人的席位大過於荷蘭的商人，家光即使沒有答應出兵，但也送給他們一堆禮物，至少在這個ｍｏｍｅｎｔ，平埔族被認為是福爾摩沙真正的主人。

濱田雖沒達成目的，但也有不少收穫，當他帶著新港人風風光光的回到臺灣，奴易茲已摩擦著牙齒在等待他們了，他們把濱田軟禁起來，並且說這些新港人「叛國」（乞丐趕廟公？有沒有跟某黨的人很像）將他們抓進去監獄，濱田不久遭到釋放，但是船上的軍火都被扣留，十幾個人根本不是荷蘭的對手，於是他一不做二不休，假裝要再度求見奴易茲，奴易茲此時以勝利者自居，怎麼你這敗犬還敢來？爽快的就見了他，本來打算來給他洗個臉的，沒想到頭低低濱田，手一招，數十名日本仔就衝破了大使館的玻璃，把奴易茲和他兒子給挾持住，奴易茲還沒來的急拿出抽屜裡的短槍，冰冷的刀子已經抵在脖子上了。

奴易茲被抓，所有荷蘭人都亂了，儘管自己有槍有砲有人，但是卻沒有首領，在這情況下，只好和濱田展開談判：
一、荷方以包括奴易茲之子的人質五人乘坐日船，日方以
　　包括濱田之子的人質五人，坐荷船，與濱田同時回航

日本，抵日後交換人質。

二、立即釋放被拘禁的新港人。

三、荷方要發還日本政府給新港人的禮物。

四、在船到日本之後，荷人須將船舵收起上岸，保證日本
人的安全。

五、荷方要歸還之前日本被扣押的生絲，還要賠償因為被拘
禁，所以在中國的生絲無法領回，被海盜鄭芝龍搶的兩
萬斤。

前四條都堪稱合理，不過第五條就有點牽強，明明是被
鄭芝龍搶的，為啥要荷蘭人賠？這分明是敲竹槓，不過為了
解決這起事件，荷蘭人還是吞下了。

沒想到，船到了日本以後，不但人被抓起來，日本人還
關了荷蘭人的商館和船，全面的禁止和荷蘭人貿易，形成了
經濟制裁，這又是另一個更大的竹槓了。

奴易茲轉而向總公司求助，沒想到等到的回應是：「奴
易茲，你是個失職的員工，我們要處分掉你。」結果奴易茲
被公司判處有罪，還被送到日本，因為經濟制裁使公司承受
巨大損失，這是利益至上的商人的鐵則。不過最後奴易茲還
是被用青銅燭臺贖回來，這又是後話了。

這是商人和商人之間的戰爭，對新港人來説，不過就是
流氓打強盜，雖然新港人是鬥爭下的犧牲者，但是這「Co
ninck van Formasa」，卻不失為歷史上
的一個象徵，而這一段，被完完整整的刪除了。

若説刪除他有什麼好處，大概就是反日的心態作祟吧，
在這新版的課綱裡，被添加了無關緊要的贅述，然後一些實
質上和臺灣有關的東西，不是被去了頭，就是被斬了尾，這

是一個陽謀，看起來身體還在那裡，其實已經被模糊了，真正臺灣史，應該是更加豐富精采的。

在電影「春風化雨」中，羅賓威廉斯撕去了書上的序文，有些學生感到驚訝，有些學生感到害怕，這是不被允許的事，這新版的課綱就像這序文一樣，一本書還沒開始，就已經先被命定，被規定要怎麼讀，要怎麼學，而教育最黑暗的一面，就是宰制，就是統治者為了某種目的，去竄改，去定義，去限制，去學習怎麼可以讓他們的統治更具有效率和正當性。

這些學生並不是白痴，那是因為他們已先被撕去了某一頁，那一頁是什麼？撕去了，又會怎麼樣？或許一時間答不上來，他們想追求他們撕去的東西，失去的東西，然後被一群人質問你們在追求什麼？譏笑他們，詆毀他們，他們在不知道的情況下被剝奪了什麼，而被剝奪了以後，連憤怒都不被允許。

就像被人擲了爛泥巴在臉上，他看不到那些泥巴，而覺得困窘，而一群人圍著他們起鬨，「你看到了嗎？你看到了什麼？你知道嗎？什麼都不知道嘛！」那群人的臉上，也沾滿了爛泥巴，他們也被剝奪了，他們選擇在旁邊看著，他們指著錯字，他們以為自己不知道的東西，先取笑別人什麼都不知道，就贏了。

他們到底懂什麼？他們什麼都不懂，他們不懂別人的不懂，他們訴諸純潔，但他們一點也不純潔，他們很髒。先被撕去的東西，又怎麼能知道呢？我想，是可以的，看到那幢幢的黑幕，聽到那遠方的笑聲，聞到的，被支配的味道。

因此答案不是很明顯嗎？被撕去了以後，會變得怎麼樣，那就是那群孩子前面站的那一群人，冷漠的，殘酷的，

自稱是「大人」的玩意兒。

　　我們常說別人腦殘，先想想腦是怎麼殘的，一出生就被從子宮頸裡塗上了顏色，長大了以後，腦就殘了，腦殘還不打緊，腦殘的是扛著被沾染的旗幟，還要四處搓弄那些感到不對勁而開始反抗的人。腦殘了是很難會回的去的，要耗費許多時間，看到了地獄般的景象，才會清醒。

　　神父想試著寫一本書，想不到有ｂｒｏｔｈｅｒ先發現了，神父沒什麼豐功偉業，也並非什麼成功的人物，被說寫文帶有什麼目的，還真是慚愧。

　　沒辦法啊，ｂｒｏｔｈｅｒ，這世間，腦殘的太多，四處妖言惑眾，佔據了世人的眼睛，專說些反智的屁話，然後有能力的人呢？他們太忙了，忙著讀書賺錢，忙著準備高考，只會叫人去ｇｏｏｇｌｅ是不行的。

　　雖然只有半瓶水，也要響個叮噹，讓亂臣賊子懼。

　　Ｙｏ，ｂｒｏｔｈｅｒ，一起來寫首詩吧，一首站在課桌上的詩，並不是因為詩可愛，才來作詩或讀詩。想讀詩，想作詩，是因為我們是人類。

　　人類是充滿熱情的。醫學、法律、企業、工程，這些都是崇高的職業而且人們賴以維生，但是詩，美麗、浪漫、有愛，這才是人活著的原因。

　　寫首詩吧，一首名為自由的詩，ｔｏｍｏｙｏ．

感謝啊，ｂｒｏｔｈｅｒ。

推 hjkhjk99: 先推 要出書惹

推 asked: 神木我愛你啊～～～

推 wxyz111: 推臺灣的臺灣

推 zz71: 推 不過英文字母可以不要全型嗎

推 qazwsx150: 推了，這篇必須爆

推 powertoolman: 看完了 可以問你用多久打這篇嗎？

差不多兩天吧，ｂｒｏｔｈｅｒ，這篇沒有**沒**故事，比較快。

推 tony22725385: 有個保險業務朋友也是這種精英論調 人生
目的就是賺

→ tony22725385: 錢 政府怎麼亂搞？不管他 我們賺我們的

推 eric999: 好屌的好文。

推 CharleneTsai: yo，brother

推 andy1990827: 想請問神父大大是歷史系嗎？

→ andy1990827: 因為濱田彌兵衛事件，我念歷史系才知道
有這件歷史事

推 jetalpha: 有卦有推

推 kfactor: 讚，神父好文

推 pisces313: 推！！

推 oopalmoo: 推聖水論

推 GSHARP: yooo brother

推 kosuke: 神父就是中肯

推 SSglamr: 獨立思考不是人人都可在學階段培養出來的，
多靠後天

推 urdie: 冷漠帶來毀滅

推 KamijoToma: 神父好文 推

推 Szss: 神父 先肛他 等他冷靜再講道理嚕

沒錯！

推 Maiar: 讚讚讚

推 ECZEMA: 完全不知道這段...

推 sarshia: 神父文氣充沛 如山河湖海盡入筆墨

推 Zeroyeu: 神父！我有罪!! 臺灣課綱至今慘遭玷污，是下
屬無能所致啊!!

推 g7063068: 看了這篇我又多了解了一項關於臺灣的歷史故
事

推 raycyrus: 推神父 不過 9.2 還是不會屌你

推 barry1027gg: 喔 神父 若是無腦部長 或是 Ma 水母找你告
誡怎麼辦 ~

先肛他！

推 abobstar: 推推 太長先看到荷蘭人那邊 晚點吃飯繼續看

推 ekoj: 「新港社」那段真該編到課本裡面　以前完全沒學
過

我也是這麼認為的，ｂｒｏｔｈｅｒ。

推 pierreqq: 詩了

推 fluid: 上帝快出來看神父　推

推 dan310546: 熱蘭遮城日誌出版了 可以看到很多西拉雅歷
史

推 a12345x: 神父啊 ~

推 summerass: tomoyo

推 bbo6uis122: 推

推 luke7212: 感覺品嘗到了一道美味的佳餚 滿足了

推 aceone: 還有很多論述好文都在臉書上 估狗不到啊！ 網
路發達反而讓

→ aceone: 言論更封閉更同質化了

噓 dioib: 神父這篇有失水準 你是教育專業 應該反思更深層的教育體制問題

推 yuhurefu: 推 本來現在多元文化並陳 居然開倒車去講文化主體是中華

→ XDDXDDXDXD: 雖然被你桶過,但不以人廢言,推!

推 Zenxiety: 這篇篇幅已經算是神父的 " 短文 " 了耶 ....

推 xzcb2008: ⊙ _ ⊙文筆超好

推 bettybuy: 推看完了 美牛那段比喻很有趣。雖然英文很煩 XD

推 john0515: 靠看到彌兵衛事件眼淚都快流下來 想當初課本草草帶過

→ john0515: 歷史老師口沫橫飛花了半節課補充

推 lloop: 神父可寫寫貝尼奧斯基的故事,那個也很精彩。

→ lloop: 匈牙利人,東臺灣第一次被外國人用經緯度紀載

推 ggirll: 推 神父我有罪

推 andygenisu: 神父出書必買! (上的了誠品吧??)

推 circlebear: 追尋被撕去的那一頁 , 推

→ kenken7389: 甲上上

推 tomchun6: 推 半瓶水響叮噹 那些只覺得 GOOGLE 就是一切的根本不算聰

推 sakon: 推神父

→ tomchun6: 明,真的聰明、追求智慧的人,會懂得被剝奪知識的可怕

→ tomchun6: 會懂得用無知者的角度去思考,去為無知者爭取可能性

推 asole: 看完了 ... 還順便爬了神父以前的文 好文啊

→ asole: 想請問神父的背景是什麼? 能寫出一篇篇的好文

推 amows: 現行體制下看到神父文章~ 我們是何其有幸又何其悲哀啊!!

推 shioulanyu: 推,淺顯易懂,意義深遠,希望臺灣人能追隨從山洞走出

→ shioulanyu: 的人,而非自甘於黑暗竊笑他們的勇敢

推 xomega: 法律是高權者的命令,歷史是強者的詩歌

推 timandsam: 喔~ father 我有罪 一個名為冷漠的罪 為了償還我的罪

→ timandsam: 我將踏入一趟無止境的追尋 一趟追尋土地之名的旅途

推 playersai: 我竟然看完了!! 以前都看一半就 end XD

推 Tasoce: 不知不覺看完 只好推了

推 odahawk: 寫得太讚了

推 sally7897: 推~ 質疑中成長~ 這篇才應該加入課綱裡面吧....

推 donotggyy: 神父我要告解 過去一週我 OGC 了 10 次

推 alliao: 濱田彌兵衛好有趣啊!都不知道!補個幹

推 austin69: 寫首自由的詩吧,為了一下代的小女孩們

推 Custody: 濱田彌兵衛的事情我念的課本都沒有念到過..... 可悲....

推 bye296lctc: 神父,我很認真的看完了 你很博學耶

→ DWR: 臺灣部分的風俗民情確實來自中國這無法否認 但並不是唯一

推 greedypeople: 就一堆白痴 照它那樣講 加稅你就多賺點錢啊

推 lolic: 媽的這篇寫太好了

→ oscar721: 數學、物理、化學由非專業教授來亂改也沒差?

推 BBgun: 認真看完，覺得自己對這塊土地的認識真的很
少 ...
推 datoking: 神父啊請您讓萬惡的 KMT 下地獄吧
推 ron761230: 這段新港史沒看過，慚愧

變態的龍捲風

用不到的東西為何要學？

Dear 神父：

　　學習三角函數有什麼用呢？又不是要當老師，生活上的數學，也只有加減乘除有用，頂多再加強自己的語言能力，就可以出社會了。

　　用不到的東西，為什麼還要學呢？

迷惘的國中小女生 留

Yo，brother，因為腦。

在自然界中，有一種叫做鐵線蟲（Gordiacea Von Stebold）的生物，牠會寄生在蟋蟀身上，分泌一種和牠腦內物質接近的蛋白，然後控制牠們。

「水喔，你最喜歡的東西是水喔！」牠殷殷的告訴牠的宿主，驅使牠們往水裡前進，儘管牠們不會游泳。

你能想像嗎？有一種生物可以吃掉你身體內的器官，在你的身體內慢慢長大，也許牠會幫你保留心臟，或者腦袋的一部分，這些對你來說最「有用」的東西，再告訴你，其他更「有用」的事物，當你浸淫在那一層useful的事物中，牠便會高興的至你身體抽離，像是個線球一樣，越捲越大，越捲越多......到最後，你會發現那個有用的東西，其實只是對牠有用罷了，你看著牠自你身體慢慢的，擴散開來，高興的在水中搖擺、旋舞，這時，如你還存有一絲意識的話，大概會這麼想著：

「原來我下面的怪物，已經這麼大了呀...」

但當牠還來不及對你表示感謝，氣管中已經溢滿了水，氣絕而死。

事實上，這一種Gordiacea Von Stebold，也會寄生在人體中。

別緊張，brother，我們並不會嚴重到會死去，頂多讓牠在你的尿道中swim，那是因為，我們腦很強的關係，所以愚蠢的牠不足以支配我們。

基本上，任何學問，都能以「它有什麼用？」來擊毀之，

就算是1＋1，或者2 x 2，實用如機車版金、C十程式語言，如你用不到，也就等於沒有用處，當你一步步如此切割下去，最終你會發現，真正算的上有用的，只有吃和睡而已。

「學這個有什麼用？」絕對是個有用的問題，他能讓其他人對所學進行省思，而不流於表象，甚至發掘更深刻的答案，當我們開始尋找一片玻璃透鏡有什麼用的時候，不久，就可能會得到一副眼鏡。但如果你問這個問題，只是為了找一片藉口，縮限自己和其他人的視野，那麼倒不如不問了罷，並不是它沒有用，而是對你沒用。

寫到這，不免流露出一種驕傲的港覺，神父無意替數學背書，用學問來分一個人的高低，那就流於獨裁者的想像了……如果你數學不好，就成為一個沒用的人，那就趁了某些科層體制者的意了，學問的本質是好的，但一經人手就變壞，神父認為，學學問的目的在於，避免被支配。

馬雅人擁有璀璨的文明，精緻的天文、曆法，但是這些高深的知識，只在貴族和祭司的手中，大部分的人都是文盲，他們服膺這些擁有知識者，也因此遇到了旱災，掌握解釋權的人們，他們的答案是「一切都是神的旨意」，然後叫大家到廣場膜拜，只要平息神怒，旱田裡就會長出作物，於是你看到一群人蹲在那裡，不知道要幹嘛，旱田的確能長出作物，只要你改種西瓜的話，只要你去拓引水源的話，可是否，大家都拼命膜拜羽蛇神，跟隨祭師等待永不到來的風，沒有知識的人，掌握了知識，渴求知識的人，得不到知識，於是偌大的庭園裡，大家都變成了腦殘，一邊膜拜象徵知識的神，希望知識能解決所有問題。

喂喂，知識不是這樣用的吧？

斯皮爾曼（Ｓｐｅａｒｍａｎ）曾經提出兩個有趣的詞

彙，Ｇ因子和Ｓ因子，Ｇ指的是Ｇ點，也就是每個人與生具來的，一摸就會興奮的點，一般的智力測驗通常在測這個成分，知覺組織、處理速度，也有像畫迷宮那樣的迷津測驗，那一疊學者的結晶，就像是羽毛一樣，不停搔著你的Ｇ點，進行短暫而激烈的充滿，等到你累了，攤軟在地上，便會得到一個代表自己的答案，ｍａｙｂｅ是智商１２０，或者是像翟本喬一樣１６０，這代表你是一個容易敏感的人，輕輕碰一下就會絕頂升天。

Ｇ因子會隨著時間而消長，幼年時是ｐｒｅｔｔｙ　ｔｉｇｈｔ的，老了就開始鬆弛，大體來説，１４歲以前的成長是猛爆性質的，宛若海綿吸水一般，迅速的膨大，任何刺激都會成為可能，舉個例子來説，媽媽只要對著小嬰孩呀呀而語，不久他就能將單詞、句子迅速堆砌，他會讀取你的表情，認知到正確與否，僅僅這樣便能加以修正。你能想像嗎？只要三年的時間，他就能從無到有的學會一種語言，並且活用自如，而他們一歲半的時候，就能從Ａ、Ｂ、Ｃ進展到理解３００個單字。２６歲以後，Ｇ因子趨於平緩，或者不再變化，我們稱之為高原期，那就像在喜馬拉雅山上，呆呆的看著白色的芒草隨風擺蕩，一下子，太陽就下山了。

不過，這只是Ｇ因子。

斯皮爾曼提出的Ｓ因子，也許他自己也説不出個所以然來，Ｓ因子是ｓｐｅｃｉａｌ的，他可能代表你完成某一項活動的能力，比如種花，有些人就是特別會種，有些人怎麼種就種不出個所以然來，種ㄅㄨˊ啊生出菜瓜，當你灑了種子，鬱悶的等了半天，連一小片葉子都沒見著，旁邊有個人用拇指朝泥土輕輕一按，就生出了宛如傑克與豌豆裡的豌豆，他爬上了那個巨大的藤蔓，跟你説聲「ｈｉ」，順道還

284

摘了一朵桃紅色的花朵。

然而，除了種花以外，那個拇指好像就沒什麼用了。

有些人的拇指是數學算式，按下去，哪怕是三角函數，微積分他也能輕易的化出來；而有些人則是詩詞歌賦，連喝醉了都能詠出驚天動地的篇章；Ｓ因子或許並不受年齡限制，靜靜的埋藏在身體裡，好像一個二十來歲的青年第一次聽到了鋼琴的聲音，在煙霧繚繞的湖水中，看見了小女孩露出夢幻的ＳＭＩＬＥ。儘管他已過了戀愛的年紀，仍不斷的在琴鍵上彈奏曖昧的音。

這就是Ｓ因子有趣的地方，當你找到了她，就不會害怕失敗受傷，和Ｇ因子不太相同，「你怎麼連這都不會？你的智商不是很高嗎？」、「說是天才，成就也不過如此而已。」流言扉語好似被包覆的殼，天才與神童們，活在那個殼裡面，一邊撫摸著Ｇ點，一邊選些看起來安全的嫩葉，安靜無聲的啃著，期望自己能擺脫那些目光。

Ｓ因子像是魔女的掃帚，像是畫家的畫筆，沒有掃帚的女巫自然不會飛行，沒有畫筆的畫家，也就無法畫出心中的景色，從一開始我們並不會知道她在哪裡，必須去尋找，必須去探觸所有類似的集合——就算拿在手上，可能是錯的，可能並不是我們想要的，但至少我們學會了一件事，她，可能不是我的。

如果你不試著去拿各式各樣的東西，就不會知道哪一個最對自己的味，你要把她掂一掂，揮一揮，轉一轉，再泡一泡牛奶，長時間浸淫在其中，才能高興的宣布：

「Ｏｈ，我找錯了。」

想想一個魔女拿起畫筆是怎麼回事，或者，一個畫家拿起了掃帚，找錯的過程，不代表什麼也沒得到，Ｓ因子其實

和Ｇ因子擁有正向的關係，這是個嘗試錯誤的旅程，越錯，越讓自己變得偉大，就算學不來三角函數，至少，知道了自己為什麼不會，我習慣將難吃的餅乾一口咬下，咀嚼個一番，而不會只是舔舔，只要她沒過期的話，這樣，我的人生就會多一種味道了。是的，我還會拿起包裝紙來看一看，我知道這餅乾叫做什麼，我知道有這東西，她是鼻涕口味。於是，魔女就會拿起畫筆寫下一道咒語，畫出一個魔法圖形，召喚出什麼世界不存在的魔獸，然後，畫家呢？她會拿起那根掃帚來掃地上的炭灰，ｍａｙｂｅ替掃帚做一些素描，學井上雄彥，把那枝掃帚當作一枝巨大的畫筆。

「真好啊，我喜歡這種說法·魔女的遺傳、畫畫的遺傳、做麵包的遺傳，每一個人都有他與生俱來的特質，最後一定能苦盡甘來。」

──ｂｙ烏露絲拉（魔女宅即便）

Ｙｏ，ｂｒｏｔｈｅｒ，你玩過美少女夢工廠嗎？

那是一款養育女兒的遊戲，神父猶喜歡點選「一起洗澡」這個選項，就算點了知道會被拒絕，但是我還是會想點點看，有時候我會得到女兒害羞的樣子，有時候會得到生氣的臉，這都是出乎意料的，令人愉悅的反應，仔細想想，明明不可能，為何還要設置這種選項呢？也許是開發者想欣賞我們這些變態失落的表情吧？

失敗，讓我們變得更有人味。

但如果老是失敗，則會產生了「習得無助感」，將成功

歸因於努力，失敗，歸因於能力不夠，一直努力然後一直失敗，就會進而去否定一切，「我們的教育出了問題」，「學習三角函數有什麼用？」不對吧，其實她想說的是，「不要只用一種標準來衡量我。」

根據超級（Ｄｏｎａｌ　Ｅ·Ｓｕｐｅｒ）的生涯發展理論，２４歲之前的人們，處於探索期，即使是每個時期都仍有自己的小循環，在他的生命彩虹圖中，「學生」的角色，除了青少年，甚至在４５歲、６５歲，都達到高峰，他認為在這些年紀，會突然「想學點什麼」，就算到死，仍一直在探索，探索一個自己「歸去之所在」。

一個當了大半輩子老闆的人，老了突然想回鄉種田，一個爭戰多年的老兵，仗打完了想到山丘上畫畫，一個做一輩子工的爺爺，突然拿起麥克風，想唱點什麼關於自己的人生。

Ｂｒｏｔｈｅｒ，如你明日生命即將逝去，你會走往何方？

是擁有黃金稻穗的麥田吧，隨風搖曳，比神鬼戰士的天堂更有色彩；是一座蓮花池，那葉片大到能安安穩穩的坐一個人，做一個人阿，舒服的聽著祇園精舍的鐘聲；也許是寒冷的夜晚，繁星閃爍，一邊看著極光，一邊撫摸馴鹿的毛髮，這裡沒有任何人，你從口中呼著白色的氣體，發現自己是多麼的愛死寂寞。

一直去撿拾那些不平與缺憾，原本美麗的東西也變得不美麗了，原本單純的東西也變得不單純，到頭來只是在引誘彼此，等待衰弱的那一瞬，沒有任何雪融化之前，不是白色，沒有任何直白，不會去傷害對方，沒有人的自我是應該被否定，真正的聖人，誰也沒看過，人隨興之所致，而活著，而

充滿囈語，笑聲與哭聲，終將靠攏在一起。

　　如果從出生到死亡，都是探索的過程，那麼將一個孩子的一個科目與一個考試，就當作了結果是怎麼回事？難道失敗了一次，就不能失敗第二次嗎？難道失敗了數次以後，就連成功的機會也沒有了嗎？

　　那麼，人跟畜生其實沒有兩樣。

　　自我設限，來自於災難性的思考；非黑即白的極端，造就了過度概念化，如果每個人的命令都是強制性的，都必須無可挽回，都只是等待被眾人所指的那一瞬間，被指到了，就爆炸了而已。

　　我指著你不會三角函數，你指著我說三角函數沒用，事實上，三角函數是什麼？很明顯，他並不是一個爆裂物，他是數學，一門最純淨的學問，沒有一個統治者能用三角函數去洗腦被統治者，沒有一個懷疑論者能指稱你算出來的答案不是答案，他充其量只能告訴你，嗯嗯，我能算的更多，我有更多的答案。

　　數學是不會背叛你的，如果你不小心算錯了，那就要開始ｃｈｅｃｋ你的算式，有些人可以算出很漂亮的算式，就像從手裡拉出白鴿那樣，１＋２＋３＋４...＋１００，僅僅運用了等差數列，１０１x５０，便能輕鬆的展開５０５０的翅膀，但這不代表那些乖乖從１加到１００的人，什麼也沒得到，當他加到最後一個數字，抹抹額頭上的汗珠，得到的答案一樣斐然。

　　當然，有得不到答案的時候，或者得到錯誤的答案，但

如同遺落了穀神星（Ｃｅｒｅ）那樣，我們找不到她，但她依舊存在那裡，宇宙中的某一個角落，終有一天，她會滑落到軌道裡。

如果説智慧像什麼，我會説她像一個小女孩，按下遊戲按鈕的一開始，她就已經存在，她不會拿著算盤，拿著一把劍，拿著豎琴，你很難看出她有什麼用，不過你必須撫育她，陪她一起嚶嚶哭泣，經歷各種風景，和她一起長大。

你永遠無法知道，你的小女孩會變成什麼樣子。

Ｙｏ，ｂｒｏｔｈｅｒ，聽過這個故事嗎？

話說神父在迂腐教會協會的時候，因為對使用過期的聖水感到厭煩，便提議用自己新鮮的體液來代替，想不到引起了眾人的震怒，一不小心，就被放逐到偏遠的鄉下。

我拿著聖經，來到這個ｐｌａｃｅ，眼前聳立的是一面牆，像是被野獸給啃食過似的，只有上頭那灰色的十字架，看出是我辦公的地方。我打開門，走了進去，地上滿是水泥和瓦片，還有一些破掉的酒瓶子，大概是哪個酒鬼遺留下來的吧，竟然在偉大的聖母像面前飲酒，真是令人搖頭嘆息，ｂｕｔ，眼前的聖母卻如同風乾的馬林魚皮，只有一些色塊殘留在牆上。

「只帶著一本聖經能做什麼呢……」我忍不住咕噥著，在破敗的椅堆中清出一小塊空間，將聖經當作枕頭，凝視著夜暮低垂，無奈的閉上眼睛。

要是從前，醒來時就會有人遞上一杯葡萄酒吧，平常神父是不能喝酒的，不過在聖餐禮上又另當別論，我應該會分到一些無酵餅，我在夢中懷念過去那種滋味，雖然咽喉好像

被緊緊束縛著，不能說話，但至少每天衣飽食足。

　　嗯嗯，無酵餅的味道是什麼味道啊？好像沒什麼味道的說。

　　在夢裡的景象，是短暫的，甦醒時卻已過了慢慢長夜，迎來了曙光，卻沒有得到解答，我的教堂並沒有在一時間而變得華美，然後我的肉體，有一群蚊子正在享用。

　　「幹，我的寶血啊！」我憤怒的驅趕他們，這就是我現在的早晨了。

　　白天，我的廢墟被映照的更為清楚，它有著幾面牆，外頭圍著一圈雜草，這座牆的用意是在區隔文明與荒野，ｈｏｍｅ ａｎｄ ｏｒｉｇｉｎａｌ，ｂｕｔ，顯然失去了功能，因為不管牆裡牆外，都是蔓草叢生。

　　我花了三天三夜拔草，就像新訓時的小兵一樣，好不容易清出一片空地，接下來就開始撿拾石子，我撿拾了一顆又一顆，將他們盛在袍子上，然後在走到門外面倒掉，陽光很亮，風很涼，我的肚子咕嚕咕嚕叫，儘管學過了苦行這回事，但身體仍漸漸不聽使喚，平常的修行會有同伴陪伴，他們會唸聖經給你聽，然後假裝很飽的樣子，幫助你度過痛苦，但這裡只有我一個人。

　　撿著撿著，小石子逐漸變成香豆的形狀，我已餓的頭昏眼花，忍不住拿了一顆塞進嘴裡。「呸！」吐了出來，嘴巴裡盡是石灰的味道，我心想，不能在這樣下去了，得趕緊去求援才行。

　　我從袍子拿出剩餘的五枚銅板，走下山坡，來到了城鎮，這裡香氣四溢，我甚至聞到了烤雞的香味，但我的錢連買隻雞翅都不夠，只能將這些銅板賭在別的地方上了。

　　「老闆，我想借用你的電話。」

「沒問題，五分錢。」

我將僅存的財產遞給他，屏住氣息，轉了一圈又一圈的數字，將話筒遞到耳邊。「如果打不通我就慘了。」我將生命寄託在這電話線中，聽著另一頭吱吱的雜響，滿心祈禱著電話那一頭的回音。

「迂腐教會協會你好。」

「喂！我是被放逐的神父！」抬著話筒的我迫不及待。

「...... 你打回來幹嘛？」

「我快活不下去了！這裡只有一間破教堂！而且什麼也沒有！」

「Ｆａｔｈｅｒ，這通電話並不是給你打來抱怨的。切記你的使命。」

「但是我連一點能果腹的麵包都沒有啊～」

「沒有麵包的話，不會吃麵包屑嗎？」

「啥？」

「善用你的信仰心，往地上找找，一定可以找的到的。」

「幹！」

「你說什麼？」

「我是說，ＧＯＤ，呵呵。」

「很好，不愧是我們迂腐教會協會的神父。」

「遇到困難的時候，呼叫上帝，祂會指引你的，這的確是一個好方法。」

「......」

「那麼，你還有什麼請求嗎？」

「我希望你能配給我一位修女。」

「那是不可能的。別忘了你犯下的罪行，因為你的行徑，修女們紛紛認為你是一個變態，所以不肯跟你一起遠行。你

還是好好懺悔吧！God bless you！」

　　「嘟－嘟－」電話一頭傳來令人絕望的聲響，我掛上電話，雜貨店的老闆露出似笑非笑的表情。

　　「原來你是個神父啊。」

　　「嗯。」

　　「我還真沒看過這麼落魄、骯髒的神父。」

　　「你這不是見到了嗎？」

　　「聖經上不是說耶穌可以把水變成酒嗎？你何不試看看？」

　　聽了他的一席話，神父閉上眼睛。「說的也是。」再度張開的時候，蹦出炯炯的目光。

　　「難不成你真的能做到？」

　　「雖然沒辦法做到那種地步，不過，」我從懷裡一陣摸索，拿出了剛剛撿拾的兩粒小石子，「我可以用這個熬出全世界最美味的湯。」

　　「我聽你在唬爛！」

　　「如果是真的話，你難道不想品嘗看看嗎？」「My soup。」

　　「如果是真的話，我這兒的乾酪讓你免費享用一年份。」

　　神父嘿嘿的冷笑幾聲，這傢伙上勾了，「那麼，我需要一個大鍋子。這～麼大。」

　　他立即聽話的拿出鍋子，還盛滿了清水。

　　「做啊！」他輕蔑的哼了一聲，我捧著這個大鍋子，走到了外頭。

　　「那傢伙想要幹嘛啊？」

　　「嘖嘖。」

　　周圍的人紛紛好奇的靠了過來。

「是這樣的，我現在要做全世界最美味的ｓｏｕｐ，有沒有人可以提供一點柴火呢？」我大聲的喊著，一位壯漢立刻遞上了他剛砍的柴。

　　我點起了火，也點起了週遭人的興致，水滾後，我把兩顆石子扔進水裡，煮了一會兒，假裝很有意思的舀了一口湯。

　　「這樣就好了嗎？」一位老婦忍不住問。

　　「嗯嗯 ...... 似乎味道差了點哪。」

　　「不知這位小姐有無蕪菫或馬鈴薯呢？」

　　老婦聽了，忍不住味味的笑了，從籃子了拿出她剛買的東西。「番茄可以嗎？」

　　我點點頭，把番茄投入湯裡，又煮了一會兒，原本透明的湯汁，浮出曙光的顏色。

　　「啊～真是太棒了，太美味了。」我又喝了一匙，咂咂嘴，露出滿足的表情。

　　「真的有這麼好喝嗎？」

　　「是的，這位小哥，石頭裡的礦物質和鹽分與番茄充分融合，現在，美味的湯正在慢慢形成著。」

　　「意思是還沒做好囉？」

　　「是的，湯雖美味，但仍不到世界級的地步。」

　　「你願意幫助它繼續昇華嗎？」

　　「做好了我可以喝嗎？」

　　「沒問題，你知道的，做一個世界級的湯，需要更式各樣的材料，加深它的美味。」

　　他高興的遞上剛採收的玉米，於是，大家接二連三的送上各種材料，湯也變得更加濃郁了，當最後一位屠夫扔進了上等的培根肉，這湯就變得更加鮮甜，而且香氣四溢。

「可以喝了嗎？」

「嗯，應該可以了。」

我舀了一碗給老婦，「請好好品嘗她，小姐，這裡面有妳的番茄。」

她興奮的接過，此時，碗裡的湯已和她臉龐一樣艷紅。「哇！這真是好喝！」她喝了，讚不絕口，於是一碗接著一碗，小哥和屠夫，路過的小孩子，鍋子裡的湯越來越稀少，但喜悅的聲音卻越聚越多。

當我將最後一碗，遞給雜貨店老闆時，每個人的眼神也都漂了過來。「老闆，請你喝喝看，並說出你的感想。」

他吞了一口口水，接過了那碗湯，也迎來了每一個期待的眼神.畢竟，這是最後一碗湯了，而現在正好是晚餐的時間。溫度恰好的湯汁滑入了他的喉嚨，那碗湯，是從鍋底最剩餘的精華，給撈上來的，蛤蜊和培根，和新鮮的蔬菜，以及這座城市最著名的馬介休魚塊，愉快的濃縮在一起。

「咕嘟～咕嘟～」他大口大口的喝完，睜大著眼睛，看著ｅｖｅｒｙｂｏｄｙ。「這的確是世界上最美味的湯！」他說，每個人都高興的拍著手。

這下子，我一年份的晚餐也到手了。

人群滿意的散去，我在路邊收拾碗筷，隔壁的雜貨店老闆不時瞅來怨懟的目光，神父哼著輕鬆的曲調，踩著碎步，用下半身跳著舞。

「請問 ......」一股稚嫩的聲音，從我端著的碗盤下竄了出來，輕巧的就像是弦樂器。

我將碗盤挪的低些，好方便看清她的臉，她有著一頭金髮，和一對藍色的眼珠子，瘦削的下巴和碗的邊緣重合了，看起來就好像我捧著一株勿忘草似的。

「洨妹妹，不好意思，湯已經喝完了喔。」

「我不是來喝湯的啦！」

「那妳想幹嘛？」

「我想請你教我做那種湯。」

神父看了她一眼，吹了一下鬍子。

「『那種湯』？那種湯可不是隨隨便便就能做出來的喔。」「小孩子還是乖乖回家去喝牛奶吧～」

「唔 ......」她拉緊裙擺，睜大了寶石般的眼睛，「那、那你說，要怎麼做嘛？」

「要像我這樣的神父才能做的出來。」我將盤子用一手端著，一手則插著腰，挺起了碩大的胸脯。

「那我也要當神夫！」

「恐怕不行喔，一個教堂是容不下兩個神父ｄｅｒ。」

神父摸摸鬍子，想了一下，「不過如果是修女的話，那倒是沒關係。」

小女孩歪著頭，踟躕了一會兒。

「那我要當修女！」

「呵呵呵，妳在說什麼啊～」神父沒搭理她，自顧自的收拾，準備離去。

「等等！」金色的頭髮飄阿飄的，她繞了個彎，擋在我面前。「我叫做瑪麗安，你呢？」

「我是名為變態的神父。」神父做了一個假動作，看起來要往右晃，腳一掂，身體迅速傾向了左邊，「別擋我的路，小傢伙。」神父說，她一個跟蹌，被我騙到了，這是類似Ｃｒｏｓｓｏｖｅｒ的動作。

「我會去找你的～～神夫～」

她尖細的聲音在我背後大叫，不過，誰管她呢，我已經

295

抱著鍋子走遠了。

回到了教堂，還是一樣亂遭遭的，不過我感覺好多了，今天一整天，我像是拚命從子宮擠出，徘徊在生與死之間，撿石子塞在嘴裡，打電話然後被拒絕，然後用石頭做了一鍋湯，一年份的乾酪，ｔｈｅｎ，遇到了一個莫名其妙的小女孩。

在危急之中，總會蹦出一些想像力，像羊水般包覆自己，這和做出什麼東西無關，而是抓住什麼東西。

你說我怎麼能告訴這個小女孩呢？一切都是靠運氣。

想著想著，就疲倦的閉上眼睛。

今晚仍有許多求道者來造訪，牠們嗡嗡嗡的叫著，想必不是來聽經文的，我揮舞雙手，陷入了惡夢，那些蚊子就像人群的目光，我夢見我在教會裡，說著用體液代替聖水的那段往事，他們聽了詫異又憤怒，他們並不知道的，我可是認真的。

一股奇異的香味滑過我的鼻子，那是股濃烈的味道，甜甜的彷彿半身浸泡在蜂蜜裡，耳邊的吵雜聲漸漸的小了，那些扭曲的面孔，又慢慢沉入了潛意識中，在夢的尾聲，我得到了寧靜。

醒來時，一雙湛藍色的眼睛正在凝視著我。

「早安，神夫。」

我緩緩起身，眼皮還黏在一起，迷迷糊糊的還顧四周——瑪麗安端坐在我身旁，正夾起一顆象牙色的石子，放入炭爐中。香味好像是從那裡傳來的。

「這不是乳香嗎？」我在彌撒中看過這東西，教會常用來裝神弄鬼，可說是十分名貴的逸品。

「用這個擦擦被叮的地方，很快就會好的。」她又拿出

一盒沒藥，這也不是尋常人家的玩意兒。

　　「妳怎麼進來的？」我冷酷的問．她豪不在意的拍拍裙子，站了起來，往門外走去，又從門旁邊走了進來，原來這破教堂的牆，已經給倒了一半。

　　「Ｏｈ～ｇｏｄ！」我忍不住敲了敲額頭，「小妹妹，妳到底想幹嘛？」

　　「我想當修女！」

　　我又重重的敲了自己的腦袋，但想到了一個好方法。

　　「那妳得先把這裡的椅子都排好。」我指著教堂裡東倒西歪的椅子，這可不是一個人可以完成的。「做不到的話，就回家去吧！」

　　她接連咬著自己的上下唇，像是隻難過的松鼠，躊躇了半晌，也不離開，逕自往那破敗的椅堆中走去．她抱起椅子，那掂滿了她嬌小的身軀，旋了一圈，然後把它放在另一個較空曠的角落。她這麼一來一回，忙的氣喘噓噓，後腦杓的蝴蝶結，再也栓不住滿頭金髮，像波浪一樣垂了下來。

　　神父一邊欣賞那泛著飽滿光澤的秀髮，一邊拿她的昂貴藥品來抹屁屁。我想等著看她什麼時候放棄，但是小松鼠抱著的松果越積越多，不久，就整齊的擺滿整個教堂。

　　「我搬完了～」她累的攤坐在椅子上，任憑汗水恣意的流瀉，小褲褲可能也濕了吧。

　　「妳的毅力很令人佩服，不過……」神父吞了口口水，「正如妳看到的，這個教堂連屋頂也沒有，不是妳這種大小姐能待的住的。」「妳還是快點回家喝果汁吧！」

　　她又開始咬著自己的唇，忿恨不平的盯著神父，神父被這樣熱情的目光注視，感覺十分ｅｎｊｏｙ。然後她撈起裙子就跑走了，神父看她從洞口遠去，心想，差不多也該把它

給補起來了。

　　折騰了一陣子，我想起和雜貨店老闆的約定，肚子也咕嚕咕嚕叫了，就下山去領乾酪。山坡下的城鎮充滿活力，賣吃的，賣喝的，賣軟木塞和柑橘，賣唱的藝人用輕快的喉音，吐出憂愁的法朵，恍如置身在黃金年代。

　　「老闆。」我敲了敲牆，示意我在這兒，他的頭埋在報紙堆裡，沒有抬起來。我從沒討過東西，想說的話梗在喉嚨，有一些凝結在空氣中，我思索了一會兒，仍然不知道用哪個字作為開頭。我盯著玻璃櫃裡的乾酪半晌，額頭幾乎都貼了上去。

　　「這些乾酪看起來狀態不錯。」我說，老闆哼了一聲，「嗯嗯，看看那白嫩嫩的樣子，熟成應該不到三天吧。」神父深深吸了一口氣，「將溫熱的牛奶攪拌，再將他們瀝乾......捏得圓鼓鼓的，浸入冰涼的鹽水中，洗呀洗呀～」神父的手不經意的在空氣中揮舞著，「那柔軟飽滿的觸感，像是少女的胸部一樣芳香啊......」

　　老闆聽了，忍不住噗哧的笑了出來，「如果你不介意的話，可否讓我帶一點走呢？」

　　「帶一點胸部。」神父在胸前比了圓弧的形狀，老闆笑得岔了氣。

　　「你拿去吧，你拿去吧！」他揮揮手，神父呵呵的笑了，選了一球踹入了懷中。

　　我高興的回到了教堂，眼前景象卻讓我驚呆了，乳酪球差點沒掉在地上，一群工人扛著器械，正在修補我家的教堂。原本沒有屋頂的地方，被填上了磚瓦，原本缺少的那面牆，也被另一面嶄新的取代，但仍留著初時瑪麗安鑽進來的那個洞穴。

「怎麼樣？有屋頂了吧！」她從我身後探出頭來，眨眨藍色的眼睛。

這個小女孩想必出生在有錢人家吧，這麼輕易的就解決了我煩惱許久的事，我看著那張天真無邪的臉龐，不知怎麼，卻好像在看一隻巨大無比的獸。

「小姐，麻煩驗收。」工程告了一段落，老工人恭敬的遞上了一張紙和筆，「請在這邊簽個名。」

「我不是已經付了錢了嗎？」瑪麗安說，她露出不悅的神色。

「是的，不過這是必要的手續......，沒簽名的話，我們就不能走了。」他無奈的說，又將紙筆拿近了些。瑪麗安心不甘情不願的接過，握起筆，停留在紙上。這一切都看在神父眼裡，她咬咬上唇，又咬著下唇，這是她面對困難時，經常出現的動作。

她顫抖的手寫下瑪麗安的「M」，大寫，卻好像耗費了全身力氣，紙上的線條像是可憐的蝌蚪，她用了好些時間，卻在「M」的凹槽遇到了困境，她陷在「M」的坑，那隻筆，怎麼拉也拉不上來。然後她手不停的抖著，直到筆掉在地上，那張紙已沾滿了她的手汗，濕漉漉的，她的臉扭曲起來，就像隻受傷的野獸。

「哈哈，原來妳不會寫字啊。」神父笑著說。

她看了我一眼，就像看著腐敗的核果那般，她推開工人奔跑離去，我們面面相覷，剩下她的裙擺消失在路的盡頭。我趕緊追了上去，她跑的可真快，新鮮的泥土上滿是她小腳的印痕，她的身影在野草堆中，一會兒清楚，一會兒朦朧，她一邊跑著，一邊掉出各種字母，我明白她少了什麼東西，希望一切還來的及。

「嘿......別跑啦！」我在後頭喊著，她似乎把身上的字母都丟乾淨了。

「很好笑嗎？」

「我連自己的名字都不會寫，你看了很開心嗎？」「喂喂，我可不是來道歉的。」神父調整呼吸，抽了一口氣，「我只是說出實話而已，我並沒有錯。」

「那你還來幹嘛！」她生氣了，腳跺了地幾下。

「啊，因為這邊花很美，」我將手放在背後，假裝四處觀望，「所以我想來欣賞一下。」

「你......」她氣呼呼的，幾乎說不出任何一個字。

「妳知道秋之七草嗎？」神父從路邊拾起一株黃色的草花，「秋之七草，就是秋天獨有的七種草穗，有胡枝子、葛花、芒草、蘭草......還有我最喜歡的這朵魯蛇之花，他的名字叫做敗醬。」我把玩著手裡的黃花，他是由許多小花糾結而成，每一朵都像是嬰兒的拇指般。

「這一點也不重要！」她喊著。

神父呆了一會兒，「是啊，這一點也不重要，就算我不叫他的名字，他還是會存在在這裡，繼續開他的花。」「他聽不懂，也用不著......不過，」神父將花插在耳鬢，「敗醬、敗醬，有個名字也不壞啊。」

神父撥了撥頭髮，壯碩的身軀緩緩的朝她逼近。

「你再過來我要叫了。」瑪麗安露出警戒的神色。

「要不要再寫一次名字看看？」神父愉悅的說。

我牽著她的手，摘了許多敗醬，敗醬有種獨特的氣味，像是揉戳肚皮後產生的那種味道，那不太好聞，我們身上都是腥味。我們採了一束又一束，接著便用他來寫字，我將小小拇指般的花朵，慢慢灑下。

「這就是瑪麗的Ｍ。」由黃色小花墜滿如茵的草地，煞是好看。「ａ－ｒ－ｙ」我接連排了幾個字，她的眼睛都亮了。

「那安呢？我的安。」她說，不過小花已經用完了。

「妳先幫我看著，我再去找材料。」

她跪在地上，十分仔細的盯著她名字的一部分，接著，我就捧了一堆粉色、白色的小花，湊近了她。

「哇！這是什麼花？」

「這是秋之七草之一，叫做瞿麥，又叫做撫子之花。」神父說，懷中的小傢伙像是羽毛一樣，輕飄飄的就要飛起來。

「那麼就用這個來排剩下的字吧，首先是安的ａ……」「我會！」她舉手，我將花遞給她，她一邊觀察旁邊已經排好的，一邊試著自己排。她的呼吸不再急促，手也不再顫抖，儘管是寫著同樣一個名字。「好像怪怪的。」她看著自己小手下的花，歪著頭，左瞧瞧，右盼盼，原來那ａ字少了尾巴，看起來就像個ｏ。但她似乎辨別不了，又覺哪裡怪異，湛藍色的眼珠不停的轉動著。

神父假裝不經意的，把魯蛇之花灑在撫子的身旁。

「對了，少一撇。」她嘟囔著，抓抓淡黃色的頭髮，總算是發現到了，小心的添上了粉色的花瓣。然後是ｈ，還有ｎ，總算把Ｍａｒｙ　Ａｈｎ給排好了，此時太陽卻快下了山，這真是件大工程，瑪麗安開心的圍著她的名字，走來走去。

一陣風吹來，很快的將她的名字給吹散了.

「唉呀！」她露出失望的表情。

「Ｈａｈａ，再擺就有了。」神父說。

她將手擺在後頭，轉過身來，「神夫呢？你的名字是什麼樣的？」她鬱金色的頭髮隨風搖曳，每一根都遺留著夕陽的餘韻，方才她眉宇間的惱人與鬱悶，不知不覺都消散了。

　　「哼，我的名字啊，」神父別過頭，「很難寫的，是別的國家的文字。」

　　「寫寫看嘛！」她說，寶藍色的瞳孔就像是女王一樣，令人難以抗拒。

　　我笑了一下，選了一片沒有綠意的土地，將手指插入泥中，翻攪這塊泥，恣意的刻畫著，一些蟲卵沾在我的手上，那土濕潤而且溫暖，我將手指埋的深了，一筆一畫，烙印我的名，泥土沒有一絲抱怨，她溫和而無語。

　　我寫了變態兩個字。

　　「這是你的名字嗎？」

　　「是啊。」我將最後一畫擱在她的臉上，她聞道了泥土的味道，生氣的追著我跑。

　　於是我有一座教堂，一年份的乾酪，還有一個喋喋不休的女孩。

　　她會從牆腳邊的洞穴鑽進來，看看我在做什麼，大部分的時候我都在切乾酪，她就像隻蜜蜂一樣，撞擊著唇瓣，那個洞穴恰好容納她的身體，她膝蓋親吻著地面，一切是如此的自然，她的背和洞穴的上沿，保持一個親切的距離，每種蜜蜂都有自己的花，我猜想，她一定把這兒當成屬於自己的那一朵。

　　每當牆角開始窸窸窣窣，我就知道她來了，這時，我會將手中的花粉灑在她雪白的頸子上，欣賞著桔子色的粉末和她金色的頭髮，混在一起的模樣。「你幹嘛呀～～」那是有點無奈又馴服的表情。

「神夫！你在做什麼？」

「我在做今天的晚餐。」

「你不是每天都在吃乾酪嗎？」她說，我腦海裡浮現雜貨店老闆憤怒的面孔。

「是啊，今天想吃點不一樣的。」我說，「看好了，這是新鮮的乾酪，」我捧起這乳白色的塊狀物，閉上眼睛，深深吸了一口氣，「啊～」這一口氣，就像要把室內的空氣都給吸乾一樣，連瑪麗安的頭髮都飄了起來，「嘶......」我噘著嘴，慢慢吐出氣體，她瞪大眼睛，嚥了一口口水。

我吐出的氣體仍然是透明無形的，但我黑色的聖袍底下，慢慢起了變化，一些深黑色，像是煤灰那樣的氣息，緩緩溢出。

「這是！？」

「這是變態的氣息。」神父說。

那氣息越來越濃烈，那味道，很ＭＡＮ。它們就像是烏鴉的羽毛，摩娑著小女孩的腳根，她忍不住驚叫了起來。

「別緊張，這氣息不會傷害人的。」「這是我三天沒洗澡，培養出來的神父菌。」

「什麼跟什麼呀！」她慌張的抬起腳來，但頑強的神父菌，仍然朝她竄去，持續展現自己的熱情。它們彷彿擁有自己的意識，瑪麗安往哪走，它們就往哪去，瑪麗安撩起裙襬，左閃右躲，但反而使它們更加興奮了，紛紛繞著她轉個不停，她們就像是在跳著舞。

「快回到我身邊，菌菌。」神父說，於是它們乖乖的回到我手上，聚集成一顆球，那觸感冰冰的、涼涼的，就像剛浸淫過雨水的泥土。「現在要進行一個熟成的動作。」我用嚴肅的表情說明，將這顆菌菌球和另一隻手中的乾酪，融

303

合在一起，雪白的乾酪接受了菌菌的滋養，產生了奇妙的化學變化，她先是冒出了一顆顆深紫色的斑點，像是起疹子似的，迅速的爬滿乾酪全身。那就像是聽見了Ｊｉｍｉ Ｈｅｎｄｒｉｘ瘋狂的節奏，讓人渾身顫慄，等到回過神來的時候，乾酪已經變成了一個散發不詳氣息的墨塊。

「完成了。」神父露出得意的微笑。「怎麼樣？要不要吃吃看，神父的乾酪。」

「這能吃嗎？感覺吃了會死掉耶！」

神父哼了一聲，「小小女孩，竟不懂這人間美味。」

神父張口準備咬下，但沒想到乾酪一滑，竟把我的臉給撇開了。神父不死心，左咬咬，右咬咬，但滑嫩有致的黑色乾酪，竟也左閃右躲，怎麼樣也不肯就範。「你這母豬！你是我做出來的，應該要給我吃的才對！」神父大罵，盛怒之下，將整個盤子往臉塞去，張開了血盆大口，吐出的舌頭嘶嘶作響。

就在這個ｍｏｍｅｎｔ，乾酪「ㄅㄥˊ」的一聲，滑溜到了天上，神父什麼也沒吃到，只能跟盤子玩親親。

瑪麗安在旁邊看了，忍不住發出銀鈴般的笑聲，說也奇怪，乾酪在天上旋了旋，就往她的小嘴落去，她一邊笑著，一邊「咕嘟」的吃下了神父的結晶。

「啊……我的乾酪……」神父顫抖的伸出手，但已經被食下的乾酪，卻再也回不來惹。

「奇、奇怪，為什麼會有李子的味道？」她閉上眼睛，緩緩的呻吟著，嘴唇成為了一個埃及的金字塔形狀。然後黑海流出的蜂蜜，也觸動著她的味蕾，然後印地安的酋長擠破了手中的藍莓，那些深沉而憂鬱的汁液，跨越了皺紋鴻溝，當蘇格蘭的戰士撩起了裙子，黃金色的燕麥，樸實的豐收，

都讓她心中的帝國主義，慢慢的崩塌了。

這就是遙遠而夢幻的，神父味。

她臉上的血管變得暈紅而顯目，小手捧著腮幫子，發出嬰孩般的鼻音，她正在享受著，美食，享受著從我胃袋撈起的那一部分，此刻，我知曉了，原來，食物也會選擇把自己給吃下去的人啊～

「真真真是好吃哇！神夫！」瑪麗安說，看著她幸福的臉就好像自己被吃下去似的。

神父嘆了一口氣，推開門。

「神夫，你要去哪？」

「去工作。」我說，她還在陶醉的吮著她的手指頭。

芽之花、葛花，顏色褪了，變得深沉而黯淡，撫子已經不曉得走到了那裡，狗尾似的芒，毛越落越發稀疏，蘭草的紫碎散了一地，朝顏的花被風翻起，那枯萎的皺折被翻開，露出一片雪白。而我的敗醬，敗醬啊，是這濃濃的秋意中，唯一遺留的禮物，我的敗醬，我的女郎花。

瑪麗安聞到了燒焦的味道，走出門來。神父正拾起那些發黃的草葉，集中在一起，點火焚燒，不一會兒，一丁點的火花，隨即和夕陽融在一塊兒。

「咳咳......」她跑了過來，「神夫......你在幹嘛呀？」

我黑色的背脊映照的是熊熊火海，「沒辦法啊，」神父說，「都死了呢。」那是因為秋天即將過去的緣故，我還沒來的及解釋，對於這小女孩來說，頗為殘酷的景象。

「可是，那些、那些......」她指著敗醬說，「都還活的啊！」

「嗯、嗯」神父點點頭，「但是時候到了，就算他再怎麼忍耐冬天，還是要跟隨同伴而去。」

她扯扯我的衣袖，「我不懂，我不懂啦......」眼角裡擒著淚光。

敗醬的小黃花，ｔｏｕｃｈ到了火焰，緩緩的委下頭來，前一秒還努力盛開，下一秒即化為焦炭。它們一薺一薺的，走入火堆，呼應著死去同伴的呼喚，就像是一群殉道者。

火到了她的腳根子前，就止息了，神父已做了一條停損線，線裡面，並沒有可以燃燒的東西。

「你為什麼要燒草啊！」

「那是因為......」

神父正打算解釋的時候，突然一群漢子走了上來。走在前面的，是一位上了年紀的男子，他身上的衣服十分乾淨，鬍子也整理得服服貼貼，唯獨那目光，像是被搶奪獵物後的老鷹似的，並不友善。

「瑪麗安！妳為什麼會在這裡！」他揮舞著拐杖大吼。

「爸爸......我......」原本疑惑的她，又更加疑惑了。

他走近她，粗魯的抓住她的手臂，就像擰起一隻小貓般。他拖了她幾步，才假裝發現我的存在。「你是哪位？」正常來說，他應該會先對我破口大罵才對，可是否，他只是露出嫌惡的臉，然後上唇咬著下唇，就跟她的女兒一樣。

「你好，」神父微微鞠了一個躬，「我是這座教堂的神父，我現在正在告訴令媛一些生命的故事。」「只要根部還活著，那麼就算草葉焚盡，明年他們還是會是......」

「不用了。」他打斷了我，然後撇見遠處的教堂，「那是用我女兒的零用錢蓋的，對吧？」

「是的，如果你要收回去的話，也是可以的。」

他吹了一下鬍子，瞪了瑪麗安一眼，「這點小錢我不放在眼裡，倒是你要知道，神父先生，我女兒準備要嫁人了，

一個待嫁的姑娘，老是來找一個陌生男子並不是很恰當。」

「這樣啊！」神父看著他手裡的瑪麗安，只見她臉色無比的蒼白，什麼話也說不出口。

「就算你是個神父，但請關好你的門，去找那些乞丐傳教，他們比我的女兒更需要你。

神父低下頭，「我明瞭了，瑪麗安，祝妳幸福。」我在胸前畫了十字。

她的父親拉著她的小手，往來時那條小徑離去，那不像是父親牽著女兒的手，而像是隻布偶拖著洋娃娃。

我站在灰燼裡，目送著他們。從此以後，我就再也沒見過她了。

神父鏟著灰燼，把它們弄在一塊，堆高，這樣冬天來的時候，地下還沒死透的魯蛇花們就能保溫，那一地的黑不久就被染白了，時節也很快的來到冬季。神父將一些乾草塞到衣服裡保暖，晚上，就鑽到人群裡，順便討點酒喝。

這天，神父喝得醉醺醺的，踏著歪斜的腳步，我摸摸鬍子，它們結成一片霜了，抬頭看看晦暗的天空，白皚皚的雪花，落到了鼻子上，像是好多個白色蟲子，四處飛舞，怎麼甩也甩不開。

遠處的教堂已經燃起燈光，真是奇怪，這時候應該不會有人。

我走上前去，門是緊閉著的，但卻傳來香味，難道......打開門，卻什麼人也沒有。地上有一些掉落的乾酪屑，一路灑進了廚房，我循著味道跟去，發現廚房有一碗熱湯。

肚子也開始咕嚕咕嚕叫了，我用湯匙舀了幾口，嗯，沒什麼味道，很像只加了胡蘿蔔跟馬鈴薯，非常陽春的湯，我攪拌了幾下，撈起了一塊石頭。然後惹人討厭的白色蟲子，

從角落的洞穴吹來，我打了個哆嗦，彷彿感覺到一雙藍色的眼珠子在盯著我。回頭，什麼也沒有，只有空蕩蕩的穴。

我放下湯匙，走近了那個小穴，彎下腰來，撫摸著，似乎感覺到了一丁點溫度，也可能是我的錯覺吧，但那裡頭留著一束金色的頭髮。

我可以想像有一個小女孩拚命鑽進來的樣子，但是因為她長大了一些，原本合身的洞穴變得窄了，她的頭有點被卡住，所以掉了幾根頭髮。然後她好不容易鑽進來了，開始到流理台，想做一碗湯，可惜這裡什麼也沒有，只找到馬鈴薯和胡蘿蔔，還有乾酪，對了，湯裡面怎麼沒有乾酪的味道呢？

我起身，走到了流理台，發現那些乾酪，原來被用來寫字。那好像是我的名字。

「變……」變少了又，她又漏掉了吧，只剩下上半部。「……態」態只留下下半部，只留下了心，我忍不住笑了一下。「這傢伙，還是沒學會寫字啊。」

這兩個缺東缺西的的名，看起來卻變成另一個字，我可以想像她咬咬上唇，又咬咬下唇，苦惱的樣子。戀。

我往屋外跑去，卻找不到那熟悉的身影，只看見白雪下的小小腳印，在那條小徑上，那條線的延伸，寧靜的城鎮，卻有一處閃起了火光。

「叩、叩」

「是誰呀？這麼晚了。」女傭揉揉眼睛，勉強的走去應門。

「是我。」

「小、小姐？」她打開門，瑪麗安正穿著睡衣，手上還拿了一個火把。

「小姐！妳怎麼會拿那麼危險東西！」

「妳快告訴大家，還有爸爸，我要燒房子了喔。」她沉靜的，清楚的說著每一個字，每一個字，都比火把還要ｄａｎｇｅｒ。

「您......說什麼？」女傭還沒弄清楚，瑪麗安已經拖著火把，轉身離去。

「快逃吧，謝謝妳們照顧我。」火星子似乎飄進了她的湛藍的瞳孔中，那昏黃又清澈的眼睛，既堅定又孤獨。

女傭們尖叫著，整棟屋子開始震盪，有些人四處找水，奔來奔去，但是火勢已經不可開交，瑪麗安像是點燈籠似的，燒了衣櫥，窗簾，燒了她的整個房間，就像要把人間的溫度，都給蒐集到這座寒冷的大房子。最後，家裡的人都紛紛跑出來了，連他的父親一起，他蓋著一件濕眠被，眼神渙散，看起來不再優雅而充滿威嚴。他張大嘴巴，看著心愛的女兒所做的一切。

「瑪麗安！瑪麗安！」外頭的人呼喊她的名字，但她始終躲著，不肯出來，對她來說，屋裡頭比起屋外，安全的多了。

她的父親從聲嘶力竭，轉變成憤怒。

「瘋了！她瘋了！」他揮舞著手杖大罵。「出來！快出來！」他怒吼著，但裡頭沒有人回應他，只有烈火劈啪作響。

瑪麗安哼著歌，走到了台階上，那上面已經沒有路了，她拿起了火把，燒了她最後想燒的東西，一套美麗的新娘禮服。那白紗發出濃烈的臭味，她可高興了，繞著那團火焰欣賞，上頭鑲著的寶石掉了下來，她舉起腳，一踢，把它給踢到了火堆裡。她累了，走到一個還沒被燒著的角落，抱著雙腿，把頭埋進膝蓋中。

「妳這逆女！不肖女！」她的父親仍在外頭大罵，「竟然燒了房子！」

「Ｙｏ，這位ｆａｔｈｅｒ，」他的肩膀突然沉澱殿的，多了一份重量，是一雙剛喝完了湯，有點厚實的手，「房子不重要啊。」

「是你！」「都是你害的！你到底教了我女兒什麼！」

「不，我什麼都還沒教啊～」神父說完，撇下他，走進了火紅的屋子裡。

我踩著雪泥，然後進去了煉獄，那黑煙與熾熱，毫不留情的朝我襲來。「咳！咳！咳咳！」我被燻的睜不開眼睛，肺臟也開始強烈的抗議，一塊被燒黑的屋樑，再也承受不住烈火的侵襲，「轟轟」的倒了下來。神父的背脊感到一陣火燙，整片衣服也燒起來了，我身上每個洞孔開始噴出液體，先是汗水，然後是鼻血，「咳咳！咳咳！」

像是要把剛吃下去的東西都給吐出來似的，噴了許多唾沫，就在這個ｍｏｍｅｎｔ，許多黑色氣息，也從神父的各個洞口粗乃惹，先是毛細孔，接著是肚臍，還有肛門。那是一股不詳的氣息，是棲息在神父身上的菌菌，他們潮濕而富含著水氣，不一會兒，就將神父身上的業火給驅趕了。

變態的氣息不停的蔓延，我就依靠著這股氣息，勉強站起，繼續尋找瑪麗安。然而火勢越來越強，神父的菌菌終究是有限的，包圍在我身上的菌菌，每走一步，就會發出「吱吱」的哀嚎聲，被高溫蒸散在空氣中。

「我的ｔｉｍｅ不多了，必須趕快找到她才行。」我心想。在火光中，我像是迷途的旅人，究竟要怎麼找到瑪麗安呢？身上的菌菌一點一滴的消失著。

「神哪，請幫助我ｆｉｎｄ　ｈｅｒ。」我在心裡默默

310

的祈禱，當我走到一個階梯時，腳邊的菌菌突然產生了反應，他們興奮了起來，蠢蠢欲動。我想起她在廚房裡跳舞的那一幕，便更快步的走向階梯。我撥開了火光，一個髒兮兮的小女孩，就坐在那裡。

「瑪麗安！」我大叫，她從膝蓋中默默的抬起頭，一根燃燒柱子垮了，就往她的方向落去。「神夫！」

我釋放所有僅存的菌菌，包括下面蛋蛋裡的那一部分。他們包圍著瑪麗安，總算阻礙了那些擾人的火焰，但是我的衣服卻燒起來了，失去了變態氣息的神父，黑煙像是捕捉到了獵物那樣，進入ｍｙ虎驅。

我完了。

吸了大量污濁的空氣，神父兩眼一白，昏了過去。

「神夫！神夫！」瑪麗安哭喊著，衝到了我身旁，把我身上的火焰打熄。她搖著我，但神父已經失去了意識。「神夫！」

喔喔，要人工呼吸了嗎？朦朧的視線中，我見了她的臉，雖然沾滿了灰塵，但是仍然是那麼可愛。

「啪啪！」瑪麗安開始拍擊我的臉頰，非常粗暴的，「醒醒呀！神夫！」

「呃，我醒了。」神父被打得跟豬頭似的，不過我發現我枕在她的膝蓋上，然後鬍子粘著她的頭髮。

「太好了～」她抱著我的大頭，呼呼，這還真不錯。

「瑪麗安，妳怎麼可以燒房子呢？這和燒草是不一樣的。」神父說。

「嗚嗚......」

「欸，妳有聽我在說話嗎？」我掙扎的想起身，但是吸了太多一氧化碳了，全身失去了力氣。

「神夫，」她的小手從我脖子上移開，「你有喝我做的湯嗎？」她說，我點點頭，「那我死而無憾了。」她露出了一抹微笑，那笑容就像是她當初排出自己的名字那樣，撫子花般柔嫩的笑容。

我們週遭的火焰越燒越旺，僅存的菌菌，也都「吱吱」的消失了，黑煙慢慢湊了過來，瑪麗安微笑的依偎在我身邊，臉上慢慢變得蒼白。

「吶，神夫，你說，明年的七草還會再長出來嗎？」

「.....」

「不過，我們好像不會看到了。」

「....」

「神夫，我現在會寫字了，我可以當修女嗎？」

「...」

「神夫啊，我跟你說唷，我現在覺得好幸福。」她自言自語著，火迅速的接近了。「神夫？」

「欸，妳知道嗎？」神父說，「妳做的湯超難喝。」我望著她滴滿淚光的藍眼睛，「我來教妳怎麼做。」神父緩緩的伸出手，用盡最後一絲力氣，在那美麗的藍眼睛下面，抹了一點淚珠，ｔｈｅｎ，舔了一下。

就在這個ｍｏｍｅｎｔ，無數的菌菌，從我身體裡釋放。釋放，恣意的釋放，他們得到了某種滋養，或者說，某種安慰吧，黑色的變態氣息，正迅速的流瀉而出，火場裡，充滿著不詳。那火焰撲了過來，但是用之不竭的變態氣息，早已像濕婆的淚，湧進了恆河。是的，出現了一條河，菌菌不斷的擴張著，無懼於任何事物，焰火咆哮著，但「吱吱」的菌菌們，卻如同止不住的洪水猛獸，反而將火焰吞噬。

「好ㄎ。」神父說，舔舔手指頭。

「怎麼回事呀～～～～」瑪麗安大叫，但就在這個ｍｏｍｅｎｔ，神父的變態氣息已經衝破了屋頂，轟的一聲，黑色的菌菌，混著白色的雪，在空氣不停的舞動、散落。

「呀！！！！」

黑的、白的，混雜成一股旋風，將我們的身體慢慢拉了起來，我抓著她的手，在天空中盤旋，像是小千和琥珀川一樣，再也停不下來。

這就是，變態的龍捲風。

火勢熄滅了，我和瑪麗安也降落在地面上。她的父親一臉驚慌的看著我們。

「爸爸，對不起，我不能結婚了。」瑪麗安拍拍身上的睡衣，「我想當修女，學很多很多的東西。」

「我絕不允許！！！」她的父親大吼，衝過來想要抓住她女兒。

瑪麗安一點也不害怕，她走過去，反而握住他的手，用骯髒的手指，在他手心裡，寫了幾個字。「爸爸，你看，我會寫自己的名字了喔！」她微笑著，然後推開了他的父親。

變態的龍捲風又刮起了。他們一起消失在這個寒冷的夜中。

Ｙｏ，ｂｒｏｔｈｅｒ，就是這麼樣的一個故事。

神父寫了好久，終於寫完了。不知道你從這個故事裡，有學到什麼東西嗎？

我想你可能什麼也沒學到，但ｍａｙｂｅ，也有好像得到了什麼的感覺，但是卻說不上來。

學習不就是這麼樣的一件事嗎？

Ｌｅａｒｎ　ｔｏ　ｆｌｙ，ｔｏｍｏｙｏ。

神父的故事說完了，那你呢？
　　　　　　　　妳

● ● ●

神父感言

Yo，brother，非常感謝你購買這本書。

不知不覺，這本書也已經出到第二集了，神父最近去影印店，常幫我印書的店員也驚訝的說「嘎！這本書還有第二集喔！」沒錯，他真的有了。

會有這本書，全賴各位brother的關注和支持，特別是，購買第一集的朋友們，神父在抄寫每一個地址的時候，無論是花蓮、臺北、雲林、高雄，某某大學的研究所，某某女宿，都令我十分興奮，讓感覺就像是，「啊，我被看見了」！

這對一個失意的魯蛇來說，都是莫大的恩典。

敘寫書中的文章，看似詼諧而有趣，不過卻花了不少時間，神父我和社會脫節已久，當中有一篇文章寫了兩個月，別懷疑，這是真的。看似每一字一句，都是一個腸子通到底，或者天外飛來一筆，但實際上，等這一筆，就像等待流星從天邊劃過，而你知道的，如果沒辦法讓自己寫的每一個毛孔都頓開，那就不叫神父了，這也是我與一般作者不同的地方。

只有一個真正的魯蛇，才有那樣的時間，也只有這麼一個魯蛇，才能品嚐這種被全世界所遺忘的滋味，然後，大筆一揮，提醒大家，我在這裡。

市面上，每一本書的作者，都有完成些什麼偉大的事，才能寫上一本，魯蛇的只言片語，是不重要的，是不會有太多人，去理會的，但神父必須要說，唯有這樣的「魯蛇之心」，正是這世界所缺少的。

我感覺這世界需要我。

所以，很抱歉，ｂｒｏｔｈｅｒ，今年的我，仍然沒有什麼成就．沒有什麼引以為傲的事，經歷，薪水，能説服人的地方。

事實上，這本書和你，就是我的成就。

敬每一個看到這本書的人，或稱頌，或詆毀，你們的眼珠，就是我的星光。

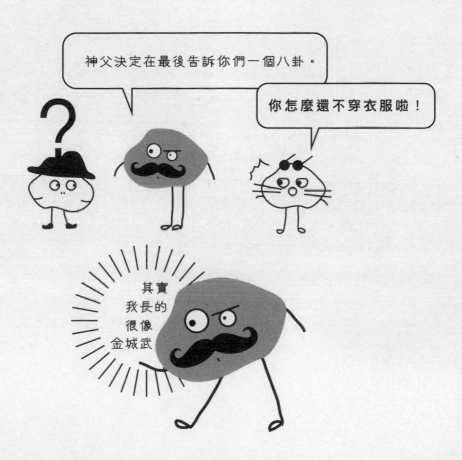

12. 16. 2005

004 緣社會

YO，這位BROTHER

作者　　　　　　　　　　插畫＆美術設計

名為變態的神父　　　鄒柏軒

總編輯　　　　　創意總監　　　　執行編輯

廖之韻　　　劉定綱　　　許雅婷

法律顧問：林傳哲律師/昱昌律師事務所

出版

奇異果文創事業有限公司

地址：台北市大安區羅斯福路三段193號7樓
電話：（02）23684068
傳真：（02）23685303
網址：https://www.facebook.com/kiwifruitstudio
電子信箱：yun2305@ms61.hinet.net

總經銷：紅螞蟻圖書有限公司
地址：台北市內湖區舊宗路二段121巷19號
電話：（02）27953656
傳真：（02）27954100
網址：http://www.e-redant.com

印刷：永光彩色印刷股份有限公司
地址：新北市中和區建三路9號
電話：（02）22237072

初版：2015年10月9日
ISBN：978-986-91943-5-8
定價：新台幣350元

國家圖書館出版品預行編目(CIP)資料

YO,這位BROTHER / 名為變態的神父著. -- 初版. --
臺北市：奇異果文創, 2015.10
　面；　公分. -- (緣社會；4)
ISBN 978-986-91943-5-8(平裝)

1.言論集 2.時事評論

078   104019470

THE END.